か ら だ

―気づき学びの人間学―

高橋 和子 著

からだ気づき教育研究会 監修

晃 洋 書 房

はじめに

もっとも近くにあるのに……。なぜか、もっとも遠くにあるもの。

いつもは気にもならないのに……。なぜか、病気をすると途端に気になる存在。

それは、からだ。

からだは賢い。まわりの雰囲気をすぐに感じて、頭よりも先に反応する。

からだの声に耳を澄ませば楽に暮らせるのに……。なぜか、頭の指令を聞きすぎてしまう大人や子ども。

からだは心も含みこむものなのに……。なぜか、分けて考えてしまうわたしたち。

まるごとのからだへの旅に出かけてみよう。それが、学び。それは人間（わたし）を知ること。

きっと不思議な魅力に満ち溢れたからだ（わたし）に出会える。それが、気づき。


本書はからだへの旅の道しるべになればという願いを込めて、一九九八年から二〇〇二年にかけて書いた「からだ」についての小論を集めたものです。からだといえば体育の本だと思われるでしょう。そう、私の専門は体育科教育学と舞踊教育学ですので、体育や教育の立場からからだを見ようとしています。しかし、これまでの「より速く・より高く・より強く」よりも、「ゆったりしなやか」というこれからの「生き方の原理」を求めています。ファーストワーク（競争原理）からスローワーク（共生原理）へのパラダイムシフト（転換）と言いかえてもいいでしょうか。

二十一世紀に入りスローライフやスローフードの動きが見られるように、教育界もゆとり教育を謳い、画一的な生活や価値観に縛られずに多様な生き方ができる子どもを育てようとしています。文部科学省のねらいとする「総合的な学習の時間」や「体ほぐしの運動」(体操が「体つくり運動」にかわり、その一領域として導入された)がその具体的な表れです。本書はこうした領域を開拓するための理論や実践について、バイブル的役割を果たせると考えています。

本書で使っているひらがなの「からだ」は、一元的に働く身と心を表しています。人間はいつも一つの全体として機能していて(totally functioning person)、この働きを仏教用語では身心一如《しんじんいちにょ》と言います。「からだ」は単なる器としての肉体ではなく、統合された身心(内側から知覚される身体・主体としての身体・自己)を意味します。ですから、本書では肉体だけを扱っているのではなく、心の問題も含んでいます。新しい体育が「心と体を一体としてとらえる」というように、新しい心理学が「体も含んだ心をとらえている」ようにです。この本は、「からだ」を通してまるごとの「からだ」である人間存在の諸相に気づき、学ぶためのガイドラインです。

この本を出そうとしたのにはもう一つの理由があります。私を「気づき学び」の世界に誘った三人の先生が、二十一世紀に入り相次いで亡くなられ、先生方から受け継いだ「新しい学びの様式」を世の中に知らせたいと思ったからです。お一人は教育学者でありニュー・カウンセリングの創始者である伊東博先生です。私の父は伊藤博と言って、音で読めば同姓同名であることも偶然の出来事でした。そんなことも手伝ってすべてに親しくご教示いただきました。もうお一人はその伊東博先生の弟子であり、臨床的教育学を提唱した藤岡完治先生です。私は横浜国立大学に二十三年前に赴任してそこでお二人の先生に出会い、ワークショップにお供するなかで、「センサリー・アウェアネス(Sensory Awareness)」にも触れることができました。その提唱者であるシャーロット・セルヴァーが三人目の方です。

それぞれについて少し紹介しましょう。伊東「ニュー・カウンセリング」は開発的カウンセリングの一つです。こころとからだに同時にアプローチする実習で構成されており、からだの復権を意図する「身心一如のカウンセリング」です。今までの西洋科学が一面的(心身二元論、操作主義、客観主義など)に捉えてきた人間を、ホーリスティックに見ようとしています。「いま・ここ」に生きて、「ひと・もの・こと」(生活世界)との相互性をからだを通して学ぶ「人間であること」の体験学習です。アウェアネスや非操作性を原理とした人間教育への新しいアプローチと言えます。

ニュー・カウンセリングをベースにした藤岡「臨床的教育学」は、学校教育における授業研究や看護教育における教育研究に臨床的性格を加味したものです。客観的に授業や臨床の場を分析するだけでなく、その場のなかで生成する「かかわり」を教師や看護師や研究者が共に感じながら見ていこうとしています。いわば「教えすぎない教育」の開拓をめざしていると言えます。

私はお二人の先生が行うワークショップや授業研究、看護のリカレント教育などに触れながら、「いま・ここ」で、生活世界「ひと・もの・こと」へ、まるごとのからだで直にかかわる「新しい学びの様式」の虜になっていきました。この「気づき学び」には、あらかじめ決められた到達目標はなく、考えることよりも「感じること」「気づくこと」が大事にされます。自由で安全な場のなかで、多くの人はあるがままの自分に出会うようです。なぜなら、学校や社会では、からだや物事を客体として捉えたり、頭のみで考えて理解する習性（概念化、解釈、評価など）が染みついていて、自他に起こっていることにゆったりと気づくような経験が少なく、大事にもされなかったからです。

ところでニュー・カウンセリングに多大な影響を与えた「センサリー・アウェアネス」（感覚の覚醒）は西欧で生まれたものの、とても東洋的です。その証拠に東洋哲学者のアラン・ワッツ（Allan Watts）が「生ける禅だ！」と呼んだほどでした。センサリー・アウェアネスは、禅の瞑想と同じように、技術や技能を身につけることではなく、無心にやってみるもの（to practice）、自由に感情豊かに探求しその探求の中から学んでいくもの、「からだをつかってみる・体験してみる」ものなのです。その核心は「アウェアネス」です。それが「気づき」なのです。

センサリー・アウェアネスの理論や実践をベースにしたニュー・カウンセリングの目的も「気づき学び」の探求です。詳しくは本書をご覧ください。三人の教えを受けた私は、「アウェアネス」（気づき）を中核に据えたからだの探求を続けていくうちに、体育観や教育観、からだ観や生活観、大げさに言えば世界観までもが変化していきました。

私は一九九〇年代から「からだ気づき」の名称でワークショップや実習を行い始めました。「からだ気づき」の名称は佐賀大学の原田奈名子さんがすでに使っており、彼女から示唆をいただきました。私の「からだ気づき」の究極の目標は気づきです。「気づき」は、自己の内部や外部に起こっていることに広くかつ敏感に注意が行き渡っている状態、すなわち身心一如の「とらわれていない注意」を意味します。

私は、生活世界「ひと・もの・こと」とのかかわりにおいて、刻々と変化していくわたし「からだ」に気づくなかで、人間存在を覚知でき、学ぶことができると考えています。そのときの自己こそ、真の主体としての自己と言えます。このような自己に出会う営みが、現代社会の人間に見られる「操作されモノ化する身体」を、血の通った共感しあえるからだに変えていけるささやかな挑戦だと思っています。

私の「からだ気づき」では下位の目標に「感じる」「動く」「ひらく」「かかわる」「表す」という行動原理をおいています。具体的には、もともと人間に備わっている感覚を覚醒させたり、バランスのとれたからだの動きや深い呼吸により得られる生きる力を取り戻したり、「ひと・もの・こと」とかかわりながら社会や文化や自然をかえりみたり、音や動きや色や言葉で自分を豊かに表現してみることをさします。私は「からだ気づき」の目標を保障しやすい実習を開発・実践していますが、その概要を図示しておきます。

さて、昨年（二〇〇三年）のことですが、「からだ気づき」は意外な反響を呼んでいます。日本サッカー協会が公認審判員の判定動作を豊かにする研修会に、私のワークショップを活用してくれたことがあります。そのときのテーマは「自意識を捨てて変身世界に遊ぶ」、「そこで新しい動きを知れば、表現に深みが出る」でしたが、きりっとしたジェスチャーで裁くと試合も引き締まると受けとめていただきました。これも「からだ気づき」の種まきのひとつです。からだでの気づき学びはいづれの方の表現力をも豊かにするものなのです。

本書は二部構成になっています。第Ⅰ部は「からだ気づき」実習の具体的な紹介です。これらの小論は、一九九八年から二〇〇〇年にわたって大修館書店発行の専門雑誌『体育科教育』の連載「からだ気づきの授業実践」に収められた中から、横浜国立大学関係者と私との共同執筆論考をおもに掲載しました。この連載企画は、宮城教育大学（二〇〇六

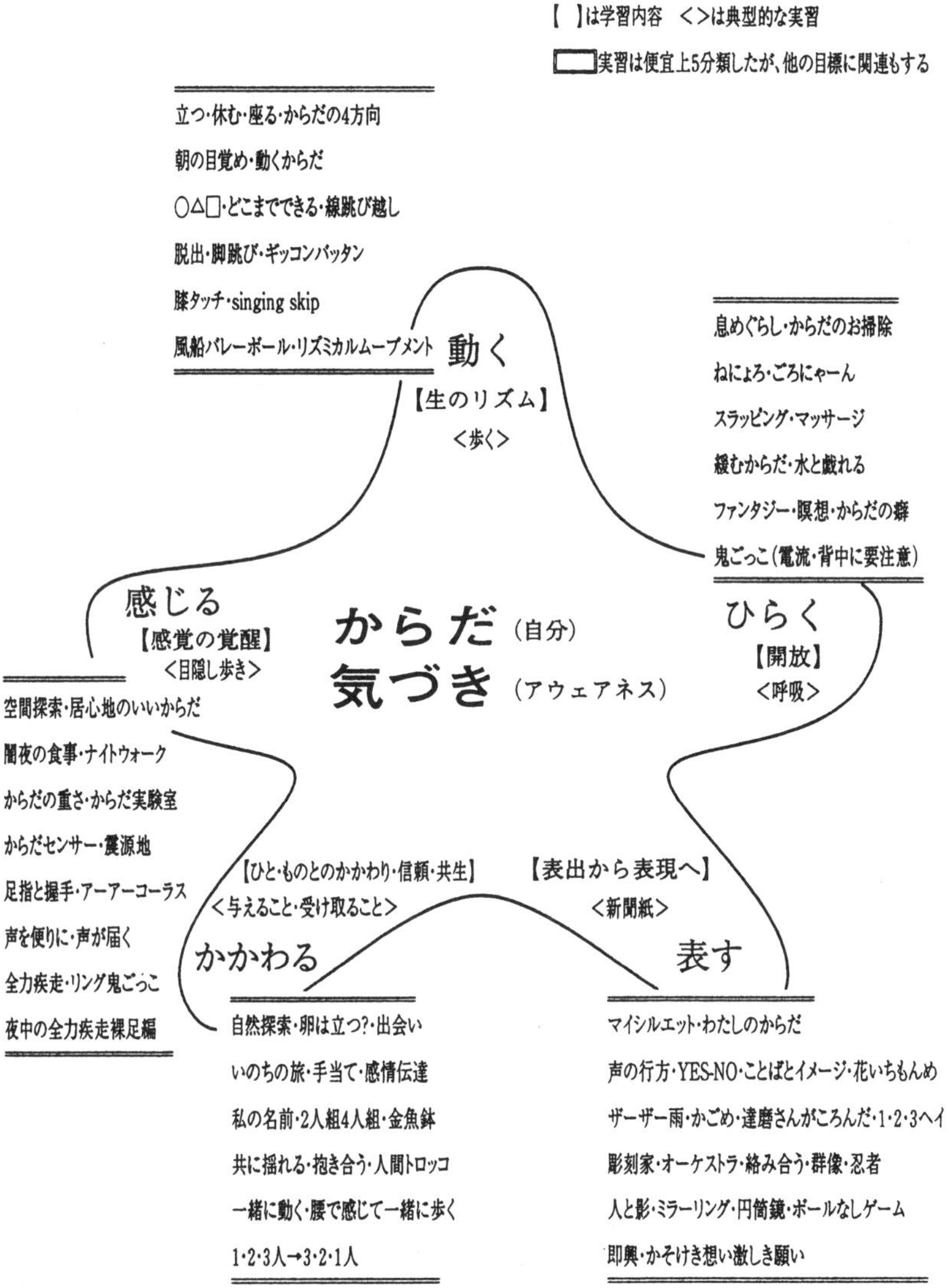

図　「からだ気づき」の目標と実習（2000, 高橋和子）

年より日本体育大学）教授で「身体の教育」の理論と実践の第一人者である久保健さんと、佐賀大学教授で「からだ気づき・からだ遊び」の実践と研究における先駆者である原田奈名子さんとの共同作業でありました。お二人の先生は「からだ」教育をそれぞれの立場で精力的に進めておられます。この場をお借りして、本書への掲載を承諾いただきました大修館書店体育科教育編集部の綾部健三さんと、久保健さん、原田奈名子さんに心からお礼申し上げます。

第II部の「気づき学び」は、大学卒業後の三十年にわたって、私が舞踊教育、体育科教育、幼児教育、看護教育にかかわってきた視点からの「からだ」教育論です。学術団体である社団法人日本女子体育連盟の機関誌『女子体育』への寄稿小論が多くをしめています。

そして、全体構成では、章のはじめと終わりに、古今東西の思想家や作家の「信条」を語る断章を飾りました。断章は「からだ気づき教育研究会」における対話から選定したものです。これらの格調ある文章をお読みいただければ、「からだ」の深遠なる世界に分け入ることができると思います。また、およそ一〇〇枚の写真を挿入して、実習をわかりやすくお伝えするように試みました。舞踊作品の写真も掲載しました。

舞踊作品の撮影は写真家の金子浩さんで、舞台照明は岩下由治さんによるものです。同い年のお二人の二十年間の支えがあったからこそ、私は踊り続けることができました。ダンサーの多くは横浜国立大学モダンダンス部とその卒業生たちです。ここに掲載した私の舞踊作品は「ニュー・カウンセリング」や「からだ気づき」の営みの中で素材が生まれ創作されたものです。授業や部活動やワークショップの写真については、承諾を得られずに掲載した写真もあります。お許しいただければ幸いです。写真を提供していただいた方々にも感謝申し上げます。

カバーデザインの卵は、箱根温泉名物の黒いゆで卵の反転写真です（カバー「袖」の現物写真参照）。一個食べると七年長生きするといわれている卵です。卵には思い入れがたくさんあります。このカバーデザインのようなポスターを壁にはり、お花を飾ってからワークをするアレクサンダー・テクニークの先生がいました。ワークを受けてからというもの、「バランス」「立つこと」「人間が人間であること」「かかわること」「若い命が育まれること」などを考えるようになりました。伊東博先生はワークショップでの朝食時によく卵を立てて、「立たない卵は食ってしまえばいい」と言い放っていました。受講者のお一人は卵を立てていると、白いスクリーン（白い卵を喩えている）に走馬灯のように自分の思考や感情が映し出されるといつも言っています。卵は実にさまざまな気づきを促してくれます。そんな思いを込めて卵を表紙にしてみました。

最後にこの本を出すに当たってお世話になりました晃洋書房社長の上田芳樹さん、編集部の田口真理子さん、からだ気づき教育研究会のみなさま、日本女子体育連盟、看護教育関係者、授業やワークショップ受講者、その他の大勢の方々に心から御礼を申し上げます。ありがとうございました。

二〇〇四年三月十七日

高橋和子

目次

第II部　気づき学び

第I部　からだ気づき

左より，チャールズ・ブルックス，シャーロット・セルヴァー・伊東博（1985）
エスリン・インスティチュートにて．

舞踊作品「白い旅」(1994) 高橋和子作

一章　白い旅

『白い旅』は横浜国立大学教育人間科学部高橋和子研究室の関係者が編纂してくれた私の教授就任記念誌である。本書にその所収表題拙稿を掲載するにあたって関係者に改めて感謝したい。

（『白い旅』・一九九八年四月）

ニーチェ（一八四四―一九〇〇）

この瞬間という門から、一つの長い永劫の道がうしろに向かって走っている。すなわち、われわれのうしろには一つの永劫があるのだ。すべて歩むことのできるものは、すでに一度起こったことがあるのではないか、なされたことがあるのではないか。この道を通りすぎたことがあるのではないか。

一八八四年・『ツァラトゥストラ』・手塚富雄訳

「白い旅」は四十一歳のときの舞踊作品（一九九四）である。

舞台の上手（向かって右）奥に私は佇んでいる。ゆっくり起きあがると目の前に淡白い光の道が現れる。白い光に導かれるように、その前まで歩いて行くと、今度は舞台前に横の長い道が現れる。今まで歩いてきた道程は消え、私が歩こうとするところに光の道が現れ出る。その道を四人の踊り手が、ある者は転がり、ある者は低い姿勢のまま前に進み、各々が違う歩みで進んで行く。そして、この四人の踊り手はすべて「私」の、今に至る歩みを表している。

この踊りはニュー・カウンセリング*の実習「自然と遊ぶ」（別名で「自然探索」ともいう）を湯河原のある公園で行った時の不思議な体験から生まれた。ひとりになって話をせず、ゆっくり自然のなかで一時間を過ごす実習である。草や木が自分に話しかけてきたら心のなかで対話したり、ひたすら雲を眺めてもいいし、何をやっても自由である。これは、「自然のなかでの瞑想」とも言えよう。あわただしく過ごす生活や、目的に向かって合理的にそれらを達成することに慣れ親しんでいる者にとっては、これは戸惑いを感じるらしい。

＊　伊東博（一九一一―二〇〇〇）が一九七二年頃に創始した開発的カウンセリング。行住坐臥という生活的身体技法をカウンセリングに取り入れた画期的な試み。ワークをとおして「気づき」の覚醒を期待する。シャーロット・セルヴァーの「センサリー・アウェアネス」に影響を受けている（本書の随所を参照）。センサリー・アウェアネスは老子や荘子の自然観と一致していて、さらに鈴木大拙などの禅宗の老師との親交から生み出された、西洋文化の中では希有の東洋思想的ワークである。伊東博は「人現会」（人間中心の教育を現実化する会）を組織してニュー・カウンセリングの普及に努めた。私は両者に長年にわたって多くを学びつつ「わたし流」と融合させて「からだ気づき」にとりくんでいる。現在も私は「人現会」の副会長として深くかかわっている。

さて、私は泉公園と刻まれた大きな石の前で足が止まった。引き寄せられるように、その石に手を触れてみる。耳をつけると、その石が生まれた上流の風景がうかび、川の音が聞こえてきた。しばらくそこに佇んでいると、中老の男性が公園の公衆電話の前に現れた。彼は数年前他界した義父にとても似ていた。彼が去ったあと、私は公園の広場の端っこにすっと立つ一本の木に向かって、まるで吸い寄せられるかのように半歩ずつ歩み始めていた。ふと、うしろを振り向くとそこには過去に辿った道が連綿と続き、一本の木に向かうひとすじの道は、将来私が歩むであろう道を暗示しているように思えてきた。こんな体験を「白い旅」と題して踊りにした。

旅には行き先やルートをはっきり決めたものから、行き当たりばったりのものまである。美しい風景や親切な人との出会いもあれば、不安や切なさを味わうこともあり、予定通りに進むことはあまりない。旅は人生に例えられ、どのような旅をしたかを振り返れば、おのずから小説になると言われる。私のこれまでの旅はいつも多くの人々や事柄とのかかわりによって影響を受けてきた。たとえば十八歳からのモダンダンス、二十二歳からの幼児教育の表現指導、二十四歳からの教員養成での舞踊や体育科教育、三十歳からの「ニュー・カウンセリング」や「看護教育」や「からだ気づき」の実践。特に四十歳をすぎた頃になると、二十代から続けてきたこれらのことが、ある形をなしてきた。それらのすべてのかかわりに師や友人や教え子がいた。

赤ちゃんは十カ月お腹の中にいれば生まれ出てくるが、私の場合、踊りも研究も教育も、我が身を削るようにして長い年月をかけて出てくる。そのものに直面し、ようやく産声を上げてくる。もっと客観視できれば楽だろうし、冷静に取り組むことができると思うのだが、いつも主観的に展開する。だから私は、研究者には向かず一生実践者だと思っている。これまでの二十年間を振り返っても、計画的に事を進めてきたと言うよりは実践がまずあった。しかも、偶然と必然とが重なりあってここまで歩んできたような気がする。

大学院を修了する時、舞踊家への道はつらそうだからあきらめた。自分が思い描く教育を伝え広めるためには、教員養成大学に勤めるのが一番だと思った。学生にだけ舞踊創作を強いるのは不公平と、年に一度は自ら新作を創ってきたが、実は私自身舞台に立つのが好きなのにほかならない。学会での発表もかかさず行っているが、主人が発表もせずに学会に行く（家を空ける）ことを許さない、という理由も手伝っている。へび年生まれのしつこさもあって、けっして良質とは言えない舞踊作品や論文が毎年増えていった。しかし、塵も積もれば山となるように、これらを眺めてみると、私の興味や願いが少なからず結実しているように思う。

特にこの十年近くは「気づき」*に凝っている。自我意識が強く楽天的で冷淡な私は、他者に気づきを促す仕事に興味をもち実践してきたが、自分自身に気づいていないことが往々にしてあった。素直に自分を表出しているつもりだが他人には奢りや自信にも見えたり、直接的な表現が人を傷つけたり、傲慢であったり、気づかないうちにいろいろとご迷惑をおかけしたことが多々あったと思う。

＊気づき　私のワークショップ「からだ気づき」に参加してくれた足の不自由な男性との忘れられない夏の思い出を紹介しよう。

一九八九年頃のことである。パートナーが目をつぶる相手を誘導しながら散策する「目隠し歩き」（別名で「目をつぶってみて」ともいう）という実習がある。その間一度か二度、パートナーが見せてあげたい「場所」で、肩をポンとたたいたりして合図する。すべては無言のままに進む。彼は迷惑をかけるからと最初は辞退した。そこの公園までという誘いに彼も同意し、私は車椅子を押し始めた。公園に向かう道すがら耳を澄まし静かに聞き入る彼の姿があった。幸せそうな表情をしていた。私はどうしても階段の下の水辺に連れていきたくなった。車椅子から彼を立たせ五十キロに満たない私が七十五キロの彼を背負い、汗だくになって一段一段階段をおりた。彼をベンチに腰かけさせ花壇の花にふれさせている間に、階段をのぼり車椅子を背負っていそぎおりて、車椅子にようやく彼を移した。やっと念願の水辺へ着くことができた。二人で冷たい水をさわった。かけがえのないときを共有したと思った。数日後彼から手書きの素敵な詩が届いた。読みながら思わず涙が出た。どうしてだろう。

◇

高橋先生が車椅子を押して、ホテル上方の公園までリードしてくれた。

わたしは目を閉じている。

部屋から道路に出る。かすかに床が上下する。あるところでは温かい空気がよどんでおり、さらに進むと冷たい空気に変わる。

車椅子の振動が尻を揺する。

玄関を出ると、瞼の裏が真っ赤になる。太陽にさらされた人の血潮だ。

風が当たる。車が進む。かすかに先生の足音が付いてくる。鳥の声がする。

もうかなり来た。車椅子が大きく弧を描く。どこか広い宇宙を進む。川が心地よい瀬音を立てている。

目を開ける。白い波を立てて水が流れる。

再び、耳と皮膚の感覚の世界。この世界は限りなく濃く、深い。豊かだ。どこまでも、どこまでも、ありそうな広がり。

草の上に降りる。草の先端がちくちくと体を刺す。

車椅子が止まった。手を伸ばされ、柔らかいものに触れさせられる。その香りの甘さ。造形主の甘美の遊びの作品。

先生が私を背負う。体が上がっていく。上がりきったところは道路だ。ガードレールによりかかって公園を見回す。再び車椅子に運び上げられ、道を行く。下りるらしい。先生の足音が速い。自動車が遠慮がちにそっとエンジンを吹かして走り去る。ガソリンの臭いがする。車椅子に勢いが付いた。先生の息が速い。

一時間が経った。部屋に帰りついた。

終わった探索の旅。

高橋先生への限りない感謝。

◇

彼は、渋沢久という。当時五十歳ぐらいだった。その渋沢さんが十年以上も前のメモ書きをたよりにあらためてこの詩を雑誌『心の便り』の第一〇八号に書いている。二〇〇〇年八月二十七日のことである。そして、「こうした実習を通し、わたしはわたしに気づき、他人の存在を確認し、新たな生き方を始めていった」との私信を添えて再び私に届けてくれた。渋沢さんはある養護学校の国語教師である。読めば、私の記憶の曖昧さが露呈するものの、二人にとって豊かな経験であったことが蘇る。私も多くを学ぶことができた。この鮮明でさわやかな学びという私自身の変化に感謝している。「気づき」とは、再び歩くことのできるある「永劫」として、いつまでも命脈を保ってくれるある「場所」として、私の「からだ」に棲み込むものなのである。この「気づき」を覚醒させるとき、私は、時空を隔てて、渋沢久とも、ニーチェとも、西田幾多郎とも、いつでも、どこでも、無限でかつ瞬間という門「いま・ここ」で、私の居場所「いま・ここ」で、豊饒に至福にしなやかに遊ぶことができる。

「気づき」のワークショップにかかわるようになって、世の中には病んでいる人、自信をもてないでいる人、自分を否定ばかりする人、歪《ゆが》んだからだをもっている人がどれだけ多くいることかを知った。知れば知るほど、もっと自分を好きになってほしい、自分を受け入れてほしい、バランスよいしなやかなからだになってほしい、と願うようになった。そうした思いを抱くと同時に、私はだんだん風や光や水や土や白い色が好きになっていった。それらは揺らぎ流れ染まる性質をもっている。折れずに流れに身を任せ自由自在に変化する。そんな風景のなかに何時間も佇むことが好きになった。授業やワークショップのなかで、私は鏡のような存在になって、学生や受講者が彼や彼女ら自身の姿を映して見ることができるようになりたいと、そう思っているのかもしれない。

これからの旅がどのように展開するかは分からないが、たおやかに美しい旅の続けられることを願っている。教員になって二十年経過し、あと二十年が残っている。そして、ちょうど今年がその分岐点である。私がいまこの分岐点にあるがままに立っていることができるのは、これまでかかわった多くの人びとのおかげであることに、あらためて感謝を申し上げたい。

この四月から雑誌『体育科教育』で気づきの問題をとりあげる連載企画が始まるのだが、その第一回目には拙稿「からだとの対話——居心地のいい空間——」が掲載されることになっている。授業研究に真摯に取り組むこの雑誌は固い専門用語の使用される場合が多いのだが、今回、私は自分のからだにまつわることを対象化し、私の言葉で語ろうとしている。私（からだ）が「いま・ここ」に「在る」生の原点を表してみたいと思っている。

それは、「裸」の私である。それは、「からだ」である。それは、「気づき」である。

西田幾多郎（一八七〇—一九四五）

知識の対象界は何処までも限定せられた場所の意味を脱することはできない。知情意の映される場所は、なお一層深く広い場所でなければならぬ。情意の内容が意識せられるということは、知識的に認識されるということではない、知情意に共通なる意識の野はそのいずれにも属せないものでなければならぬ、いわゆる直覚をも含んだ無限に広がるものでなければならぬ。最も深い意識の意義は真の無の場所ということでなければならぬ。

一九二六年・「場所」

二章　からだとの対話
——居心地のいい空間——

（『体育科教育』・一九九八年四月号）

アイソポス（紀元前六世紀頃）

ある鹿が喉の渇きに堪えられないで、つい泉のところへ行きました。そして水を飲みながら、水に映った自分の影を見たとき、角の大きく、いくつにも分かれているのを見て、それを喜びました。足はひょろ長く弱そうなので、それを大変悲しみました。なお鹿（訳文では「彼女」となっているのを引用者改変）が思案していると、一匹の獅子が現れて鹿を追っかけ始めました。鹿は逃げだして獅子を遠く引き離しました。というのは鹿の強みはその足に、獅子の強みはその心臓にあるからです。ところで平原に木のない間は、鹿は先に駆けって命も大丈夫でした。しかし或る木の生えた場所にやってくると、そのとき鹿の角が木の枝に絡《から》まれたものですから、走ることができないで、とうとう捕らえられるようになりました。今にも殺されようとした時に、鹿はひとり言をいいました。

「私ときたら惨めなものだ、裏切られるだろうと思っていた奴ら（足）からは助けられ、心から信じていた奴ら（角）からは亡ぼされるなんて」

古代ギリシア時代・『イソップ寓話集』・山本光雄訳・括弧内補記引用者

一　世紀末点描：操作される身体

とりあえず「からだ」史観での世紀末を点描しておこう。

実感のない自己・からだ
　耐性虚弱、制御力不足でキレる若者
「透明な存在である僕」がしでかした残虐事件
　バタフライナイフに自己の優位性と安心感を求める中学生
架空の世界に旅する子どもと大人
　覚醒剤使用で補導一〇九七名・一九八五年
　ポケモン視聴救急車出動・一九九八年
　ゲームトキメキで疑似恋愛に夢中
操作・売買・加工される身体と命
　神の領域に踏み込んだクローン羊
　虫も寄せ付けぬ遺伝子組み替え馬鈴薯
　心臓弁六九五〇ドル人体部位販売活況
　刺青・日焼けサロン・ネールアート
　援助交際・消費は欲望の過剰な側面
他者とのかかわり
　学校を忌避する登校拒否児激増
　仲間内ネットワークポケベル激増
　オカルト教団入信の動機「熱心に誘ってくれた・話をよく聞いてくれた」
　シャル・ウィ・ダンス？　シルバー世代が出合い、ふれあい、語り合う場
本物志向

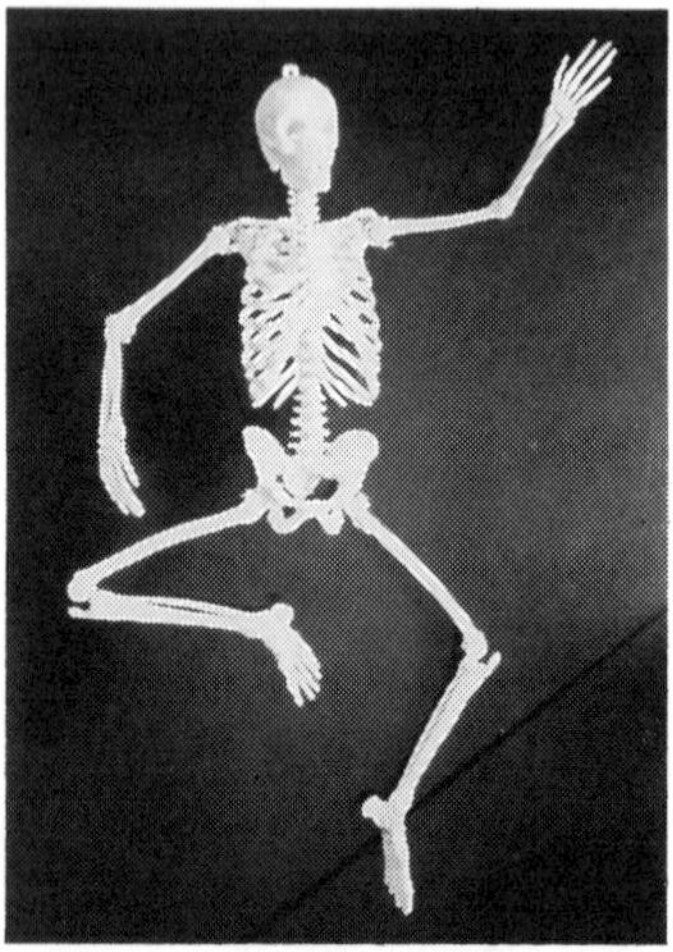

スケルトン　人種・宗教・文化が異なっても，人体は同じ骨格をもつ．ワークショップにはかかせない教具である．

モノづくり脚光あびるガテンな職業
Uターン・Jターン現象・地方の時代
仕事と遊びの間、ヴォランティア

何が起こるか、何を信じたらいいのか分からない。信じられるのは自分の皮膚感覚のみ。しかし、自分という存在自体が揺れ動く。自分に最も近い「からだ」でさえ壊れやすく軋みをあげている。自己の周囲にバリアを巡らし他者とのかかわりをやめ対立を避ける。まして世代や文化の違う人とは没交渉。自己確認はぼんやりした「からだ」の意識をたしかめることから始まる。服装や恋人との皮膚感覚、タトゥーやピアスの永久に消えない痕に、それを見る。世紀末点描は極端な例かもしれない。しかし、自分には無関係なこととして片づけられない大事な何かがあるような気がする。私は自分の「からだ」をとおしてこれらの問題に遠巻きながら触れていこうとしている。「からだ」を確かめ実感する営み、それは操作されモノ化する身体からの脱却作業である。

二　一人称で語る私のからだ日記

〔朝の目覚め〕　私のからだとの対話は目覚めたベッドのなかから始まる。カーテンの隙間から射し込む朝の光を受け、まどろみながらベッドのうえでストレッチや操体法を行う。寝たままの状態で足と握手し、もう一方の手で足裏のもっとも大きいツボである湧泉やアキレス腱のまわりを指圧したあと、ゆっくり足首を回す。膝頭を持ち膝を大きく回し、そのまま頭上に脚をストレッチする。少しずつ血が通い始めるのを感じる。ハイハイの姿勢になり猫のアクビのように背中をひとのびさせる。見やすい側に息を吐きながらからだをひねってお尻を覗き込み、大きく息を吸い込んで止息し、一気に脱力する。温かさが広がる。手首を手前に向け首をおとし、口も半開きにしたままゆっくり息を吐き、頚や肩の部位に集中する。肩の凝りや頭の重さが腕のなかを伝わり下の方に流れていく。パソコンの弊害を感じる。一日が始まる。

〔大学にて〕 桜ケ丘の森をバイクで下る。森が発する息や朽ちて倒れた大木に気づくのはこちらにゆとりがある時。開かずの踏切で待たされる。時計をのぞきこみ、上り下りの満員電車を左右に見送る。バイクにまたがったまま片脚ずつ屈伸してみる。イライラ色がいつのまにか淡い色合いになった。息を吸いながら首をゆっくりうしろまで回したり、息を吐きながら戻す。運転は「楽に、頭は上の方に、背中は広く長く」と思いながら行う。絨毯敷きの研究室に靴を脱いで入り、留守電を聞きメールを開き返事を送る。一日の大半を過ごす机と椅子はからだに合うもの、書棚もスチール製ではなく無理を言って木製を調達した。コーヒーカップは薔薇をあしらったお気に入り。落ちつく調度に囲まれて仕事をしたい思いが優先している。研究室のソファーベッドにはよく学生が寝にくる。この研究室を、ある学生は「自宅の居間」、事務官は「私物化」、国語科の先生は「要塞」「子宮空間」、美術の先生は「体内回帰」と呼んだ。これらの表現は研究室らしくないことで類似している。学校や教育、研究ってなんだろう。

〔食〕 朝食は原始長命食。* 九時頃バナナ状のウンチ。昼食は手弁当を教官控室で他教科の先生と語らいながらいただく。夜パーティーがある時は昼食を控えめにする。夕食は自宅に帰り三十分で支度して家族と共にする。食べたらすぐ横になりうたた寝をする。この癖は祖母、母、私、娘に綿々と受け継がれている。

* 原始長命食は、玄米、黒大豆、黒胡麻、昆布を粉末状にした高栄養、低カロリーの自然食品。石田順次農学博士が開発。私は二年間食べているが、中性脂肪や総コレステロール値が低下した。

〔衣〕 寝る時は下着を付けず、外出時もブラジャーをしなくなって一年、からだに食い込む下着の線はすでにない。洋服はフリーマーケットを愛用。日頃好んで着ていた色やデザインから自由になり、冒険心や遊び心が生まれる。ズックを履き、結婚式の時は披露宴会場のテーブルの下でハイヒールに履き替える。化粧水もオリーブ油、化粧は口紅だけ。

〔運動〕　浴室の壁にあしらったモノトーンの翼を広げた鳥を見ながら湯船で脚のマッサージ。今日は何キロと予想して体重計にのる。ほとんどぴたりと当たる。居間で背筋、腹筋各十回、腕立て伏せを歳の数だけ行い、野口体操からヒントを得た「寝にょろ」で全身を整える。年一回はダンスを創り、学生や卒業生たちと晴れの舞台に立つ。

〔人生のエポック〕　「気づき」はそのときどきにあちらからやってくる。

二〇歳　マニキュアを塗った爪が呼吸できず苦しいと叫んだ。

二七歳　お乳をあげながら満ち足りた安らかな気持ち。だから子どもを育てられるんだ。

三一歳　エスリン研究所*で言葉や民族を越えて分かりあえた実感、まさしくパラダイス。

三六歳　乳癌の疑い。病院からの帰り、道を歩く子どもが妙に生き生きと見えた。私の内部世界とは違う世界が鮮やかに通りすぎた。

四〇歳　姿勢術アレクサンダー・テクニークが日常生活に組み入れられた頃、鏡に映った顔が美しく思えた。

四四歳　学生とともに踊りを創った一夏はまるで恋をしたかのように、楽しくエネルギッシュに弾んでいた。

＊　エスリンはカリフォルニアにある人間性開発の研究所である。ボディ・ワークやセンサリー・アウェアネスやカウンセリングやセラピーのワークが一年中開かれている。

三　居心地のいい空間を求めて

〔教育のなかで〕　私のからだはボディ・ワーク*にかかわればかかわるほど、

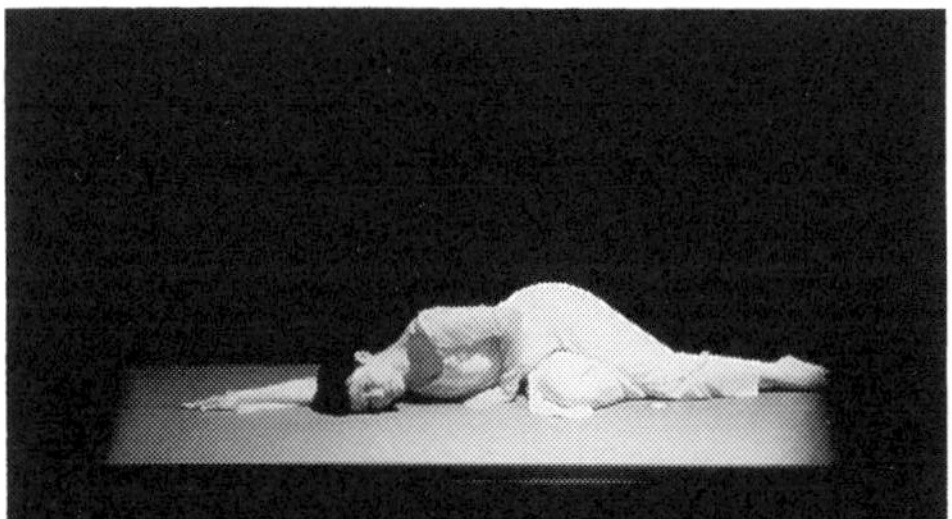

舞踊作品「わたしは……風の路たゆたう物語，夢の目次を足音で読む」(2001) 高橋和子作

自由になり解き放たれていった。「からだ」は肉体だけでなく心も含む。

「……教育とは行動が変容すること……」

「……からだが変われば生き方も変わる……」

と言われるように、私はまさしく行動も生き方もいつの間にか変容し、大学での体育の授業も変わっていった。からだにとって居心地のいい空間や時間を求めているうちに、自分自身、人間関係、取り巻く環境が**、気づいたら変わっていた。ものの見方や、ものの受けとめ方が、変わったと言ってもいい。取捨選択する基準は、あくまでも、すんなりと私の「からだ」になっていた。

＊　本論考に記述したボディ・ワークのベースは、①操体法、②指圧、③センサリー・アウェアネス、④ボリセンコの呼吸法、⑤アレクサンダー・テクニーク、⑥野口体操、⑦ニュー・カウンセリングなど。これらは高橋和子「学習内容としての身体的認識」（竹田清彦編『体育科教育学の探究』所収・一九九七）を参照。　＊＊　気づき（awareness）の広がりを実存主義に依拠して考えると、①自分自身のなかの世界（アイデンティティ・身体意識・筋感覚等）、②共にいる世界、③周りの環境・自然・文化・社会の三つがある。シャーロット・セルヴァーはアウェアネスの陥りやすい問題として、自分自身の世界にだけ引きこもることを警戒して、外の世界に開かれていることも重要であるとしている。

〔共にいること〕　特に学生と二人組になり「目隠し歩き」の実習*をすると、学生がいとおしくかけがえのない存在であることに気づく。信頼し身をゆだね共に歩く心地よさ。日頃から「教え授ける」授業をしているつもりはないのに、自分が学生を下に見ていることに気づく。実習「与えること・受けとること」は、寝ている人の足首を持ち、ゆっくり十センチぐらいまで上げて降ろすだけである。悠久の時間やあたたかい母のぬくもり、急降下するエレベーターでの恐怖感を味わったりする。手のなかで感じるドクンドクンという脈。支えている私の手の脈か、寝ている人の足首の脈なのかさえ分からなくなる。通常これを「一体感」と言うのだろう。

体育のなかで、教育のなかで、快適にいられる「からだの知」「賢いからだ」を、一人ひとりが持てることを保障しようとする私の営みが始まって、かれこれ十五年の歳月が経った。

＊　雑誌『体育科教育』の連載では一九九八年七月号から典型教材になりうる実習を掲載予定である。既出にも、紹介されている。高橋和子「ボディ・アウェアネス」（「新しい体操の授業づくりの試み」に所収・体育科教育・一九九五年別冊）。各実習に期待できる経験を先行研究にみると、「アイデンティティの確認」「コミュニケーション能力育成」「身体機能や感覚器官の認識の育成」「快経験の保障」などがあげられる。

〔実習：やってみること〕　ねらいも言わずに告げる。不親切なのではない。

「……とにかく、これからしかじかのコトをやってみましょう……」

と言う。到達点もない。ただ、その時に自分のからだに起こることに気づくことが目標になる。気づきにはレベルや広がりがあるが、それすら学生には要求しない。気づきが起こらないことに気づくことも大事。自然体、である。

「……何のためにやるの。どうすればいいの。これをやって何になるの？　……」

と、そう聞きたげな学生の顔。いろいろな顔が渾然とある。

効率よく成果を上げることを目指し続けてきた教育や経済。よりよき生活のために、今の我慢があるとする前のめりの生活や時間意識を穿ちたい。

四　なぜ、いま、「からだ」の気づきなのか

〔からだが生きる〕　立つ、休む、坐る、歩く、鍛える、息をする、食べる、排泄する、身に纏う、化粧する、踊る、話す、教える、かかわる。私の日々の営みは、努力し意識化した「からだ」の営みである。「からだ」が何を感じ、ど

のような状態であるかに注意を向けること、「からだ」を自分の言葉で語ること、言葉にならないことをまるごとの感覚として大づかみすること。そんなことを日々意識し、「からだ」との対話を続けている。自由を手に入れてしまった「からだ」は、規制や固定観念とのせめぎ合いに直面する。教授会での耐えがたい喫煙、暗黙裏に求められる女性らしさ、快適な「からだ」でいるためには周りを変えていく力も必要になる。開かずの扉を開ける勇気や、開けないでおこうとする思いは、社会や文化とのギリギリの共存のなかで交錯する。

〔閉塞した「からだ」にしなやかな力を〕　わたしはいったい誰なのだろうか。若者は苦悶している。

「……今の私はとりあえずこの体の中に入っているの。そのうち理想とする体を手に入れるんです……」

この女子学生はあたかもヤドカリのごとく、身体を脱ぎ着できると思っているらしい。

「……先生の授業は友達を作らないと参加できない授業です……」

私の授業は実習も講義もグループワークが多く、二人組になることさえ苦手なこの男子学生にとっては大変なことらしい。

近代スポーツの特質である競争、勝敗、記録主義に慣れてきた学生は、他者の目が気になり、頑張りイズムや苦しいのが美徳の思いが強く、そのためか、身構えの堅くなった「からだ」が多い。体育の場で、緩むからだ、楽な「からだ」、かかわる「からだ」、しなやかな「からだ」を体験し、自分の「からだ」を受け入れてほしいと思う。そのためには、「からだ」がどうなっているのか、そのことに気づくことがスタートとなる。このことは教育が抱える問題、閉塞した「からだ」や人間関係に風穴を開けることにもなろう。

〔体育・教育が請け負う領域〕　「からだ」の気づきは体育では通常「身体意識」と言われ、運動中の身体の動きを多くの感覚を動員して掴み取ることを意味する。それは技の習得や習熟に際しての問題であり、種目（運動文化）に直結して考えられている。一流選手ほどこの身体感覚は卓越している。

しかし、私は、動く「からだ」（ひと）のベースとして、「身体意識」を培おうとしている。しかもやっかいなことは、これらの感覚は外からではあまり把握できず、その感覚は本人しか分からない。本人すら分からない場合も多い。二人組で見合う、感じたことを語り合う、ビデオや写真に撮ってみる、絵や詩にしてみる。校内やプールや温泉、公園や森や砂浜などの場所、季節によって同じ実習でも味わいが違う。

　このような「からだ」を育てる体育は、からだをキーワードにした総合的な学習になりえる。すでに理科や国語や道徳などとの合科で総合的扱いで実践されている例もある。体は体育、心は心理学、病気は医学という既存の領域に留まることなく、まるごとの「からだ」である「私」が成長するのを支援する教育でありたい。「からだ」の主人公としてエネルギッシュに、時にはゆったりと生きる術を教育の場で味わってもらいたい。

　それを支えるのは、体育の教師自らが操作される身体から脱却し、「からだ」の主人公になることである。「からだ」の微妙な変化や社会の動きや自然のうつろいに目をやること……。そうすれば、目の前の子どもたちの「からだ」が見えてくる。

　私の「からだ」との対話は意識しようとしまいと一生続く。皺や白髪やグラツク歯、弛んだ肉体、出歩くことへの回避、近親者の死。多くのひと、もの、ことの中で、移りゆく「からだ」にどう向かい合っていくか、時には受け入れ、時には拒み、それがあるままになされることを望む。

「……あたかも水が流れ、風が吹くように……」

開高　健（一九三〇—八九）

頭だけで生きようとするからこの凝視の地獄は避けられないのです。手と足を忘れています。分析はあるけど綜合がない。下降はいいけど上昇がない。影を見ているけど本体を忘れている。孔子のいうようにバクチでもいい。台所仕事でもいい。スポーツでもいい。畑仕事でもいい。手と足を思いだすことです。それを使うことです。……落ちこんで自分が分解して何かの破片と化すか、泥になったか、そんなふうに感じられたときには、部屋の中で寝てばかりいないで、立ちなさい。立つことです。部屋から出ることです。そして、何でもいい、手と足を使う仕事を見つけなさい。

一九八七年・『知的経験のすすめ』・「……」部中略

目隠し歩き　早春の野を歩く．2人の足どりは30分もすると，まるで同じになってくる．鳥のさえずり，川の流れ，柔らかな土の感触，春の陽が，からだのこわばりが消えるにしたがい，感じられてくる（神奈川県立看護教育大学校「人間関係論」丹沢にて）

三章　目隠し歩き

（『体育科教育』・一九九八年七月号）

本章はお茶の水女子大学附属小学校教諭の栗原知子さんとの共同執筆である。それぞれの分担は各節末尾に示しておく。

ソロー（一八一七―六二）

なぜわれわれは、こうもむきになって成功をいそぎ、事業に狂奔しなくてはならないのだろうか？　ある男の歩調が仲間たちの歩調とあわないとすれば、それは彼がほかの鼓手のリズムを聞いているからであろう。めいめいが自分の耳に聞こえてくる音楽にあわせて歩を進めようでないか。

一八五四年・『森の生活』・飯田　実訳

一　やってみる

まずや、っ、て、み、るこ、とである。この実習は別名で「目をつぶってみて」ともいう。

インストラクション・大学生以上

実習「目隠し歩き」（別名で「目をつぶってみて」ともいう）はこんな私の言葉から始まる。

「……これから一時間ぐらい外に出ます。できるだけ身軽になり帽子やタオルが必要な人は持って（季節や天候、対象者に応じて言葉は変わる）、五分後に玄関に集まってください……。（五分後）まだ組んだことのない方と二人組をつくってください。一人は目をつぶり、もう一人は目をつぶった相手を安全に快適に外に連れて行きます。ただし二人とも話をしてはいけません。三十分経ったら、その場で役を交代します。一時間経ったらここに戻ってきてください。連れて行く人は目をつぶった相手にいろいろなものを触れさせたり匂いをかがせたりしてください。目をつぶった人は触った感じや匂いを味わってください。それらが何であるのか当てようとしないでください。連れていく人は三十分のあいだに一回だけ目をつぶっている人に、見せたいと思うものを、見せてあげてください。裸足でも構いません。何か質問はありますか……」

学習者は戸惑いの言葉を投げかけ*、私は次のように答える。

「（タオルで目を覆うほうがいいか）……ご自由に。目を開けたくなったら開けてもかまいません……」

「（どのように誘導したらいいか……）……手をつなぐ、肩に手を回す、時にはおんぶや抱きかかえてもいいし、相手が快適であれば、何でもオーケーよ……」

「（階段などはどう教えたらいいか……）……はじめから二人で合図を決めず、そのときに考える……」

「（交代時にどこにいるのか分からなくなったら……）……どうにかして帰ってきてください。少々遅れても構わない……」

「……それでは、はじめてください……」

＊　障害児教育等の実習では、アイマスクをつけたり腕などは組まずに音を鳴らして誘導する場合も見られるが、今回の実習は「障害者の身になる」という限定した目的ではないので、怖くなったら目を開いても、言葉を使ってもいい。ただし、事後の振り返りのときに、なぜそうせざるをえなかったのかを考えてみる必要はあるだろう。

インストラクションの設定理由

インストラクションの仕方で授業者の実習に対する願い（目標）や学習者が経験してほしい中身（学習内容）ややり方（方法）が具体化されるために、どのようにインストラクションするかによって、気づきの内容が大きく変わる。私の「理由」は次のとおりである。

①「外」であることは……屋内よりも自然の豊かな所（公園・森林・海辺など）はいろいろな感覚が働きやすい。

②「言葉不使用」であることは……言葉に頼り、自分の状態をごまかすことなく、自他のまるごとの「からだ」に集中できる。

③「三十分」であることは……二十分を過ぎた頃に、不安や怖さから別の気づきへの広がりが期待できる。*

④「交代する」ことについては……それぞれの役で異なる「気づき」が経験できる。交代時に誘導役になれば、自分がどこにいるかが分からずスリルもある。

⑤「物当てクイズなし」については……触れた物が何かを当てようとする意識が働けば、感覚よりも思考が優先され、感覚そのものが大事にされない。

⑥「あるポイントで目を開ける」については……閉じていた目を開けることの新鮮さと、見せたいものを選ぶ思いが相互に大事にされる。

＊「目隠し歩き」の学習者の気づきの内容は次の「①②」を、国語での実践では「③」をそれぞれ参照願いたい。①高橋和子・足立美和・原田奈名子（一九九八・青年期におけるからだの気づきを促すためのプログラム開発・「大学体育」二四号）、②近藤智靖（一九九八・身体の経験を視点に据えた授業――目を閉じて歩いてみる――・「体育授業研究1」）、③府川源一郎（一九九五・「人間関係意識をひらく作文指導」・「国語」教育の可能性）。

留意点

これまでの経験から総括していくつかを指摘しておきたい。

①　気づきの幅を限定しない　⇩　「相手を信頼しましょう・しなさい」「目が不自由な人の身になって」などと気づきの幅を限定することを指示しない。

②　自由で安全な雰囲気の確保　⇩　学習者の経験が開かれ、経験したことを自由に表現できるためには、他者との比較や評価から自由であることが決定的である。

③　否定的な気づきも学びになる　⇩　アウェアネス（気づき）は「感じる」ことである。感じることには正しい感じ方や間違った感じ方があるわけではないので、通常に言うところの、否定的な気づきも、肯定的な気づきも、ともに学びになる。学びは多くのつまずきを基礎にすることによって強く、しなやかにもなっていく。

④　演習ではなく実習である　⇩　「演習」や「エクササイズ」は到達目標や正しい方法が示されるのだが、「実習」では、到達目標を設定せず、経験をとおして「いま・ここ」で起こること自体が大切にされる。

⑤　安全面を十分に配慮する　⇩　怪我（階段を踏み外す・木のささくれが刺さる）や交通事故に遭わないように十分気をつける。

（高橋和子）

二　感じたこと・授業者のからだの記憶から

私はこの目隠し歩きを十五年以上も体験している。なぜ私が目隠し歩きにこんなにもこだわっているのだろうか。それは一時間という時間に凝縮された豊かな経験が保障されているからであろう。いつ、どこで、誰とやっても、また学習者の体験を聞いていても、私は身震いするほどの思いを味わうことが多く、あきることがなかった。相手のからだ全部に共感し、自分の普段は眠っている豊かな感覚に気づく経験が、目隠し歩きには潜んでいる。
次に私が経験して感じたこと（それが学習内容になるだろう）を「からだの記憶」から思い起こしてみたい。

誘導する側として

はじめはとても大変であった。特に大男を支えるのはハードである。臆病な人は腰が引け、歩幅が狭い。相手の歩調に自然に合わせることを覚えてから、誘導は楽しく快適になった。このことに気づくのに五年を要した。以来、誘導を大変だと思うことはなくなった。
次は、脚が不自由な男性との忘れられないある夏の思い出である（第一章の注記参照）。五十歳の彼は迷惑をかけるからと最初は辞退した。そこの公園までということで、車椅子を押しはじめた。公園に向かう道すがら、耳を澄まし静かに聞き入る姿があった。幸せそうな表情をみせてくれた。私はどうしても階段の下の水辺に連れていきたくなった。車椅子から彼を降ろさせ五十キロにも満たない私が七十五キロの彼を背負って汗だくになりながら一段一段をおりる。ベンチに腰をかけさせ花壇の花に触れさせる。そのあいだに戻って車椅子を背負い階段をいそぎおりてその車椅子に彼を移しやっと念願の水辺に着く。二人で冷たい水を触った。かけがえのないときを共有した。数日後、素敵な詩が届く。私の行為は善意というよりも自然にそうしたくなったというほうが似合っている。

目をつぶる側として

何度やっても楽しい。沢山の感覚が鋭敏で新鮮に感じられる。光の陰影とファンタジー。微かな空気の流れ。暖かな土や草のクッション。花を触っても色は見えない。匂いから花の色や夕立のくるのも分かる。雨も気持ちがいい。葉っぱや枝や蕾を触りながら、季節や生きていることを実感する。人工物は冷たく堅い。鳥や蟬や虫の鳴き声、せせらぎや下水の流れ、人の話し声がよく聞こえる。車が近くを通る気がして身が縮む。

初対面でも相手の人がよく分かる。自由にさせてくれる人、連れまわす人。腕がしびれるほどきつく握る人、困惑し疲れ思わず大声をあげる人。まかせっぷりのいい自分にも気づく。

次は、日本海の夕陽のなかでの記憶である。誘導の女性が目をつぶる私に、子どもの忘れ物であろうシャベルを手渡してくれた。その瞬間、私に遊び心が蘇った。私は、はいつくばって、大きな砂山を作りはじめる。そこに池を作ることも思いついた。波はすぐそこに聴こえる。ふいに彼女は私からシャベルを取りあげた。波打ち際までは遠いから無理、と言いたげな彼女。あきらめない、私。見えないことは、人を、大胆にさせる。熱意に負けて彼女も砂山を掘りはじめる。そこに大きな波が押し寄せてきた。一瞬にして二人で作った池に水がたまる。なぜか、腹の底からの笑いがこみあげる。食い違い、そして共同作業。三十分間の無言劇。ときとしてドラマチックに展開することもある。

目を開いた瞬間

白黒から鮮やか色の世界。美しさにただ感嘆する。森の奥に佇む朱塗りの社《やしろ》、ぬけるような青空。干からびたミミズ。水平線に半分しずむ夕陽。私のみてきた忘れられない風景である。

（高橋和子）

三　振り返り・学びの共有

事後は必ず振り返りで「学び」の共感を確かめよう。

二人組で話す・みんなで話す

一時間後、三々五々に集まる。

振り返り　2人組で話したあと，みんなの前で自分の体験を話す．

「……これでおしまい……」

と目を開いた瞬間、いろいろのため息が聞こえる。ほっとした、楽しかった、疲れたなどなど。多くのペアが辿った道、足裏の感覚、触ったもの、聴こえた音、匂い、見せてくれたもの、怖かった、おもしろかった、などと思い思いに話しはじめる。たとえ五分でもこの時間を確保したい。

さらに時間が許せばペアの話が静まった頃、円座になり、どんな体験でしたか、と尋ねる。たとえば、いろいろな感覚が働いているとあらためて思いました、などと学習者は抽象的な言い方をするのだが、そのときは、できるだけ具体的に話すように促す。授業者は、学習者が「いま・ここ」で経験していることと共にある「気づき」を実感するように援助する。大事な役である。* 学習者は表現（話す・書く・描くなど）することによって、自らの思考や感情の曖昧な部分を明確化し、さらに「一人」の体験をみんなで共有することができる。この振り返りの時間が授業者にも文字どおりの振り返り（通常は「評価」と言われている）になる。振り返りの方法や時間は場に応じていろいろあるが、「からだ気づき」の授業ではとりわけ重要である。やりっぱなしでは、「気づき」の深まらない場合もある。

＊　授業者はカウンセラー同様、よく話を聞く、誘導しない、わかりにくい表現のときは「こういうことですか」と言い換えて聞いてみる。また、「二度とやりたくない」「私の気持ちを全然わかっていない」などの意思表示は出にくく、肯定的発言が多い。そこで、「怖かったりいやなことはなかったですか」と尋ねることも必要である。

絵にする、話す・聞く

三十人以上の場合は発言もしにくい。そこで、各自感じたことをクレヨンで描くのもよい。一色で塗っても抽象でも具象でも、描き方は自由である。描きたくない人は詩などにしてもよい。やらなくてもよい。十分後くらいに四人組のなかでおのおのが発表する。あるいは、ペアで一枚の絵を言葉を使わずに仕上げるのもよい。描きながら、あの場所で相手がどんなふうに感じたのか、受けとめていたのかが、なんとなく分かってくる。

淡い明るい色の絵が多いなか、真っ黒色のなかに黄色いひとすじの線の絵があった。それを描いた女性は三十分間も腰をひき、足で確かめながら「こわい、こわい」と叫びながら、引っ張られるようにして歩いていた。誘導側は相手が怖がっていることを承知していても、連れ回さなければと思いこんで、佇むことをしなかった。目をつぶる側も同様であった。私たちは、「するのが当たり前で、しないのは悪い」という看板を学校や社会のなかでいつも見ているような気がする。

（高橋和子）

四　小学校の実践・理科と総合の時間

次に紹介するのは、二日間にわたって小学校三年生の同じ子どもたちを対象に行った、理科の授業と総合の時間（授業参観）での「目隠し歩き」である。

一日目・理科「目の秘密を探ろう」

「理科」での目隠し歩き。実験に相当する実習。

〈目隠し歩きの提案〉

子どもたちと相談しながら、次のような「目の秘密を探る」実験を開始した。

「……自分の目をよく見る。片目をつぶって鉛筆にキャップを被せる。目をつぶって光を感じてみる……」

その後、高橋和子や近藤智靖の「目隠し歩き」の話に興味を抱いていた私は、何気なく、「目をつぶって歩いてみよう」と提案した。子どもたちはすぐその気になった。注意してほしいこと（できるだけ言葉を使わずに、案内役が安全にリードし、物にも触って、感じたことを大切にする）を伝達したのち、やり方は、子どもたちと相談して決めた。それは、隣の子と二人組になり、十分から十五分で交代すること、校舎（一階・二階）で行うこと、であった。

〔子どもたちの反応と振り返り〕

この体験を自由記述にしてもらった。

「……小さな段差でもバンジージャンプみたい・綱渡りみたい・崖から突き落とされる感じ・こわくて進めない……」

という感想にみられるように、時間が短かったせいなのか、「こわかった」と感じた子どもが多い。

「……気をつかった……」

「……水を触らせたら楽しそうに笑った……」

「……目の見えない人は大変……」

と、一方で案内役の方は、張り切ってあちこち連れ回したり、いろいろ触らせようとして苦労しているのが分かる。子どもたちにとっては初めての経験で、緊張が強く、「感じる」余裕があまりなかったのかもしれない。

「……目をつぶっているときはシーンとしていた……」

「……一分が一時間に感じた……」

「……気持ちよかった……」

「……遠く感じた……」

「……目を開けた瞬間、涙が少し出そうになった……」

などなどの感想も述べられた。

二日目・総合の時間「授業参観」

翌日はおりしも授業参観日であった。天気もよく保護者の協力を得て、校庭で親子の体験を提案した。「総合」の時間。親子の「目隠し歩き」実習である。

〔子どもと親の感想から〕

子どもたちが言う。

「……（校庭は）障害物やでこぼこ道が多い……」

「……広くてどこか分からない……」

「……走ったらすごくこわい……」

「……慣れたからこわくない……」

「……いろいろな木を触って楽しい……」

「……木は気持ち悪い……」

「……花の手触りが分かった……」

「……中だと暗いけど、外だと赤くなった……」

親たちは言う。

「……土と木を踏みしめた違い……」

「……音に体全体で集中……」

「……まわりの物が素直に感じられた……」

「……普段の生活では気がつかないようなことを感じた……」

親子とのペアについて、子どもが言う。

「……お母さんとやると安心……」

恐る恐る触れてみる．何だろう．肉厚で水々しい．見ているよりもチクチク感はない．（横浜国立大学大学院「保健体育科カリキュラム開発論講義」大学校内にて）

「……ほっとする……」

「……大きいから連れていくのが大変……」

親たちは言う。

「……息子は信用できるところと不安なところの両方があって愉快……」

「……我が子を信用できないとは……」

「……子どもははじめ照れくさそうだった……」

「……意外ときちんと誘導してくれて子どもの成長を感じた……」

「……久しぶりに手をつないで、心穏やかになった……」

概して、子どものほうが親を信頼していることも分かった。

〔観察者として私が感じたこと〕

さて「ちょっと面白そう」の提案から始まったこの実習に、私は観察者として参加したが、いろいろなことに気づかされた。

案内する子どもは相手のためをと思って、必死になって考えている。

「……楽しませてあげたい……」

「……相手が落ちたら大変……」

と、こわがる相手をせきたてたり、相手が自分の思いどおりに動かないときに苛立ちをみせたりする。逆に相手の笑顔に自分の顔もゆるむ。

二回にわたる体験は子どもたちに「慣れ」と「親への甘え」をもたらした。

自分の体験から親へ気遣いができる子もいる。いきなり赤ちゃんに戻る子。親子とは特殊な関係なのであろう。親の感想からは子どもと時間を共有することの意味がうかがえる。

そして、私にとっての一番の気づき。それは、子どもは真面目であるということ。真面目にさせている私「教師」がいるということ。

「……発見した？　……」

「……分かった？　……」

と私にきっと聞かれるだろうと構えて、「感じる」前に頭を働かせている子どもたちの姿も透けてみえてくる。

「……何かを感じたと言えば、先生は気にいってくれるだろう……」

と、私の顔色をみる。自由な「気づき」に至るには、もう少し時間がかかりそうだ。そうさせているのは、私自身。意識せずに、子どもたちの「気づき」に枠をはめようとしているのではなかろうか。そんな自分に、ふと気づいた。普段の授業では見られない子どもたちのいろいろな表情とともに。

（栗原知子）

五　ただ、そこにいる

「からだ気づき」の授業を一般的な用語で語ろうとすれば、「目標」は「気づき」と言えるかもしれない。どのような成果がありますかと聞かれても、「あるような、ないような」と答えるだろうか。この授業は教えることを仕事にする教師には苦痛である。学習内容の明快な知識や技能の理解、習熟をねらいとしたものでないため、何を教えればよいのか、授業や学習者を何で評価すればよいかが分からないからである。しかし、あえて言うならば、そのような教師的な発想から抜け出したところに、成立するのが「からだ気づき」の授業なのである。

この授業では、授業後に語られ綴られた言葉や絵から、そしてあふれんばかりの表情から、何事かを解釈し評価（ランクづけの点数評価ではない）することも重要な活動である。しかし、同時に、もともと言語化や数量化のしにくい感覚世界の体験を言語で追認することの難しさを承知するならば、確かな実感それ自体に価値を見い出すということが、この授業の特徴でもある。もっと言えば、何もなかった、ただそこにいただけ、という感覚も容認されるべき授業なのである。栗原知子先生の目隠し歩きの実践を読むと、いかにそれが難しいことであるかが分かる。学校空間や教室空間にあっては、鉄道線路のように、教師や学習者が自らを期待する方向に誘導してしまうことが示唆されている。

目隠し歩きをとおして生起したこと、――親子二人の時間の流れ、二人の食い違いや共同作業、呼吸や筋緊張に現れる身構えやこわばり、相手に身を任せられる安堵感、自然のなかで解放的になる「からだ」など――、これらのなかに現代人にとって重要な気づきがある。そこに価値を見い出すことはできないことなのであろうか。

従来の授業スタイル、教科スタイルとは馴染まないが、集団（自他の関係）のなかで学習する学校という場での教育はもしかすると「目隠し歩き」のようなものでも根底的な学習内容になりうると私には思えてならない。

（高橋和子）

ウパニシャド（古代インド思想の一句）

万物の創造主は人間のアナ（眼）を外向きにあけた。
それで、人間は外の方を見るだけで、
内の方を見ようとしない。
ただ賢明な人たちだけが、
眼を内に向けて真我を見る。

前六〇〇―三〇〇年頃

30分のあいだに1回だけ目を開いた瞬間．見た風景が一枚の写真になって脳裏に焼きついているという．

舞踊作品「Memory Song」（1995）高橋和子作

四章　動きや表現のベース

（『体育科教育』・一九九八年十二月号）

本章の原題は「動きや表現のベースとしての《からだ気づき》」であったが、本書に収録するにあたって、表題のように改めた。

エンゲルス（一八二〇―九五）

自然に対するわれわれ人間の勝利をあまり喜んでばかりもいられない。……自然は（やがて）われわれに報復する。……今世紀における自然科学の非常な推進以来、……ますます人間は、……自分が自然と一体だということを、ただ感ずるだけでなく、それを知るようにもなるであろう。そして、古典的古代の没落以来ヨーロッパに出現してキリスト教においてその最高の完成に達したところの、あの、精神と物質、人間と自然、霊魂と肉体という対立についての背理で反自然的な観念は、ますます不可能になってくるのである。（一八九六年公開・未完成論考）

一八七六年執筆・「猿から人間への移行における労働の役割」・岡崎次郎訳・「……」部中略

私の専門は舞踊教育学と体育科教育学ですが、幼児教育、看護教育にもかかわってきました。最初はいずれもバラバラな仕事や興味でしたが、「動き・表現・かかわり」の問題を媒介にしてつながりました。そのベースには「からだ気づき」(body-mind awareness) があります。この「からだ」は身と心がいつでも同時に一緒（一如）に働いていることを意味しています。

一　動きの世界を現出するための身体

私は大学時代から今まで「空間と動きの魔術師」と評される舞踊家正田千鶴先生に師事してきました。正田は情緒やイメージに流されることなく身体が創り出す動きの純粋な世界を追求する点でラバンやマース・カニングハムと類似しています。袖幕をも払った舞台空間にそぎ落とされたギリギリの身体が現出し、そこには個々の踊り手の心情の入る隙もなく、機械的極限的身体の多様な動きの言語が綴られていきます。踊り手は無意識による身体操作を観客はナイフを突きつけられたような動きの連続に緊張を強いられます。正田は現代という計り知れない暗闇のなかに厳然としてそこにある「裸の肉体の動き」をとおして光を見出そうとしました。特筆すべきは踊り手自身に動きを考えさせ繋ぎ合わせて発表させるレッスンを組み込んだことです。動きの主体者として舞台に立つことを要求したのでしょう。

また私は舞踊教育では松本千代栄先生の影響を受けてきました。松本は戦後の舞踊教育を先導し日本文化の特徴とも言える意味世界と動きの世界の融合を図り学習内容と方法が不離不即の関係にある「課題学習」の開発普及に当たりました。イメージやテーマが優先していたダンス創作の欠点とも言える「どう動けばいいかわからない」「動きが見つからない」戸惑いを解消する糸口を誰でもが動ける簡単な動きに見出しました。例えば「走る―止まる」「走る―跳ぶ」「伸びる―縮む」「捻る―回る」「集まる―離れる」などであり、これら対極する動きの組み合わせにより「ひと流れの動き」が誘発されます。踊り手はひと呼吸するかのように動けば身体の快感覚を感じ身体を極限まで動かせば恥ずかしさなど感じる暇もありません。一方、観客は起伏ある流れや精一杯の動きから醸し出される表現世界を想像します。イメージと動きの融合は言葉の意識的な世界と身体の無意識を含んだ世界の融合を意味し、踊り創り観る活動を四十五分の授業内に保障したシステムは人間を感情や思考に分けて捉えない「まるごとの教育観」とも言えます。

さて私は、教員養成学部に職を得、教師の卵たち（多くの男性を含む）に舞踊教育実践を試みてきました。しかし指導力不足や学生気質の変化もあって、学生たちは私が惚れこんでいる正田の「息もつけぬ緊張感」へ無関心を示し、松本の提唱に対しても「どうして走って止まるの？」と言いたげな眼差しに、改めて舞踊教育の再考を迫られました。二人の師がめざした身体はあくまでも動きを現出するための身体であったと思うのです。

二　気づきが究極の目的

学生たちが自由に自分の思いを表現し、からだを実感するために学校は何を保障できるのか。この悩みは、体力づくりやスポーツ志向の体育では解決できないのではないか、と二重に悩みました。そんな時、ニュー・カウンセリング

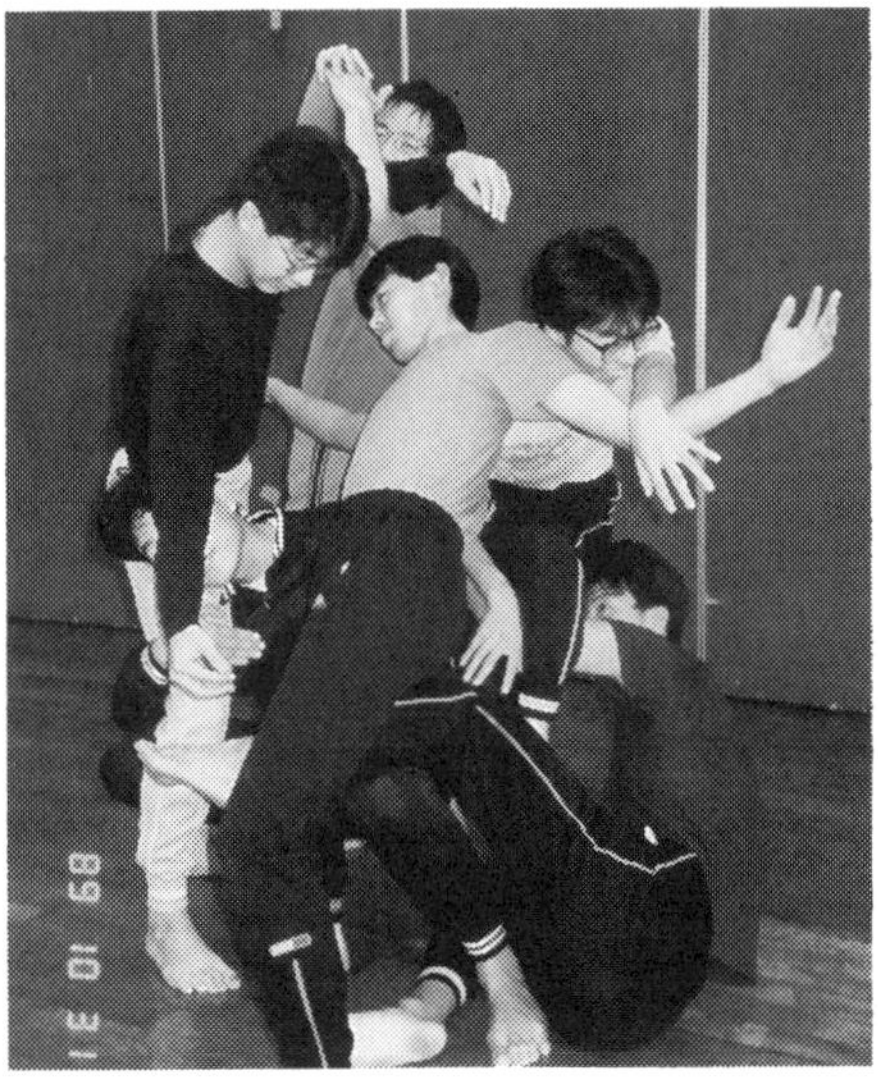

写真上　集まる　横浜国立大学生．
写真下　群像――疲れたなあ――(144回ニュー・カウンセリングワークショップ．人間中心の教育を現実化する会主催，幕張にて)

の創始者である伊東博先生に出会い、悩みが氷解したところから、私は「からだ気づき」の虜になっていきました。

伊東博は、言葉によるカウンセリングに限界を感じて、「非指示・非操作」をテーマとする日本人のためのカウンセリングを開発しました。究極の目的は「気づき（awareness）」で、問題解決や治療ではなく、気づきが起こりやすい場や東洋的な技法に基づく実習（sensory awareness・瞑想・腹式呼吸等）を提供します。身心一如である人間の「からだは動くもの」であり、仏教の四威儀（坐る・立つ・ねる・歩く）を動きの基本とし、また、自己や他者（自然・環境も含む）との「かかわり」や「表現」の基本的な実習に「与えること・受けとること」を位置づけています。特徴は「やってみる」「今自分に起こっていることに気づく」「到達目標はない」ことです。

このはなはだつかみどころのないニュー・カウンセリングは、「あるべき姿」を求めていた私にとって、コペルニクス的転換でした。安全で自由な雰囲気の中で劇的な変容を示す者もいました。「《立つ》では床から支えてもらい自立した」「《腹式呼吸》では一つひとつの細胞が生きている」「《目隠し歩き》では自然の豊かさや感覚の鋭敏さ、相手の温もりを感じた」など、聞いたこともない不思議な感想とともに、歪んだ体、人に委ねることへの緊張感、自己嫌悪などの否定的なことにも出会いました。体育界で頑張る姿だけを見てきた私にとっては驚きでした。いや、表層しか見えず、私自身が鈍感であり、けれども幸いにも健康だったのでしょう。ここでの収穫は身体観や教育観の変容でした。楽なからだ、居心地のいい空間、あるがままを受け入れる雰囲気などは学校や社会で許されないと思い込んでいたのは間違いであることに気づきました。また同時に、ボディワークは心理療法の一手段であり、本当に動くからだを実感したり微妙な身体感覚を味わったことのない人達がやっているのではないかとも感じました（これは誤解だったと思います）。そして、身体を実感し豊かな経験を持つ体育人こそが担う分野だと思い、気持ちのうえでは一度体育界から離れた私が、体育やダンスを中心に本腰を入れてやろうと思えたのです。言わば出戻り娘です。

三　「からだ気づき」と「体ほぐし」

その後、スポーツ演習に「ボディ・アウェアネス」、大学院に「表現――からだへの旅」、公開講座に「美しく老いる」、看護教育に「看護における感性と表現」、公民館の主婦に「からだに聴いて心を調える」など、「動く・かかわる・表す」からだをベースに、気づきの実習を試みはじめました。体育や各学問領域でも、主観と客観、身と心、感覚と意識、発信と受信、生と死など、極性理論で捉える限界が示されています。しかし「言語知」「身体知」「臨床の知」などの「ナニナニ知」の重要性が指摘されているものの、そこには実際の授業や教材が見えません。

そこで、実習の具体像を提示したい思いが、雑誌『体育科教育』の連載「からだ気づきの授業実践」で実現しました。ただし、願いは強かったものの、この領域を言葉で伝える難しさを実感しています。通常の指導案形式では授業展開がわかりにくいので、それぞれの執筆者にも工夫を求めました。

「……あなた（書き手の個性）が見えるように、できるだけ平易な言葉で、実践したくなるように魅力的に書いてほしい……」

と、注文したのです。最低限の約束ごとも決めました。

① 実習のやり方（言葉かけ・留意点・授業を成立させる原則）を書く。
② 実習への授業者の願い・背景・期待できる経験を書く。
③ やってみた結果どういうことが起こったのかを書く。

これらの三点を必須要件として執筆陣にお願いしました。そして、彼ら自身が学校という枠や価値観の揺らぎを感じながら悪戦苦闘しています。

そんなおり、新学習指導要領に「体ほぐし」がタイムリーに登場しました。先日大学院の授業で現職の先生が「体ほぐし」の指導者講習会資料を見せてくれました。それには高橋健夫先生が雑誌『体育科教育』（「体ほぐし」―そのねらいと内容―・一九九八年九月号）で論述された六つの運動例に基づく具体例が、「運動種類による種別」として低・中学年毎に示され、「活動の場面」（校外・集会・体育授業）による類別も紹介されていました。

「……基本の運動や今までの体育と何が違うのか……」

「……これなら和子先生の方がまだマシじゃん……」

資料を見やりながら院生たちは軽口をたたいたりしていました。

「……トホリング（ウォーキング系の例示）はきっとトホッ！　トホッ！　と溜め息をつきながら歩くんだ……」

と、ふざけたりもしていました。笑い声が治まると彼らは神妙な顔に一変です。

「……現場はマニュアルを待っている、総合的な学習でも同様だ……」

それでいいのかな、と、不安げに話が展開しだします。

「……今こそあなた方の創造性を発揮し、授業の工夫ができる時。格好をつけず効率を気にせず、あなたのからだが楽で緩んでいることが一番よ！　……。もし、からだの居心地が悪い、違和感がある、子どもとズレを感じたら、それが大事な気づきです……」

と私は話し、理想と現実のギャップや忙しい教師たちを改めて実感しました。

四　「からだ気づき」が教えてくれたこと

最後に、「からだ気づき」実践をとおして学べた留意点を述べておきます。

① 柔軟な時間設定や総合的な学習でも可能。

② 言葉かけは実践をとおして培うしかない。

③「からだ」は、ほぐす対象、気づく対象ではない。誰のための「からだ」を、なぜ、どのようにつくるのか、何に気づくのか。身体観や教育観が問われる。

④「からだ気づき」実習がある方法や技術や評価にとらわれるならば、「気づき」は起こりにくい。

⑤「気づき」は誰にも教えられず、本人が気づくだけである。

⑥「気づき」は否定的なものも呼び起こす。自由になれない「からだ」。かかわれない「からだ」。受け入れたくない「からだ」。嫌な「からだ＝自分」。そのすべてを本人も教師も引き受ける覚悟が必要である。そのためには、一元的な価値や目標から解き放たれ、「からだ」へのあたたかな眼差しをもつ美や愛や祈りにも似た気持ちが問われることになる。

最も畏れていることは、マニュアル化した「体ほぐし」実践が全国にはびこり、キヅケキヅケと火を吐く「カラダキヅケザウルス」が蹂躙することです。体育専門家のしなやかな「からだ」、創造的な実践が期待されます。気づきを意識した「表現」実践についての論述は別の機会に譲りたいと思います。

兼　好（一二八三―一三五〇・伝）

筆を執《と》れば物書かれ、楽器を取れば音《ね》をたてんと思ふ。盃《さかづき》を取れば酒を思ひ、賽《さい》を取れば攤《だ》打たん事を思ふ。心は必ず事に触れて来たる。かりにも不善の戯《たはぶ》れをなすべからず。あからさまに聖教《しやげう》の一句を見れば、何《なに》となく前後の文《もん》も見ゆ。卒爾《そつじ》にして多年の非を改むる事もあり。かりに今、この文をひろげざらましかば、この事を知らんや。これすなはち触るる所の益《やく》なり。心さらに起こらずとも、仏前にありて数珠《ずず》を取り経を取らば、怠るうちにも、善業《ぜんごふ》おのづから修せられ、散乱の心ながらも、縄床《じようしやう》に座せば、覚えずして禅定《ぜんぢやう》成るべし。事《じ》・理《り》もとより二つならず。外相《げさう》もし背《そむ》かざれば、内証必ず熟す。強《し》ひて不信を言ふべからず。仰ぎてこれを尊むべし。

一三三〇年頃・『徒然草』第百五十七段・木藤才蔵校注

舞踊作品「Misty——闇は永遠《とわ》の光を求めつづける——」
(2001) 宮本舞作（正田千鶴モダンダンスフラグメント所属）

五章　卵は立つ？

（『体育科教育』・一九九九年二月号）

本章は横浜市立上末吉小学校教諭の藤井妙子さん及び神奈川県立病院附属看護専門学校非常勤講師の鈴木学さんとの共同執筆である。それぞれの分担は各節末尾に示しておく。

デューイ（一八五九―一九五二）

我々は傍観者の態度と行為者、すなわち関係者の態度の違いに注目してきた。前者は進行中のことがらに対して無関心である。すなわち、甲、乙どちらの結果が出ようと、いずれも見ているだけのことであるから全く同じことである。後者は進行中のことがらと切っても切れない関係にある。すなわち、その結果が彼にとっては重要なのである。彼の運命は、多かれ少かれ事件の結果にかかわっている。したがって、彼は当面の出来事が向かう方向を左右するために、自分の出来ることは何でもするのである。……この態度を表す言葉がある。それは関心（concern）と興味（interest）という言葉である。これらの言葉は、人が事物に本来備わっている諸可能性と切り離せない関係にあるということを、そして人は、自分の期待や見通しに基づいて、しきりに事態をどちらか或る一つの方向に進めるようにふるまいたがっていることを暗示している。

一九一六年・『民主主義と教育』・金丸弘幸訳・「……」部中略

一　立つということ・卵との出会い

「卵は立つ?」を、体育、表現教育、教育学などにおいて「一千人」ぐらいを対象に実践してきた。「コロンブスの卵」ではなく、細工なしにただ卵を立てるのである。立たなくてもいい。実習のねらいは一連の行為のなかでどんなことが起こったかに気づくことにある。

舞踏家三上賀代さんは野口三千三に学び、実感をともなう体育を目指して、「卵立て」を導入している。受講する機会に恵まれた私は全員が立つまで四時間も待ちつづける三上さんの姿に教育の原点を見た思いであった。

私も野口の『原初生命体としての人間』(一九七二)を読み、卵が立つことは知っていたが、私のきっかけは姿勢術と言われるアレクサンダー・テクニークのワークショップを受けたことに端を発している。イスラエル人の先生はいつも部屋に生け花を飾り、卵が暗闇にぽっかり浮いたポスターをはってからワークを始める。このポスターの意味を尋ねることもないままに一週間のワークは終わり、私にはまっすぐに伸び広がった背中の記憶だけが残った。

背中が味わった感覚を頼りにからだとの対話が数年続いたある日、鏡に映った顔が美しく思えた。おそらく自分のからだがどうなっているのかが分かった瞬間とも言えよう。この感覚はアレクサンダー自身が自分の姿勢を本当に実感したときに似ているのかもしれない。このときはじめて、卵が立つ姿とからだが立つことが私のなかで繋がった。

「……人間が立つこと、バランスをいつも微妙に保っていること、人間が人間であること、床や大地はいつもそこにあり、それらに支えられて私は立っていること……」

を卵のポスターが教えてくれたのである。「人」という字の成り立ちさえも彷彿とさせる出来事であった。

それからというもの、機会を見つけては授業や「からだ気づき」ワークで、「卵は立つ?」を行ってきた。受講者の体験は、集中力、固定観念の打破、卵とのかかわり、感動、からだの感覚(指先の感覚・バランス・立つ素晴らしさ)、達成感、不思議、立たない、などの多岐にわたる。*ここには正解も誤答もない。卵を立てた瞬間は特にさまざまな声や、表情が現れ出る。文章や絵に表すときでも、「紙」への集中が見られる。個々が隔絶された空間にいるのではなく、「教室全体」がなにか温かな空間に包まれている。自分のなかに喜びが充満すると相手に伝えたい衝動に駆られ、臆することなく表現しはじめる。そんな光景が「卵の実習」には見られる。

＊　鈴木学・高橋和子「からだ気づきを促す教材・《卵は立つ？》の実習が保障する経験の可能性」・日本体育学会第四十八回大会号・一九九七。

今回は小学校、中学校、大学での実践を紹介する。言葉かけや費やした時間はそれぞれで異なるが、卵を立たせることが目的ではなく、そこに起こることを味わい感じたことを言葉や絵で表現している点では共通している。

（高橋和子）

二　小学校の実践・国語「詩の広場」

国語の「詩」の時間に卵立て実習を行ってみた。

卵立ての提案

いじめや不登校が大きな社会問題になった時期、元同僚が、学級崩壊で悩んでいた。会話が成立せず、当然のことに授業も然り。教師がなんとかしようとすればするほど、子どもたちの反応が増大し、心のすれ違いは日に日に増していった。万策尽きて、療養休暇にまで追い込まれた話を聞いた。こんなときにこそ、児童も教師もほっと人心地できて、互いに無心で取り組める教材があったならばと痛感した。文部省が提唱する「心の教育」の教材化の必要性を実感した出来事であった。昨年（一九九八年）、横浜国立大学で、教育相談に関する研修の機会が与えられた。すぐキレる子らに、自己や他者とのかかわりを直接体験できる場を構築したい。そんな教材はないだろうかと思案していた矢先、「卵立て」の実習と巡り合った。

この実習は、卵ひとつあれば、いつでもどこでも、誰にでも手軽に実践できる。誰もが卵を立てる行為に集中し、そこに起こるさまざまな感動が自然に会話を生み出してくれる。これなら、教師と児童が無理なく共通の土俵にのれ、崩壊寸前の殺伐とした学級の雰囲気も和むのではないか。これはいいぞ、と直感したのがそもそもの始まりであった。

実習案を立てて、市内三校の高学年児にそれぞれの担任が実施することになった。教材の位置づけ（教科・領域）はさまざまだったが、観察者として参加した私にも実習は楽しく、子どもらの反応も好評であった。振り返りの時間で描かれた絵には、子どもたち一人ひとりの思いを感じ取ることができた。

そして再び、実践の願ってもないチャンスが今年到来することになった。家庭科（専科）の調理実習を終えて教室に戻った子どもたちから、「○○ちゃんが生卵を立てた」という情報をキャッチした。そこで今回は五年生の国語のとき、自分の心の中にあるもの（感じたもの）に気づき、それを言葉にしていく楽しさや喜びを体験することをねらった教材「詩の広場」で、「卵立て」を取り上げてみた。

「……家庭科の時間に、卵を立てた人がいたそうですね……」

「……あっ、○○さんだ……」

「……そこで今日は、○○さんがしたことをまねて、卵立てをみんなでやってみましょう……。時間は二十分くらい。あとで、どうなったか、感想を聞かせてください……」

わずか二、三分の実習の説明が終わった途端である。

「……先生、○○さんが、また立てたよ！　……」

という声があがった。「エーッ」と驚く子どもたち。これを機に、早々、実習に入った。

子どもたちの反応と振り返り

開始後、続々とあがる歓声の声。

「……立った！　……」

「……立ったぞ！　……」

「……なんで立つの？　おかしいよぉー　……」

「……先生、教室の机って水平？　……」

「……すごい教室が揺れている……」

「……あー、だめだぁ……」

「……この卵、貸して？　……」

などなどと、教室のあちこちからつぶやきが聞こえてくる。取り組む姿もさまざまである。自分の机でじっと取り組む子。立ったままロッカーの上や端でやってる子。

「……先生、待って。もうちょっとやりたい！　……」

の声に押されて、五分間の延長。

「……やってみてどうだったか、感じたことや思ったこと考えたことなどをできれば詩のかたちにして……」

と、子どもたちへ告げた。

実習を終えて「心のつぶやき」

子どもたちの詩の断片である。

「……心臓がドックン、ドックン……」

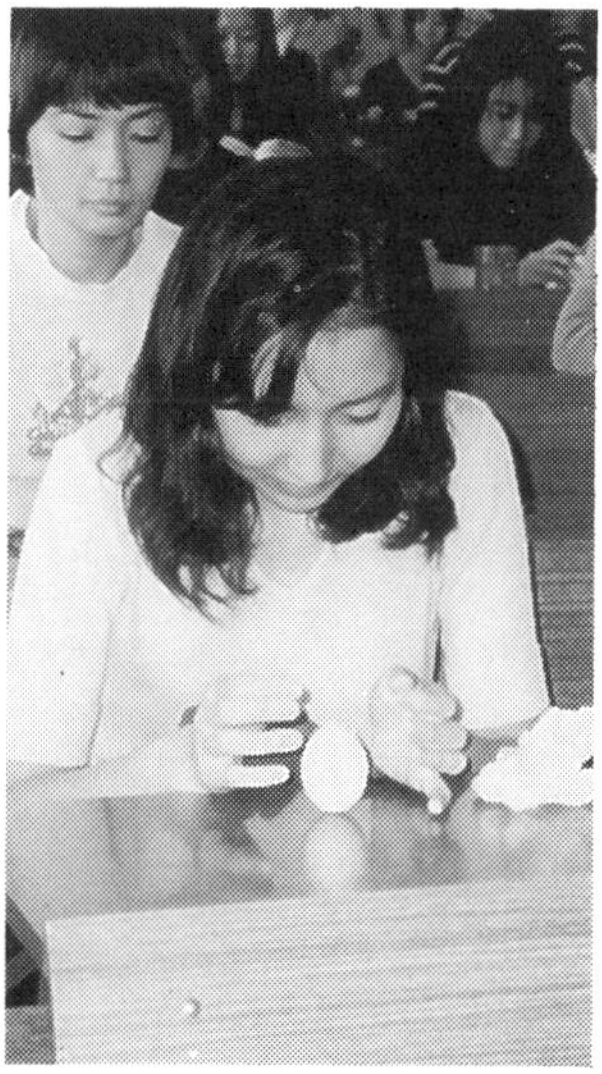

斜めの机でも卵は立つ.（横浜国立大学「ノンバーバル・コミュニケーション」）

鈴木学が卵を立てた瞬間

「……指先がブルブルふるえる……」

「……しんちょうに、しんちょうに……」

といった静寂さと心身の緊張感を漂わす言葉もある。

「……イライラする……」

「……くやしい……」

「……うれしい……」

「……ムカムカしてきた……」

「……あせる……」

といった自分に湧き起こった感情を表出させた言葉が目立った。

「……ふしぎな力……」

「……卵の神様……」

「……心が通じた……」

という言葉で、卵が立った現象を言い当てている。

「……きらっている……」

「……心が通っていない……」

と卵が立たなかったことを言い表すなど、普段は作文を苦手としている子どもも自分の思いを自分の言葉や絵で見事に表現している。私は驚かされるばかりだった。

さらに、次の週の給食にゆで卵が出たときのことである。

「……先生、ゆで卵も立つかなぁ……」

いつもなら、そんなことに思いも寄せない子どもたちが、ひとりの気づきをきっかけにして、「ゆで卵立て」の実習

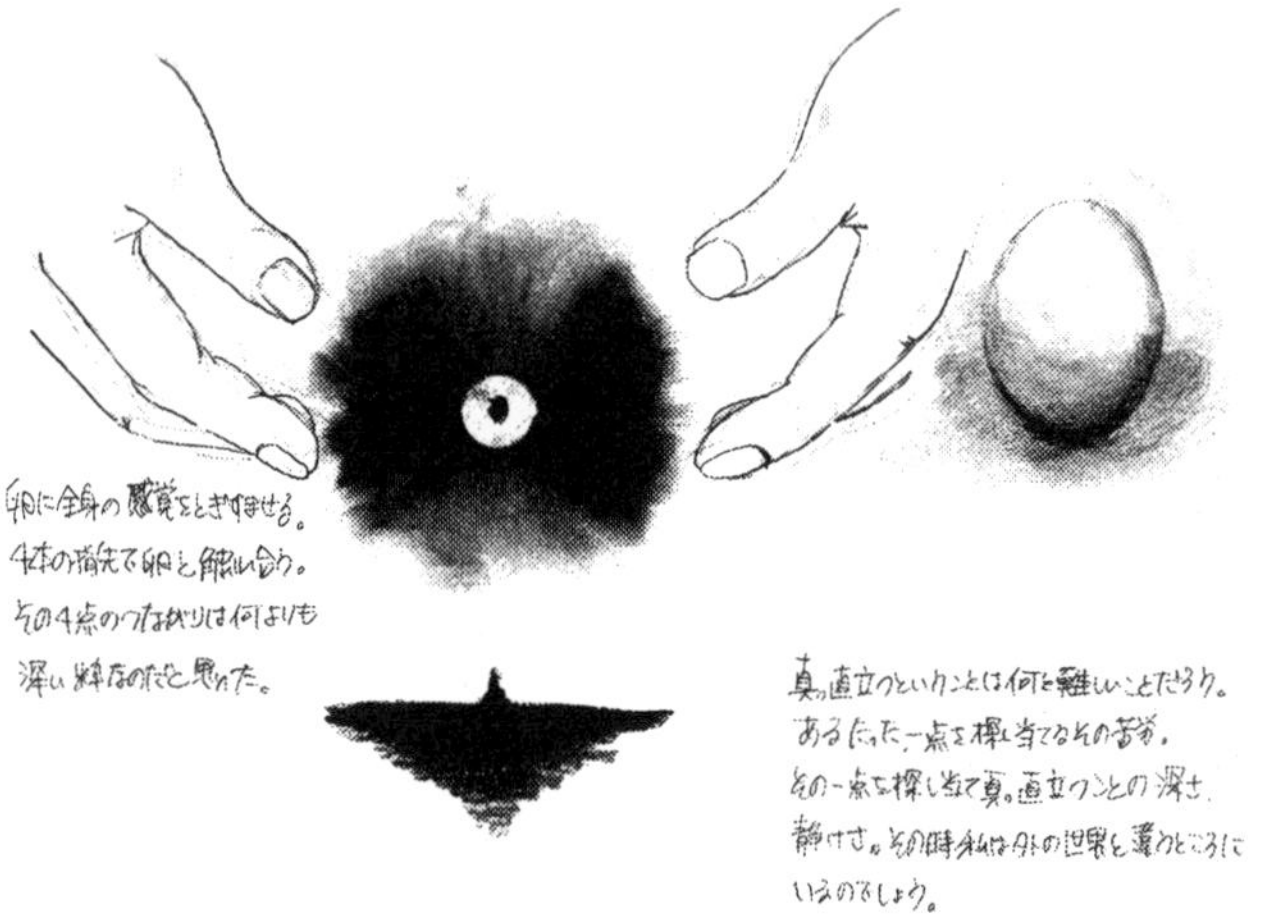

卵が立った（あるいは立たなかった）感じを絵やことばで表す．
（横浜国立大学大学院「ボディ・コンシャス論」）

に取り組みはじめたのである。

「……立ったよ！　……」

「……立った！　立った！　……」

と数分後にはあちこちから声が聞こえてきた。なんと五分のあいだに、五人の机に、ゆで卵が立っている。私はこのときはじめて、「ゆで卵が立つ」新たな事実を子どもたちによって教えられた。

この実習では、全員の卵が立つことがすべてではない。今回の卵立てでも半分の子が立たなかった。ここでは、一人ひとりが卵を立てようと、身心一如の「からだ」を投入して得たたしかな実感、これがまさに「知」となり、今回の振り返りの「詩」（後掲の詩を参照）にみられるように、子どもたち一人ひとりの豊かな感性を引き出していったと言えよう。「卵立て」は、自分に起こるさまざまな感情の表出や他者との違いなどに気づき、自分を見つめ、新たな発見を体験できる教材として成立することを実感した。

「立ってよ！　卵」　神　寿江
ドキドキドキ　心臓の音が響く
ブルブルブル　手がふるえる
「あっ！」　ころん　はーぁ
ドキドキドキ　ブルブルブル
ツルツルツル　立たない
卵「オイラ　立ちたくない」
ぼそっと卵の一人ごと
立ってよ～

（藤井妙子）

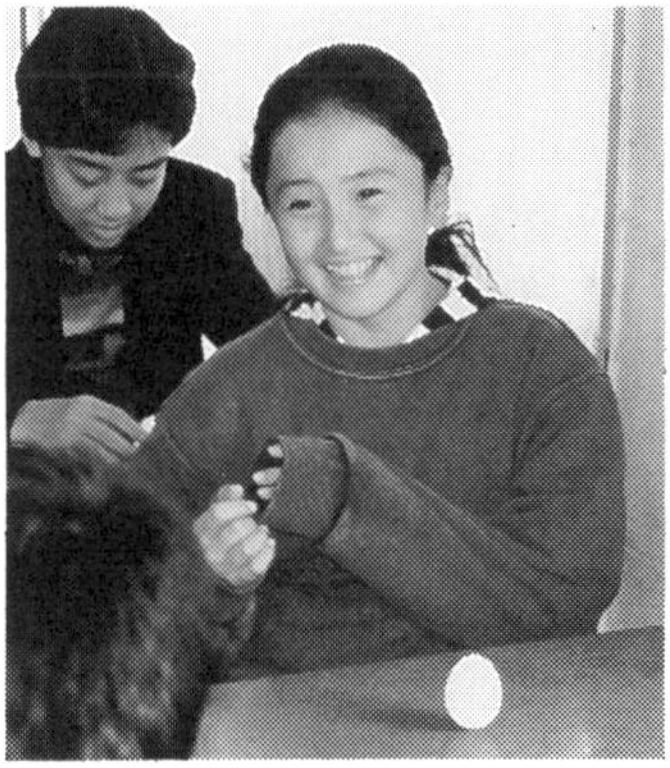

国語「ことわざ：コロンブスの卵」
（藤沢市立大清水中学校）

三　中学校の実践・「特別活動」

特別活動の時間に卵立て実習を行った。

卵が立つ？　「私が感じたこと」

先入観に囚われていた自分。指先の微細な感覚を通した卵との会話。取り残されていく焦り、不安、苛立ち。立ったときの感動、達成感。卵への愛着。微妙なバランスをとって立つ卵。この手で摑み取った経験を伝えたい思い。生徒たちにも自分の手で経験を摑み取ってほしい。それこそが、「気づき」であり、「学習」である。そんな思いが今回の実践の背景にあった。もう一つの願いは先入観を持たずに「いま・ここ」で起こっていることをそのままに受けとめることである。「卵は立つ？」の「？」は卵は立つという先入観を植えつけないためであり、「気づき」はそういったかかわり方のなかで起こるものであるし、あらゆる「ひと・もの・こと」との「かかわり」の基本とも言える。

実践の概要

一九九七年一月の二回、静岡県内のN中学校一〜三年生計三十八名を対象に体験学習（特別活動）として同体育館で行った。実践は六十分程度。

実習の流れと生徒の反応

「……これから卵を配ります。卵は立つか。実験してみましょう[1]……」

という私の言葉かけで生徒たちは卵を立て始めた。最初、生徒は半信半疑で卵とのかかわり方も浅かった。卵を割って立てたり、床のキズを利用して立てる生徒も出てきた。

「……今度はその方法を使わずに立ててごらん……」[2]

とその生徒に言うと、また別の方法を探し始めていた。

開始から五分で一人が卵を立てた。それを契機に生徒たちはそれぞれの卵に徐々に真剣に向かい合い、まもなくあちこちで「立ったあ」という歓声が聞こえ出した。開始から二十分もすると半数は卵を立たせることができた。立った生徒はさかさまに挑戦したり、何個も立てて並べたりしていた。なかには自分の卵に絵を描く生徒もいた。

立たない生徒は焦りはじめていた。卵や場所を変えてみたり、他の人にアドバイスを求めたり、さまざまな試行錯誤を繰り返していた。苛立ちを卵や他の人にぶつける生徒も現れた。立たずのまま残ったなかには「先生」もいた。その先生の卵を生徒が立てたり、生徒が先生に助言したりと、いつもの先生と生徒の関係でなくなっていたことが印象的であった。

三十五分ほどで卵が立っても立たなくても活動を一旦中断した。

「……感じたことを絵でも文章でもいいので、紙にかいてください。表現の方法は自由です……」

と声をかけた。生徒たちは自分の思いをいろいろな色で描いた。立っていない生徒は絵もそこそこにまた卵立てに没頭している。最後に全体で円座になって作品を見せあった。[3] 生徒の感想を抜き出してみよう。

「……卵が立ったときは、とてもうれしかった……」

「……集中。この大切さを教わった……」

「……立った瞬間の気持ち、立たないときの気持ち、緊張感、立つかなーという希望。いろいろな気持ちを感じることができました……」

「……やればできる……」

「……チョー悲しかった。卵を立てて、うれしい、って言いたかった……」

「……私が最後になって、まわりの人が頑張れって声をかけてくれたとき、心の暖かさを感じました……」

「……最初、（床の）穴のところにはめて、立った、とかやっても心のなかではむなしいという思いでした。けど、ちゃんとやって、立ったときの喜びは忘れられない……」

「……卵がとてもかわいく思えた……」

「……卵は立てるものじゃなく、食べるものだ……」

言葉かけの設定理由及び留意点

以下の「①～③」は前項の「ルビ番号（1）・（2）・（3）」部位に対応している。読み合わせてほしい。

① 卵が立つことを発見するのではなく、目の前に起こる現実をそのままに味わうという意味で、実験という言葉を使用している。

② 気づきが起こるためには、生徒の自由な行動や発言が拒否されたり評価されない雰囲気が重要である。授業者が意図しない行動を生徒がしてもそれを受容し、生徒の新たな探索を促していくことが大切である。

③ 表現することで自分に起こった気づきを明瞭にでき、発表しあうことで経験を共有できる。

とりあえず、言葉かけの設定理由とその留意点の基本的なところを上記のようにまとめてみた。言葉かけ自体も「実習」のたびに膨らみ変化する。ならば、そのことの経緯にも留意しておくべきであろう。

実践を終えて

感じたことを絵や文章にしている最中であった。

「……これは、提出するんですか……」

と、ある生徒が聞いてきた。

「……できればそうしてほしいんだけど、どうして……」

と聞き返してみた。すると彼女は、それだったら、もっとちゃんと書かないと、と答えたのである。今の中学校では、学校の活動すべてが評価の対象になっており、それが、高校受験に直結している。だから、評価される緊張感が常にあって、自分をそのままに表現できない。彼女との「会話」に、こうした歪《いびつ》な教育環境を垣間見た気がした。また、感想には、「集中」「努力」「やればできる」といった語句が目立った。それらの感想は、「勉強もこれくらいに集中したい」「入試も努力してやれば合格できる」と結ばれていた。こうしてみてくると、受験戦争に追い立てられている生徒の姿がうかがえて、そうした価値観からの解放を願った「卵の実験」は、私の思いどおりに運ばなかったともいえる。

ただし、卵とかかわる生徒の表情は本来の姿を見せて生き生きとしていたし、生徒自身が自らの経験を摑み取っている手応えも感じることはできた。少なくとも、私にはそう感じられたし、そのことが救いではあった。これが、卵の力なのかな、とも思っている。

（鈴木　学）

四　卵をめぐる様相と可能性

卵は卵である。だが、「卵立て」から、何に気づき、何を学ぶのだろうか。

表現欲求を掻き立てる国語の授業

中学校の先生と表現にまつわる授業研究を行ったことがある。彼は、国語を、物事を見聞きしてとらえ、それについて考え、自分の言葉で表す教科である、と捉えている。なんとか生徒の表現欲求を掻き立たせたい彼に、卵立ての実習を提案した。生徒は、国語と卵の取り合わせへの違和感や卵立てへの不可解さなどのためにさまざまな反応を示したのも束の間、卵を手にした途端、卵の世界に引き込まれていった。

いつもの授業ではぼんやり外を眺め精気のない男子が一番先に卵を立て、一躍スターになった。「この卵も立つ？」と仲間が自分の卵を差し出すと、卵博士に変身してしまったその生徒は、魔法使いのように卵を立てて、「うん、立つよ」と言ってから卵を返す。気づいたことを書くときも、この生徒の集中は素晴らしく、先生は次のように回想している。

「……半信半疑の取り組みから熱中、他者への思い、卵が立った成就感などなど、こんな複雑な軌跡を辿らせる、それを一見単純に見える卵がなし得た。……表現欲求をいかに持たせるか。それを意図的に授業で持たせるのは難しい。だが、卵はそれを垣間見せた……」

そして、例の卵博士は言った。

「……この気持ち、もっとうまく書けないかな……」

と聞こえた生徒の独り言は、先生を最も喜ばせたのである（猪股大和「国語科における表現をさぐって」・『教師である私の発見』所収・藤沢市教育文化センター・一九九七）。

教材の意味するところ

小・中学校の実践では他者の目や評価を意識し教科との関連に戸惑う子もいたが、普段の作文や絵をいやがる子どもたちが、なぜ「卵実習」では、それほどまでに夢中になれたのか。そのことは、日頃、いかに書きたくないことを、教師たちが生徒にさせているのかを暗示している。同じことは体育においても言える。

「……なぜ、跳び箱？　……」

「……なぜ、バスケ？　……」

「……体育は何をする教科？　……」

と問う子どもたちへ、私たちは、何と答えてきたのであろうか。その答えを、私は「卵は立つ？」に求めて実践を試みてきた。

大学での体育理論では「人間が立つこと」に関連づけて実践を行った。その場で学生に立ってもらう。

「……いま、どんなふうに、立っていますか？　……」

「……床と足裏の関係は？　身体の部位は？　……」

と問いかければ、学生は「からだ」を感じていく。逆立ちをして感じを味わってみることもある。その後に、卵を立ててみて感じたことを記述してもらう。記述内容は大きく二つに集約できる。ひとつは立つことやバランスについて体育や健康と直結させたものと、もうひとつは触れあいや感動体験などである。

初等体育科教育法では、「学習内容を探る」教材として行った。およそ二十分間、卵を立ててみる。そこで感じたことをクレヨンで絵や言葉にし、四〜五人のグループで発表しあう（二十分くらい）。それを受けて、教師がこの教材でつかんでほしいと思うこと（学習内容）をグループで考えて（五分くらい）、出てきた内容を「ＫＪ法*」でカテゴライズして図や言葉で示して発表する。一九九八年度の学生七十名は、卵教材の意味を主に、「楽しさ・努力・感動・達成感・発見・工夫・助け合い・協力」と捉えている。そのほかにも、「集中力・忍耐・発想力・理解力・観察・固定観念打破・可能性・表現・触れあい・個性・感じるこころ」などの教育における重要な視点をあげていた。「身体のバランス・立つ・重心・安定感」などの身体感覚に関する所見や「命・美・親離れ・子育て・自立・悟りの境地」などの哲学的意味合いまでもが浮かび上がってきている。このように、卵実習は、実に多様な経験を保障してくれるのである。

＊　ＫＪ法は被験者の合議内容を分析して結論を引き出す方法論（川喜田二郎『発想法・創造性開発のために』・中央公論社・一九九三）。

私にとっての卵実習は、立つことやバランス感覚をつかむ体育教材、かかわりや表現を意図する教材、教材自体の意味を考える教材であった。しかし、からだの実感はベースにあるものの、汗を流し運動欲求を保障する体育を切望する教師にとって、「卵は立つ?」はほどとおい教材かもしれない。

教材が持つ固有の価値と可能性

最後に、卵実習の固有な価値とその教材としての可能性を考えてみたい。

① 意外性があって意欲を喚起しやすい。
② 感動体験や達成感を味わえ表現欲求を掻き立てやすい（表情・絵・詩）。
③ 誰でもどこでもできて、親近感がある。
④ 教えあい協力する姿が生まれやすい。
⑤ 取り組みの過程にじっくりとかかわれる。
⑥ いろいろな発見や気づきが起こりやすく、教材にとらわれずにできる。

保健との合科や総合的学習では「卵・命・立つ・かかわり・表現」などからのアプローチも可能である。

卵には、一分間で立つもの、四時間かかる卵、斜めに立つ卵、絶対に立とうとしない卵もある。卵を生徒と置き換えてみれば、自立、寄り道、登校拒否などの言葉も浮かんでくる。かかわれずに苛立つ子どもが多いといわれるなかで、* この実習では、いまだかつて、卵を床に叩きつけた子どもを見たこともない。うれしさや苛立ちをあからさまに出す子ども。卵に絵を描いて名前をつける子ども。母親に見せるために大事に持ち帰る子ども。試験では高得点をマークするのに、患者にかかわれず卵も立たなかった看護学生。卵のなかに菩薩が見えた教育学者。立てた瞬間、僕も男に復帰できると喜んだ老心理学者。さまざまな様相をみることができた。二年間一度も笑い顔を見せなかった研究所長が卵を立てたときに孫の顔を思い浮かべたと、うれしそうに語った表情はいまでも忘れられない。

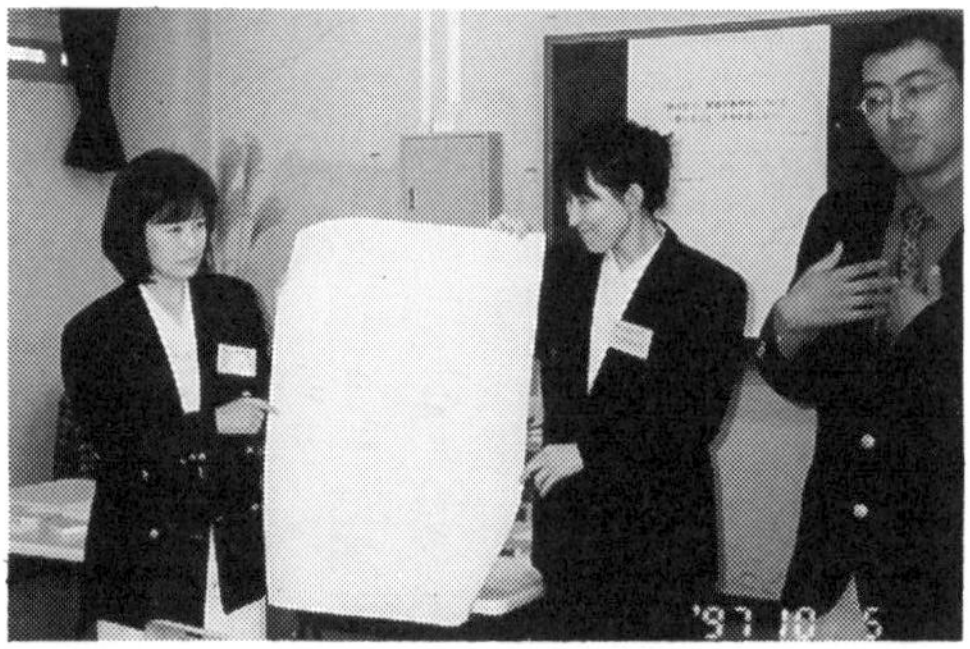

教材の意味をグループで討議しプレゼンテーション
（教育方法学会ラウンドテーブル，横浜国立大学にて）

＊　文部省「問題行動調査」報告では一九九七年度公立小学校の「暴力行為」が過去最多の二万九千件にのぼった。

卵実習は実践者次第でどのようにでも料理できる可能性を秘めている。だが、立てること自体が目的ではないことを再度確認しておきたい。

（高橋和子）

野口三千三（一九一四―一九八）

地球上の存在するすべてのものは、そのもの自体の重さによって地球の中心と繋《つな》がることによるしか在りようはない。特に立って移動することを特徴とする人間は、他のすべてのものより以上に、この感覚が大切なものとなる。人間のからだは、地球にしがみついて固定するようには造られていないし、固定してしまっては生きられないからである。……地球の中心に繋がるということの能力は、自分自身のからだの重さの方向感覚が基礎となる。自分が今立っている地球上の一点を、何よりも大切にして、重さ（思ひ）によって繋がるのである。今、自分が向かい合っている人や物は、遠い他国に生きる人も、すべて地球の中心と繋がっているのであり、お互いが地球の中心で結ばれているはずである。

一九七九年・『野口体操＝おもさに貞《き》く』・「……」部中略

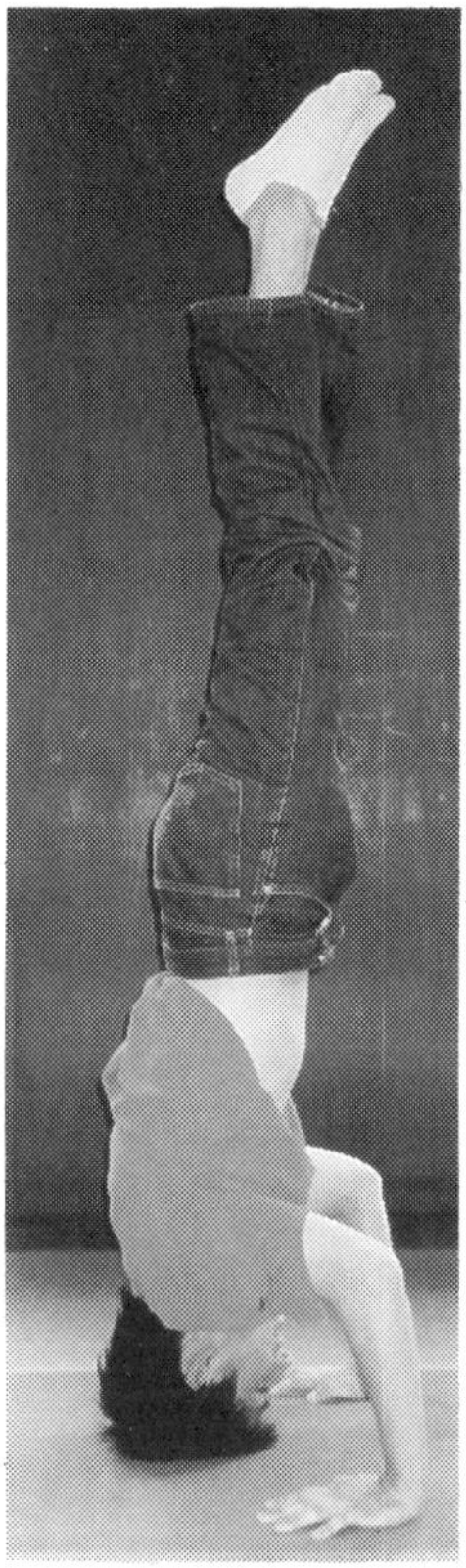

さか立ち　卵立てと同様にゆっくりとさか立ち．力技でないところに面白味がある．（横浜国立大学「初等体育科教育法」）

自然探索　道端の道祖神と心のなかで対話.

自然探索　11月下旬だというのに，てんとう虫を見つけしばらく佇む女学生.
(神奈川県立病院付属看護専門学校，足柄にて)

六章　自然探索

（『体育科教育』・一九九九年四月号）

南海の酋長ツイアビ（生年等は不詳）

パパラギ（ヨーロピアン＝白人）は、丸い金属と重たい紙が好きだ。死んだくだものの汁や、豚や牛、そのほか怖ろしい獣《けもの》の肉を腹に入れるのが好きだ。だが、とりわけ好きなのは、手では決してつかめないが、それでもそこにあるもの――時間である。パパラギは時間について大さわぎするし、愚にもつかないおしゃべりもする。といって、日が出て日が沈み、それ以上の時間は絶対にあるはずはないのだが、パパラギはそれでは決して満足しない。

一九二〇年・『パパラギ』・岡崎照男訳

一　やってみる

すべてはやってみることから始まる。自然探索もそうである。対話は「やってみなければ」始まらない。

実践者の言葉かけ・大学生以上

実習は私のこんな言葉かけから始まる。

「……これから一時間ぐらい、ひとりになり、言葉を使わずに外に出ます。できるだけ身軽*で歩きやすい靴で自然豊かな所に行ってください。裸足になってもどこに行っても何をしても自由です。ゆっくり歩いているとひょっとして、道端の花が、あなたに話しかけてくるかもしれません。話したくなったら、心のなかで対話してみてください。一時間経ったらここへ戻ってきてください。もし道に迷ったり、時間がなくなっても、あまり慌てずに……、時間に遅れても構いません……」**

受講者は確認の意味も込めて、次のような質問をする。

「……一時間も？　……」

「……ひとりで？　……」

「……話をしては駄目？　……」

「……何（ジュースを飲む。電車やボートやケーブルカーに乗る）をしてもいい？　……」***

＊　大学生の場合は講義棟に荷物を持ってくるので彼らが身軽になるためには荷物番をする必要がある。ロッカーなどに荷物を入れられれば授業者（教師など）も自然探索に出かけられる。自らが体験すると共感しやすい。　＊＊　受講者にとって不慣れな場所では、あらかじめ地図を配付したり、付近の地形を説明しておく。また、時間に追われることなく、ゆっくりとすごしてほしい願いもある。　＊＊＊　湖や山や広い公園で行うことが多く、レンタサイクルを借りるなど、思いもよらぬ行動が見られる。ただし、安全管理は、自己責任で行うこと。

留意点

私は「安全に注意すれば、何をしてもいい」と言う。しかし、大学生にとっては、ひとりになることも話さずいることも難しく、よほど強調しないと、前述のことは励行されず、豊かな気づきが起こりにくくなる。反対に「道に迷っても人に尋ねては駄目ですか」などと、杓子定規に捉える場合もあって、臨機応変に対処するように促す必要もある。最近では携帯電話を置いていくように言わなければならない。授業者（教師）は、ひとりになれず話をしている受講者に出会っても頭ごなしに怒ったりせずに、見て見ぬ振りをするか、「シー！」と口許で指を立てる程度の注意を促す。自由な雰囲気と学生への信頼が大事である。

二　感じたこと・「私」のからだの記憶から

私は「自然探索」を十五年以上も体験している。名称もそのときどきの願いで、「自然と遊ぶ」「自然の美を探す」などと変えてきた。初期のころは、「芦ノ湖まで行こう」「ケーブルで大湧谷まで登ろう」「詩仙堂に入ろう」などと一時間ほども歩き回ることが多かった。いつのころからか、居心地のいい場所が見つかるとそこに佇むようになった。水や風や光のように流れ変化していくものに魅せられていき、私はその流れのなかに自分自身をみていたのだと思う。自然が与えてくれるものに気づき、自分を振り返る時間を持てる気がして、学生にもこの時間を味わってほしいと願いながら、機会を見つけては実施してきた。

公園での不思議な出来事

十年も前のことになる。湯河原の公園で自然探索を行った。私は泉公園と刻まれた大きな石に引き寄せられ手を触れてみた。耳をつけてみると、その石が生まれた上流の川の風景が見え川の音が聞こえてきた。しばらくそこに佇んでいると、中老の男性が公園の隅の公衆電話の前に現れた。彼は数年前に他界した義父に似ていた。彼が去ったあと、私は公園の広場の隅にすっと立つ一本の木に向かい、半歩ずつ歩みはじめていた。歩もうとしたのではなく、足が勝手に動いたという表現があたっている。

ふと、うしろを振り向くと、そこには過去に辿った道が光を浴びて連綿と続き、一本の木に向かう一筋の道は、私が歩むであろう道を暗示していた。この強烈な出来事はのちに「白い旅」という舞踊作品になっている。

風景のつづれ織り

今でも忘れえぬ体験によって得たかずかずの風景がフラッシュバックする。

羽が破れた赤トンボが掌に糞をした。にわか雨が落ち葉にあたってはねあがりメロディーを奏でた。蟻に喰われピンク色の内臓をむきだしにしたミミズは半分ひからびていた。寄せては返す波に足もとの砂を削られながら、沈む夕陽を眺めていた。同じ木に生える葉っぱはみんな違う動きで揺れていた。

別府では光のプリズムが織りなす彩雲を見た。仙石原ではススキの穂に朝露が宝石のように輝くのを見た。秋芳洞では流れる川の音に、秋吉台では無音状態に、悠久の時を感じた。長岡では土手を颯爽と自転車で走り去る高校生の背中に時間がついてゆくのを見た。いまの私は時間に追いかけられている。箱根では湖水と山と空と私が一体になり自然と融合した。

佇むことによって、色彩や音や感触や四季の変化が見えてきた。からだの風景の日記として記憶されたかずかずは、決して金銭では買えない。「自然探索」は、自然美や生命力を、日々の営みを、あらためて実感するひとときを与えてくれる。

三　受講者の動き

受講者はいったいどのように「動く」のだろうか。

事例1・初等体育科教育法

次に一九九八年度後期授業の例を紹介する。開始日の「一限目」は長雨があがり、汗ばむほどの快晴であった。黒板に「自然探索」の言葉かけ「一時間ひとりになり……」を板書し、受講者六十八名は半信半疑のまま自然探索に出かけた。最初の授業でもあり、バラバラと遅刻者が来たことも幸いしてか、学生はひとりになり話さない時間をもてたようだった。

一時間後、学生は講義棟に三々五々帰ってきた。どのように過ごしたかは皆目わからないので、互いの体験を共有する場（振り返り）をたとえ五分でもつくる。時間が許せば、各自が感じたり見た風景をクレヨンで描くのもよい。その後、二～四人組で絵を見せながら、感じたことを一人ずつ話す。* 今回は描く時間を確保できなかったので、感じたことを自由に記述し提出してもらった。無駄話の多い学生が寡黙に記述する姿は、一時間の自然探索で味わったであろう余韻を感じさせてくれる。

＊　具象でも抽象でも描きたいように描く。絵と言っただけで震え上がる人もおり、左手や目をつぶって描くことも勧めるのだが、詩や文字などにしてもよく、どちらにしても無理することはない。見せたくない人は見せなくてもいい。

学生の体験

学生の記述内容は、感覚（視覚・聴覚・温度・時間）、自己意識（リフレッシュ・ストレスフルな毎日・戸惑い）、自然（生命力・癒し）、季節感などの多岐にわたっていた。*

＊　KJ法で分類した。総記述数は五二〇個であり、一人平均して八項目にわたって記述していたことになる。

項目ごとにいくつかを抜粋してみる。

視覚では、「雲ひとつない快晴」「空の青さ」を全員が記述した。なかには「考えてみると大学生になってから空を一度も見上げたことがない」や「水たまりでトンボの産卵を見た」学生もいた。聴覚では、「地面にいた蟻の足音」まで聞いた学生もいる。時間感覚では「短くあっという間」「何時間もゆっくり流れた」とさまざまであった。

自己意識では、「心身ともにゆったり」「気持ちよくリフレッシュ」「忙しすぎる毎日」「ストレスや疲れ」「ひとりでいる寂しさや不安」「本当の自分に対面」「自分の存在はちっぽけなもの、こまかいことを気にせず大きく生きたい」などにみられるように、自然のなかで、自己へのさまざまな気づきを促されていた。

自然に対しては、「大きな生命力」「太陽のエネルギー」「おいしい空気」「癒してくれる」「木の頼りがいのある姿は自分の親父に似ていた」「自然の悲しく苦しそうな感じが伝わってきた」などの記述がある。

いろいろな対話もなされている。蟻には「……いい身分だね。俺たちなんて、冬を考えていたら一時間ぼおっとしていられない……」と問われ、自然には「休んでもいいよ」と呼びかけられている。体育科の男子学生は「自然を体感しているのに水をさしたのは蚊。今日だけは私の血を分け与えてやった。なんとなくいいことをした気分」と言う。外に出なかった数学科の女子学生は「教壇に立ってみた。隙間が感じられた。できれば生徒にも同じ居心地の空間でかかわりたい」と思ったそうである。

私の目に映った学生たちは、いつになくゆっくりと歩き、自由で大胆な行動をとっていた。たとえば、道の真ん中で大の字に寝たり、木にのぼったり、遊具であそんだり、野良猫と一時間を戯れていたりしていた。日頃は他者の目が気になる若者たちであるが、好き勝手にのびのびと振る舞っている。「ひとりになって群れない条件」が他者に気を使わずにあるがままの行動をとらせ、解放させてくれたようである。それにしても、学生は忙しくストレスを感じている。その一方で、柔らかな感性やさまざまな思いを表現できる彼らを、あらためて素敵だと思った。このような姿を、「自然」は、見させてくれた。

事例2・さまざまなワークショップ

次に、ワークショップなどで見られた印象的な出来事を少し紹介する。

自由奔放に生きてきた女性が三歳の娘とワークショップに親子で参加した。実習中、小川を裸足で歩きたがる娘に、その女性は「危ないからダメ」とたしなめ、瞬間ハッとした。いつのまにか不自由を娘に強いる自分に、愕然としたのである。その気づきから、彼女はようやく娘を自由にさせることができた。

娘にとっても、自然探索をした場所は、また自由になれる特別な場所だと思ったそうで、その子の希望で数カ月後、父親も一緒に再度そこを訪れている。母親は、あらためてそこにきてみて、以前より、駄目と言わなくなった自分に気づいたという。

小学校の先生が神宮外苑付近での自然探索を「絵」にした。林立するビルを描き、「十年目にしてはじめてゆっくりした時間をもった」という。「色」や「言葉」にしてもよい。

毎年一週間家族でキャンプに行き、アウトドアライフをエンジョイしていると思った婦長さんは、たった一時間自然のなかにいただけで、「十年間私は何も自然を感じていなかった、いったい何をしていたのだろう」と震えながら話していた。身心が一体なのがよくわかった。

四　自然が語りかけるもの

私は、以前カリフォルニアの景勝地にあるエスリン研究所において、自然探索で味わえるような感動体験をした。感動を味わうために、また、来たいと思った。しかし一度味わったからだの感覚があれば、猫の額のような公園でも、たったの五分間でも、軒下から落ちる雨垂れからでも、素敵な気づきが生まれる。そのことに気づいてからは、あまり場所を選ばなくなった。目的もなく、ゆっくりそこに佇むだけでいい。なにもせず無（瞑

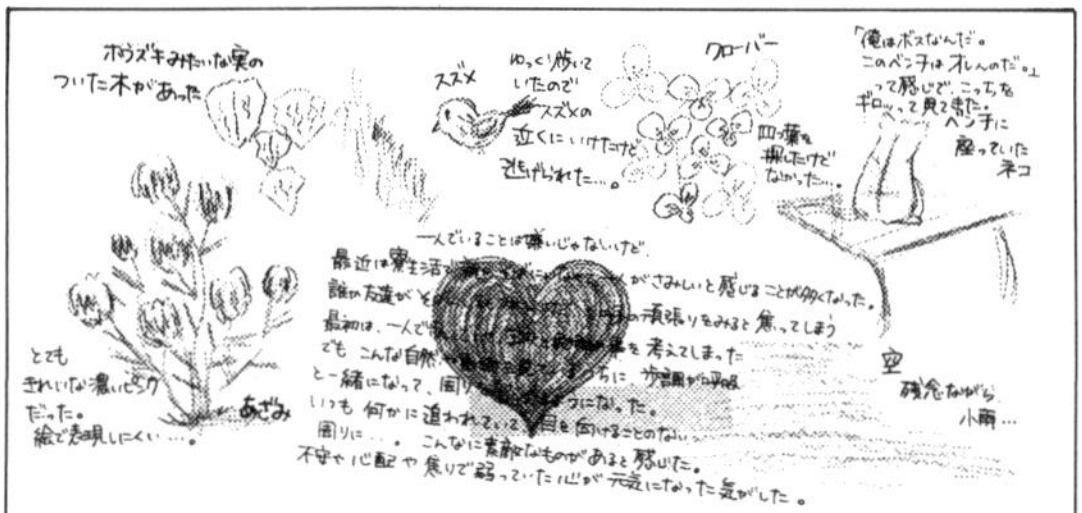

1時間の自然探索で感じたことを色やことばで表す．（横浜労災看護専門学校「ニュー・カウンセリング」）

想）になれば、自然が私たちに語りかけてくれる。散歩や釣や山登り、家庭菜園やガーデニングなどで、日常も自然に親しんでいる人や、ひとりでゆったりすごす術を知っている人は、あえて「自然探索」をするまでもない。

しかし、ひとたびそれらが何かの目的達成に向かう途端、自然にかかわることからは遠のいてしまう。そして、自然の美や崇高さや威力も見えず、いろいろな音すら聞こえなくなってしまうような気さえする。

＊ ジョセフ・コーネル氏により発表されたネーチャーゲームは約一〇〇の活動があって、「自然への気づき」が目的になっている。「自然探索」と類似しているが、両方とも「気づけ」と言ってしまえば、あるいはゲーム性を重視すると、行っていることが変容してしまう。なぜなら、「気づき」は教えることのできないことであって、操作して気づかせることもできないからである。

道　元（一二〇〇—五三）

仏法を学ぶのに教学を究めて仏法の悟りにいたろうとするのは海に入って沙《いさご》を数えるような空しい努力である。かといって、教学を捨てて、悟りをめあてに修行するのは、磚《かわら》を磨いて鏡とするように、これまた空しい工夫である。高い山の上の雲を見るがよい。雲は、何のはからいもなく、自然とちぢんだり延びたりしている。滔滔《とうとう》と流れる谷川の水を見るがよい。水は、何のはからいもなく、曲がったところは曲がり、まっすぐなところはまっすぐに流れている。人間の日常も、雲や水のようでなければならぬ、雲や水は自由無礙《むげ》であるが、人間はそうはいかない。もし雲や水のようであれば、人間が三界に流転生死《るてんしょうじ》することも、起こりようがないのである。

一二四四年頃・『道元禅師語録』・鏡島元隆訳

七章　心と体を一体として

（『体育科教育』・一九九九年五月号）

本章は雑誌「体育科教育」の特集「『体つくり運動』授業へのヒント」へ請われて寄稿したものである。原題は「『心と体を一体としてとらえる』とは――『からだ気づき』を中心に――」となっている。本書に収録するにあたって表題のように変えた。

サン＝テグジュペリ（一九〇〇―四〇）

六つのとき、原始林のことを書いた「ほんとうにあった話」という、本の中で、すばらしい絵を見たことがあります。それは、一ぴきのけものを、のみこもうとしている、ウワバミの絵でした。これが、その絵のうつしです。……（そのウワバミが）ぼくの絵の第一号です。……ぼくは鼻たかだかと、その絵をおとなの人たちに見せて、「これ、こわくない？」とききました。すると、おとなの人たちは「ぼうしが、なんでこわいものか」といいました。ぼくのかいたのは、ぼうしではありません。ゾウをこなしているウワバミの絵でした。おとなの人たちに、そういわれて、こんどは、これなら、なるほどとわかってくれるだろう、と思って、ウワバミのなかみをかいてみました。おとなの人ってものは、よくわけを話してやらないと、わからないのです。……すると、おとなの人たちは、外がわをかこうと、内がわをかこうとウワバミの絵なんかはやめにして、地理と歴史と算数と文法に精をだしなさい、といいました。ぼくが、六つのときに、絵かきになることを思いきったのは、そういうわけからでした。

一九四三年・『星の王子さま』・内藤　濯訳・「……」部中略

一　体育のベースとしての「からだ気づき」

キャンプにいき自然に触れたり、リフレッシュのためだと家庭菜園をしてきた。そこでの私は楽しんでいるというよりも、そうしなければならない、と体だけ動かしていたのかもしれない。それが自然を探索しているうちに解放され、楽しんでいる自分がいて雲の上を飛んでいるようであった。偶然にも五年抱えていた腰痛が治ったのだが、その要因ははっきりしない。解放されて、ストレスがなくなったことが関係しているのかなあと感じている。

これは、前章「自然探索」に登場した婦長さんが昨年（一九九八年）四月に書いたものである。この三月に再会したおり、「その後、どうですか……」と尋ねてみた。

「……腹筋背筋を鍛え太らないようにし、足を組むときも同じ側だけではなく左右平均に組むように日常の何気ない動作にも気をつけています。呼吸法も少しずつ毎日続けているんですよ。腰が痛みかけてくると入念な呼吸法で痛みも消えるんです。二年前は自分が大嫌いで消しゴムでかき消したい思いだったのが、今では自分でも恥ずかしいですが、自分が好きになりました。それから娘と一緒にクラシックバレエを習い始めたんですよ……」

と彼女は、気づきのもたらした行動の変容を語ってくれた。

気づくことが変容をもたらす

「体への気付き」「体ほぐしの運動」が脚光を浴びており、編集者からの今回の依頼は、「体気づきを中心に授業へのヒント」（傍点引用者）を述べることとなっているのだが、本論考では「からだ気づき」の考え方や実践を提示してみて、そのことが少しでも授業を創るうえでの参考となることを願っておきたい。

私は体育のなかで、前述の婦長さんのように自分のからだ（心体）に気づき、行動が変容するきっかけになることを望んでいる。*変容と言えば大袈裟だが、「学ぶ」ということは変化することにほかならない。今まで知らなかったことが分かったり、できなかったことができたり、特定のかかわりだけではなく、いろいろなかかわりをとおして自らが成長していくことを学びという。その学びを根底のところで支えているのが「気づき」であって、気づかないことには本当の意味での変容は起こるものでない。体育の存立基盤を「からだ」に置くとき、仕組みなどの機能面のみに限らない「からだ」に気づいてはじめて学びが成立するわけで、気づきは体育のベースであるということになる。

＊　ここでいう変容は肯定的なことだけではなく否定的なことも含む。また、「気づき」は通常意識できることを指すが、気がつかなくても行動は変容する場合もある。それは、からだが感覚レベルのことを記憶し、そのことが変容を引き出す源となっているのである。特に明記したい点は、「気づき」は、「いつ、どこで、どのように」起こるかも予測がつかず、誰もが気づかさせることのできないということである。

今まで「からだ気づき」実践の授業者には、前述の婦長さんのように、実践が変容の契機となった人もいるし、次のような所見で変容が見られた人もいる。ただし、ここで強調しておきたいことは、これらの所見は期待して得られたのではなく、結果として現れたということである。この点が今までの体育や教育が目指してきたものとは大きく違っている。「からだ気づき」とは、「到達目標や達成目標や特定の習得技術と言われるものもなく、*評価もしにくく、今までの教育には馴染まない」と考えられるゆえんである。

＊　アリストテレスは人間の行為を二つに分けている。一つはキネーシス（目的を達成する手段である行為）、もう一つはエネルゲイヤ（音楽に耳を傾けるような行為そのものが目的）であって、エネルゲイヤこそ人間本来の行為であるという。体育では動くことそれ自体が目的だとすれば、旧体操そのものの捉え方もエネルゲイヤ的になったときに文化の再創造が可能となるのではないだ

ろうか。「技術」に関しては各実践者が依拠するものはあるが、その技術体系を習得するようなシステムを組み込むことは、「からだ気づき」では、考えていない。

① 日常のからだの使い方や動かし方（立居振舞や歩く、呼吸や発声など）に変容が現れる。
② かかわり（ひと・もの・こと、自然・文化・社会などとの関係）に変容が現れる。
③ 自己表現に変容が現れる。
④ 自己概念に変容が現れる。
⑤ 健康志向（衣食住や病気や運動）に変容が現れる。
⑥ 運動感覚や技術にも向上の変容が現れる。

「からだ気づき」と「体への気付き」は似て非なるもの

では、前述の「からだ気づき」と新学習指導要領に導入される「体への気付き」は同じものであろうか。両者は類似語であるものの、私自身は「からだ気づき」を体育や教育のベースであるという広義の捉え方をしているのに対して、「体への気付き」は体育の一領域である「体ほぐしの運動」（旧体操領域の改訂名称）のねらいの一つである。ただし、「体育分野」の目標には「自己の体の変化に気付き、からだの調子を整えるとともに……」（文部省「平成十年十二月告示＝小・中学校学習指導要領」「平成十一年三月告示＝高等学校学習指導要領」）と掲げられ、各運動領域（たとえば導入段階などにおいて）や保健分野との関連を図って指導することも期待されていることから、「体への気付き」も体育のベースとして考えるとするならば、両者の相違はないことになる。

自然探索　目をつぶって触れてみる．エレファントツリーとよばれる木だが，幹の中心を水が流れている感じがした（カルフォルニアにて）

二　画期的な出来事

心と体は一体である

今次の学習指導要領の改訂で最も画期的だったことは、「体育」「保健」の目標に「心と体を一体としてとらえる」という文言が掲げられたことである。「体」の捉え方がこのような形で提言されたのは、明治以来、おそらく初めてのことであるし、この立場を基盤にして、新しい「体育」が二十一世紀に船出しようとしている意気込みすら感じられる。

この考えを最も反映する領域が「体ほぐしの運動」である。導入の背景には、現代の子どもの運動実施や心身の状況が影響しているのだが、これまでの体育が志向してきた「速く・強く・できる」という目標設定への反省がある。「体ほぐしの運動」の主なねらいとしては、「仲間との交流」があげられ、内容としては従来の体操、体育理論、基本の運動の一部が該当する。特に、律動的な運動（リラクセーションセラピー＝「癒し」とは異なる）が強調され、準備運動とも異なって何かの手段として実施するのではなく、それ自体が目的であるという（平成十年度全国都道府県・政令指定都市教育委員会学校体育担当指導主事研究協議会資料）。

さて「それ自体が目的」という点がキーワードなのだが、危惧することは、「体ほぐし」や「体への気付き」という用語の背景には、「体」を手段視している志向がやはり働いているのではないかということである。「体」が単に刺激を与える対象、「ほぐし」「気付かせ」「調え」「関わらせる」モノとして捉えられるのであるならば、従来の体育となにも変わることはない。

からだがいつの間にかほぐれ調いかかわっている状態とは「どんな感じなのか」という、気づきを得ることが大事なのではないのか。その「気づき」が、たとえば、歪んだからだを調える、ストレスにうまく付き合える、からだをコントロールする、リズムにのる、筋力不足を補う、できない技ができるようになるなどへの発展を誘発するのである。*その「心と体が一体として」働くことがねらいでなければならないのではないか。

＊　このような考え方はムーブメント教育や「基本の運動」の考え方に近いが、日本における「基本の運動」の実施状況は、「人間の動きの基本を体験する」というよりも、各種運動種目の補完役に直結している感が強い。

体育やダンスは何を教えてきたのか

「体ほぐし」の導入には基本的に賛成だが、改善の考え方も含めて、いくつかの疑問がわきあがってくる。

この二十年間「楽しい体育」を標榜しながら、その体育は楽しくなかったのか。生涯運動に親しむ子どもの育成を目指しながら、運動に親しまない子どもがなぜ増えたのか。これまで教材の主流であった「球技」はとりわけ交流やかかわりがないところに成立しないはずだが、このたび、あえて「仲間との交流」を掲げたのはなぜなのか。＊ダンスの導入段階では「心と体のほぐし」＊＊を大事にしてきたのだが、市民権は得られなかったのか。なぜ、「体ほぐし」は律動的でなければならないのか。おそらく動的な運動で汗をかいたときに、「体」がほぐれるという、そしてそれが体育であるという認識が根底にあるのであろう。

＊　球技の目的を「ゴール」することにおけば技能の優劣の差がギクシャクした関係を生み出すことが多くある。その球技において交流を目的にすれば指導の仕方も変わる。『球技を教材とする『体育』で何を教えるのか」の思考の転換を図ってもいい時期なのではないだろうか。また「仲間との交流」で予想されることは複数でかかわる活動の導入でそのことだけで交流を図ることができると見積もることはあまりにも安直すぎる。　＊＊「体操領域の革新を目指して」・「学校体育」（五一―一四）・一九九八。

こうした疑問に答えるには体育という一教科の問題に留まらず、現代という得体の知れない大きな潮流を相手にしなければならないのだろう。しかし、新登場の「体ほぐし」や「体への気付き」を画餅に終わらさせないためにも、この際、導入の意図や「心と体を一体としてとらえる」ことが何を意味しているのか、あらためて熟考すべきであろう。そして問うべきは、どのような内容や方法をもって、「意味」を保障していくのかの自覚にほかならない。

三 「からだ気づき」実践から言えること

おりしも一九九八年度に「からだ気づきの授業実践」をある雑誌に連載する機会を得た。* そこで、「一年間の実践」を総括してみて、どのような学習内容が提示されたかに触れてみたい。まずは、「からだ気づき」実践にはいろいろな学習内容が混在しており、ある実体や固定した実践があったというよりも、試行錯誤の状態であったと言える。ただし、目の前の子どもにどんな体験を与えたいのか、授業者のその熱い願い** は確実に伝わってきたと総括している。

* 雑誌「体育科教育」（大修館書店）に一九九八年四月から二〇〇〇年三月までの間に合計二十四回にわたって連載。執筆は本書に収載してある方以外からもそれぞれ異彩の単著を寄せていただいている。　** 「願い」とは、同連載論考で、「楽・緩む・委ねる・気持ちいい・深い呼吸・バランスいい・主体的・上手くなる・おもいきり全身で表現」などをそれぞれがテーマにしている。

その願い「学習内容」はおおよそ次のようなものであったと考えられる。

① 五感や内部感覚などの身体感覚をとおして感覚の覚醒を図るもの。
② 「逆さ感覚」「高所からの跳び降り」「ボールと対峙」などによって、自ずから培われる運動筋感覚は種目の予備的運動（運動のアナロゴン）にもなりパフォーマンス向上に関連する。
③ 緩み楽になる「からだ」を味わうもの。
④ 日常の動き「行住坐臥」を中心にバランスの取れた「からだ」の実感を願うもの。

⑤　人とのかかわり（表現を含む）を「動き」をとおして味わうもの。

⑥　「もの」や「こと」（環境、文化、制度、社会）とのかかわりを「動き」をとおして味わうもの。

結果として、「③」と「④」からは「調うからだ」を実感することが期待できたし、「⑤」と「⑥」では「かかわるからだ」を実感することが期待できるとわかった。また、「①」〜「⑥」をとおして、「快経験の保障」や「自己概念（アイデンティティ）の変容」がもたらされることもわかった。

各実践を学習内容で分類する

「連載」での実践紹介や私の他の実習を、*「体ほぐしの運動」の三つの活動にも対応させて、前述の主な学習内容ごとに分類すれば、次の「表示」のようになる。**

表示Ⅰ「感じる」＝「体ほぐし」の「体への気付き」に該当する「からだ気づき」における学習内容の分類

①　身体意識　⇩　自然探索・全力疾走・彫刻家・オーケストラ・声を頼りに・体じゃんけん・水の中で・空間探索・体実験室・アーアーコーラス

②　運動筋感覚　⇩　にょろ転・後まわり・前まわり・逆立ち・ボール・部位タッチ線飛び越し

表示Ⅱ「調える」＝「体ほぐし」の「体の調整」に該当する「からだ気づき」における学習内容の分類

③　緩む　⇩　寝にょろ・腕ぶら・スラッピング・マッサージ・ごろにゃーん・緩むからだ・ファンタジー

④　バランス　⇩　立つ・歩く・トカゲ這い・みしりさしり・しっぽ見・くすぐり遊び・朝の目覚め・腹式呼吸・息めぐり・坐る・寝る・からだの癖・見えない背骨・バラバラ重さ比べ・左右どっちかな調べ

表示Ⅲ「かかわる」＝「体ほぐし」の「仲間との交流」に該当する「からだ気づき」における学習内容の分類

⑤　ひと　⇩　目隠し歩き・1、2、3人・かごめかごめ・即興表現・群像・あんたがたどこさ・だるまさんが転んだ・一緒に動く・ミラーリング・共に揺れる・天国への旅・手当て・与えること受け取ること・感情伝達・名

前を呼ぶ・抱き合う

⑥ もの・こと ⇩ ボールなしゲーム・新聞紙・マイシルエット・卵は立つ?・風船

右の分類中、「からだ気づき」におけるそれぞれの学習内容は動的・静的の順で配列してある。すなわち最初の「項目」が最も動的で、最後の「項目」が最も静的になっている。

＊ 拙稿「新しい体操の授業づくりの試み」・『体操の授業』(『体育科教育』別冊)・一九九五年。拙稿「ボディ・アウェアネス」・「体育科教育」別冊四四―一三・一九九六。

＊＊ たとえば表示「I」の「自然探索」は自然のなかでの感覚の覚醒が予想されるが、「III」の「かかわる」経験も予想される。一つの実習は一つの学習内容に対応するという狭い捉え方は禁物である。「表示」の「上」は動的な実習を示し、「下」になるほど静的な実習を配列してある。しかし、「やり方」によっては該当しない場合もある。

今後「体ほぐしの運動」の典型教材が提示されるだろう。だが、固定した実習や運動領域があるとは考えずに「気づ

部位タッチ　各自が決めた部位をくっつける.

くすぐり遊び　親は子どもをくすぐる.

かごめ　かごめを歌い，鬼は歌声を手がかりにうしろの正面を当てる.

風船　好きな体の部位で風船を落とさずにつく.

きの場を提供する」ことを第一義的に考えて、それを保障する実習ならば「オーケー」と思われる。具体的には、旧体操領域や基本の運動や各運動種目などでの実施という固定枠にとらわれないことが肝要である。

最後に、「からだ気づき」実践における言葉かけ（学習内容や方法が現れたもの）で、これは最低限必要だと考えているものを、場面に応じて記述しておきたい。これらの言葉かけは「気づき」を促す魔法の杖である。そして、「気付かせよう」「ほぐしてやるぞ」という気負いさえ捨ててしまえば、子どもたちの「からだ」と一緒に、「いま・ここ」という生きた現場にいることができる。そのことが大事なような気がしている。

◇「……やってみてください……」（最初）

◇「……どんな感じがしますか……」（途中）

◇「……あなたにとってこの体験はどうでしたか……」（振り返り）

後白河院（一一二七―九二）撰「今様（流行歌）」

遊びをせんとや生《う》まれけむ
戯《たはぶ》れせんとや生まれけむ
遊ぶ子どもの声きけば
わが身さへこそゆるがるれ

平安時代末期・『梁塵秘抄』（所収第三五九歌）

八章　与える・受けとる

(『体育科教育』・一九九九年五月号)

本章は横浜国立大学非常勤講師の鈴木学さんとの共同執筆である。それぞれの分担は各節末尾に示しておく。

マルセル(一八八九―一九七三)
(一九三三年)十月三十日。私にはっきりしているのは次のことである。当のものと他のもの(同と異)、自分と他者という世界は、それぞれのものがそれとして認定されうる世界である。この世界のなかで囚われの身となっているかぎり、私は自分自身を不在の地帯でとりかこむ。私が自分自身を所有のカテゴリーにしたがって考えることは、自分をこの地帯のなかに置いているかぎりにおいてなりたつことである。じっさい、あるものをそれとして認定するということは、かくかくの物にせよ、人にせよ、それがかくかくの性質を持つとか持たないとかについて認知することであり、逆に、かくかくの性質ということは物や人がそれぞれどう認定されるかによって決められることである。これらすべてのことが意味をもち、関心をいだくべきものであるためには、われわれは、この同と異、当のものと他のものという世界のかなたを考えるにいたらなければならない。しかもそれは、正真正銘の存在論的な意味においてのこととして、である。さまざまな困難が始まるのはここからである。ただちにわかることが一つある。それは、「私は何であるか」という問いと等価のものは、所有の平面にはないということである。この問いは、定義上、私自身が答えるわけにいかない。

一九三三年・『存在と所有』・山本　信訳

ここで紹介する実習は、いずれも自分のからだを「与える」、そして相手のからだを「受けとる」経験をとおして、人とのかかわりはもちろん、他のさまざまな気づきを促そうとする実習である。なお、「手当て」と「頭・足を与える受けとる」は看護学生を、「共に揺れる」は現職の教師を、それぞれ対象にした実践である。

一　看護学校での実践

試験はできるが……

看護学校での一泊二日の集中授業で見た光景。それは机も椅子も取り払って自由な空間であるはずの教室にできたいくつかのコロニーだった。* 学生たちはグループにわかれ、いつも同じ場所に陣取っていた。実習で動いてどんなにバラバラになっても、一つの実習が終わると自分の家に帰るかのように、そのグループの定位置へと戻っていく。他のグループなど存在しないかのようにそれぞれのグループの仲間たちとお喋りの花を咲かせる。そこには他の人を傷つけないように、自分が傷つかないように、それでもやっぱり一人ではいたくないという学生たちの姿があった。

* 看護学校での実習は二年生を対象にしたものだった。そのためクラス内の人間関係はある程度までにできあがっており、はっきりとしたグループ分けができていた。

そんな学生たちと日常をともにする担任の教師が嘆いていた。

「……試験はできるんですが、実習になれば、患者さんとうまくかかわれない学生が増えてきましてね……」

と、深刻な様子である。

看護とは人と人とのかかわりそのもののはずである。患者とうまくかかわれてはじめて、知識が役に立つのではないだろうか。そんな思いが、実習の背景にはある。そこで、人とのかかわりを感じることが期待できる「手当て」「頭・足を与える受けとる」という実習を行うことになった。

手当て

〔目的〕　「手当て」とは文字どおり手を当てることである。幼いときに母親に痛いところをさすってもらうと、なぜか痛みが薄れていったという記憶は誰しもがもっていることだろう。癒しとしての「手当て」の効果は私たちも経験的に知っている。また、最近ではそれを科学的に立証しようとする研究も行われ、医療現場にもその重要性が認識されつつある。しかしここでは癒しの技術として「手当て」を捉えているのではない。人と人が触れ合うこととは一体どういうことなのか、ありのままを感じてみることを目的にしている。

〔やり方〕　二人組になり*、一人は横になる**。充分に落ち着いて触れられてもいいと思ったら合図を送り、もう一人が、寝ている人のからだのかかわりたいと思ったところに手を当てる。そして触れて（触れられて）いる感じを味わってみる。充分に味わったと思ったらまた別のところに触れる。五分から十分したら役割を替えて同じことをする。

＊　二人組をつくる際には仲のよい人だけにならないように配慮をしている（背丈の順、バラバラになってすぐ近くにいる人、他の実習でまだ組んでいない人などと組む）。　＊＊　いきなり仰向けだと人間の弱い部分（腹）を出すことになり、抵抗を感じる受講者も多い。最初はうつ伏せやその受講生の楽な姿勢で横になる。

〔学生の反応〕　最初は触れる、触れられることに戸惑いを見せる学生も少なくなかった。

「……触れられている（触れている）ところはどんな感じがしますか。相手の表情、呼吸、からだの感じ方に変化はありますか……」

と言葉をかけていくうちに、やがて徐々に戸惑いもなくなり、からだの感覚に集中していった。

授業後の学生の感想のいくつかを抜き出してみる。

「……人の体に触れたときの人の体の温かさ、心地よさを感じた……」

「……なんだか安心できるような感じ……」

「……手を当てているときなぜかその人の呼吸に合わせて微かな温かさを感じ共に生きている気がした……」

というように、学生たちはこの実習から人の体温の温かさ、触れ合うことの心地よさ、安心感、相手との一体感を感じていた。

「……患者もこうやって、触れられているだけで安心したり心地よさを感じたりするんだと思う……」

「……手当てって手で看ることなんですね……」

というように、患者とのかかわりについて考えさせられたという感想も目立った。

「……素肌が触れ合うのは気持ち悪かった……」

といった否定的な感想もあった。しかしこのような否定的な感想でも自由に表現できる雰囲気づくりを大切にしたい。

〔触れる・直接的なかかわり〕　人と触れ合うことの温かさ、安心感、一体感。このような感覚は幼い頃誰もが感じていたはずである。人とのかかわり方が、「触れる」から、成長と共に「聞く」「話す」と変化していくにつれ、その感覚は忘れ去られていく。触れることはかかわりの原点とも言える。看護も、教育も、人と人とのかかわりあいである。

「……近頃、そのような体験をする機会がまったくなくなってしまい、この気持ちを忘れていた……」

という学生たちにとって、この実習は、人とかかわることの意味を問いなおす契機となったのではないだろうか。

頭や足を「与える・受けとる」

〔目的〕　看護現場においては患者のからだとのかかわりを避けることができない。ただ看護という性質上、委ねられる経験は豊富だが、看護者自身を委ねる経験は少ないのではないだろうか。看護では「受けとる」経験が強調されやすいのだが、患者の立場を経験してみるという意味で「与える」体験も大切にしたい。

この実習は伊東博の提唱するニュー・カウンセリングで行われた実習を参考にしている（伊東博著『カウンセリング』第四版・一九九五）。二人組になって寝ている人の足や頭をもう一人が持ち上げてみるという内容である。寝ている人の足（頭）は自分の意志ではなくパートナーの意志に委ねられている。パートナーが手を離してしまえば床に落ちてしまうという状況にあって人に委ねること委ねられることについての経験が期待できる。

〔やり方〕　二人組になり、片方は床に仰向けになる。もう一人は寝ている人の片方の足の踵の下に手を入れる。寝ている人のからだを充分に感じたら、足を床から十センチくらいゆっくりと持ち上げる。頂点で十秒ほど静止して、またゆっくりと降ろす。降ろし終わって、しばらく重さを感じてみたのち、ゆっくりと手を離す。同じことをもう片方の足で繰り返す。頭についても同様に行う。頭のときは手のなかで左右に転がしてもみる。持たれている人は自分を充分に与え、持つ人は相手を充分に受けとる。そしていずれもがその感じを味わってみる。ひととおり終わったら、役割を交代する。

この実習では、床に静止しているとき、足や頭が上がっていくとき、上がったまま静止しているとき、下がっていくとき、床に着いたときといったそれぞれの局面の変化で、違う気づきが起こることが多い。

「……表情や呼吸、からだの重さ、感じ方に変化はありますか……」

と、その局面ごとに授業者が、言葉をかけることで気づきを促す。また左右の足で感じ方の違いに変化があるかどうか聞いてみることで、異なった気づきを促すことにもなる。実習ではそれぞれのペアの自由なペースを尊重し、言葉かけは全体を見回し、半数程度のペアが進んでいるのを確かめてから、次の言葉かけを行うようにする。授業者の言葉かけに学生の活動を合わせる必要はない。笛を吹いて一斉に「はい、上げて！」としてしまうのでは、起こるべき気づきも閉ざされてしまうことになる。

〔学生の反応〕　最初は遊び半分で相手の足をひょいと持ち上げたり、ぶんぶん振り回したりと、相手のからだを雑に扱う学生が多かった。だがそれもゆっくり時間をかけて行ううちに、話し声も聞こえなくなって、自分や相手のからだと向き合うようになっていった。実習後の感想を、「与える」側から、見ておきたい。

「……安心した……」

「……気持ちいい……」

「……相手の手が温かい……」

「……力が抜けてリラックスできた……」

という記述が多い。

「……人間の重さを感じた……」

「……支えなければ……」

という記述が「受けとる」側に目立った。

一方で、それぞれに、次のような感想も少なからず見られた。

「……力が抜けなかった……」

「……重さを感じなかった……」

「……人に体を任せるのは不安だ……」

「……頭はどうしても預けられなかった……」

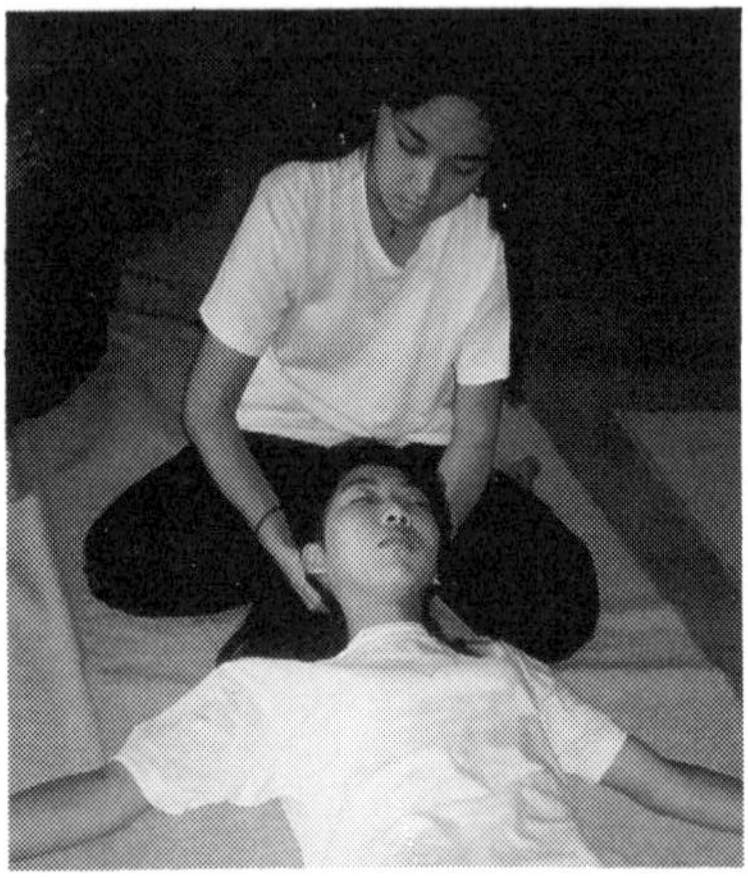
看護では他者のからだを受けとることは多いが，自分を与えることは滅多にない．安心しきるとわずかな時間なのに寝入ってしまう．(藤沢市立看護専門学校)

＊　この実習は受講者に「感覚」「かかわり」「気持ちよさ」の経験を保障しやすい。この実践での学生の感想は多い順で次のとおりであった。「重い」「軽くなった、浮いた感じ」「安心、委ねられた」「気持ちよかった」「温かさ」「リラックス、力が抜けた」「力が入ってしまう」「不安」「重いかな」「不思議な感じ」(鈴木学「からだの気づきを促す教材について＝《与えること・受けとること》の実習の可能性」・日本体育学会第四十九回大会号・一九九八)。

〔いま、ここにある「からだ」〕　看護実習などで他人のからだとかかわる機会が多いと思われる学生たちではあったが、人間のからだの重さに初めて気づいたかのように驚いていた。実習では、いかに目の前の患者の「からだ」に無関心であったかという反省も覗かせてくれた。おそらく学生たちは、目の前の「患者自身（からだ）」そのものではなく、その断片である「一本の足」や「検査結果」に向けて、一所懸命に覚えた「知識」で対応することに、注意を払っていたのではなかろうか。この実習が患者自身（からだ）に目を向けてくれることの契機になってくれればと願っている。

（鈴木　学）

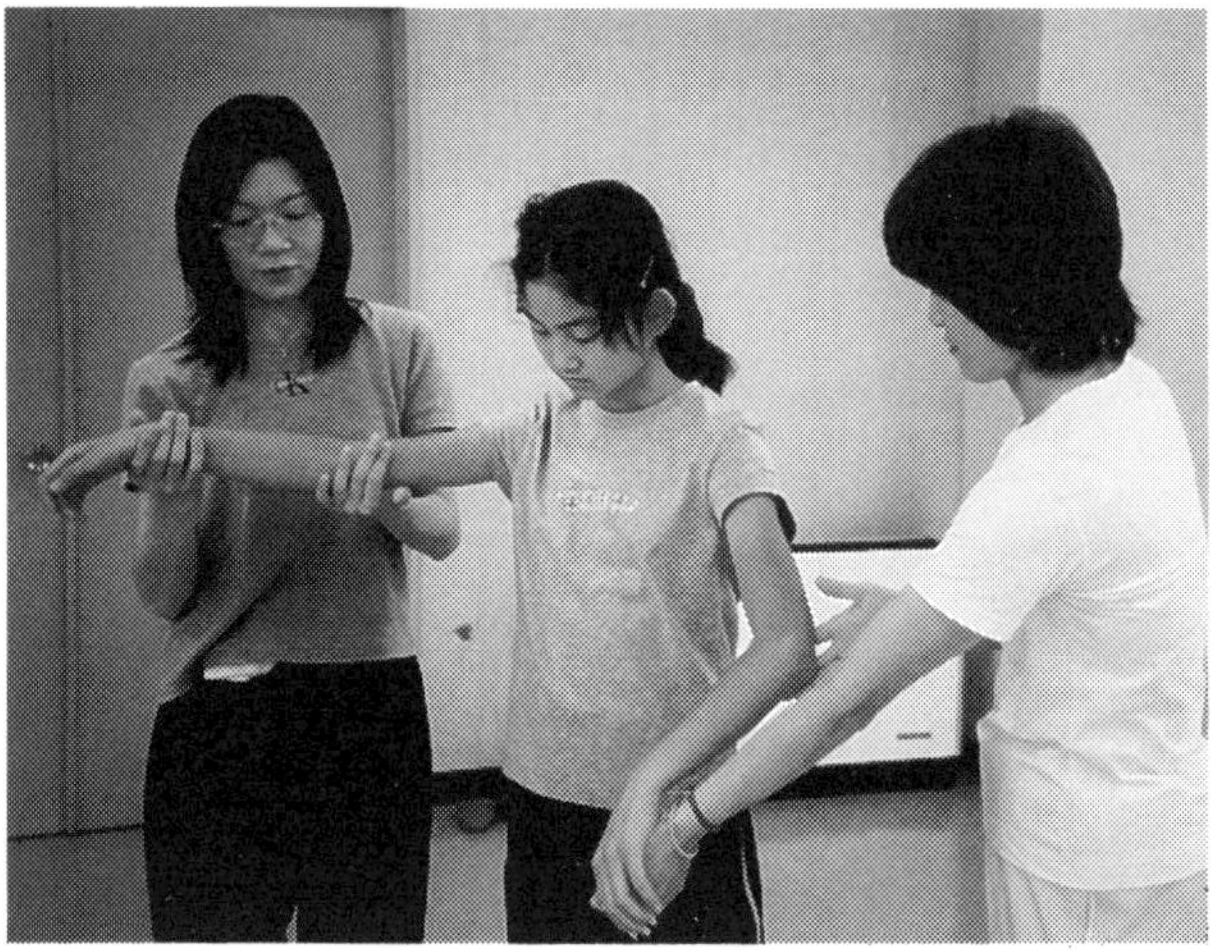

与える・受けとる　子どもの腕を受けとる母親（新潟ニュー・カウンセリングワークショップ）

一緒に動く　目をつぶり相手と一緒に動いてみる.（横浜国立大学「健康スポーツ実習：からだ気づき」）

一緒に動く　雪が降り続くなか，室内は温かい空気に包まれていた.（仙台ワークショップ）

二　現場教師への実践

共に揺れる

〔目的〕　教師は、「……うちの生徒を使って、片づけさせます……」などと、子どもらとのかかわりについてモノを扱うように表現することが多い。教師は無意識のうちに「生徒は先生に付き従うもの」と捉えているのかもしれない。教育界では「子どもの立場に立って」や「共感的」といった表現が賑わっているが、「言うはやすし、行うは難し」である。はたして教師は、授業という場に、どのように存在しているのであろうか。教師は、自分のからだを子どもに委ねたり、子どものからだを全部受けとったりすることがあるのだろうか。子どもも教師も、この世に生を受けたかけがえのない存在であることは、共通している。

そこで、共にいる感じを体験しやすいと思われる「腕を与え共に揺れる」を行ってみることにした。

〔やり方〕　できるだけ異性と二人組になり、片方の人は肘から先の腕を全部相手に与える。腕を受けとった人は、相手のからだをよく感じてみる。しばらくして、腕を受けとった人は相手の動きたい動きが感じられたら、そちらの方へ腕を動かす。動きたい感じが伝わらなかったら、動かずにしばらく待っている。両者とも腕から伝わる動きを、肩や首、背中やおなかに、伝わるままにする。動かそうとか、止めようとする必要はない。

〔受講者の動き〕　部屋の電灯も消し、私の言葉かけもとりたててゆっくりと行ったことが起因してなのか、受講者は静かに実習を行い、全体の雰囲気もとてもしっとりとしていた。

「……異性と組むとドキドキしたり緊張した……」

という感想が、実習後の振り返りでは、多かった。

「……与えているよりも受けとっている方が相手を感じる……」

「……肘のところだけは一体になった感じ……」
「……遠慮した……」
「……重たくて腰が痛くなる……」
「……もっと動かしたくなった……」
「……身体全体で表現したいと思った……」
「……相手が大胆だと思った……」

などと、腕を受けとった人は、感想を述べている。

「……相手に腕を置くと相手を感じない……」
「……気持ちよくて最後ちょっと眠りそうになった……」
「……気分よかった……」
「……小舟にゆられてうたた寝をした感じだった……」

などと、腕を与えた人は、感想を述べている。

次に、子どもと一緒にこれをできるか、と尋ねてみた。学校で教師が子どもと肩を組んでみようとしたりするとき、子どもの方が退いてしまったり、いやがったりするらしい。多くの受講者が、子どもは「気持ち悪い、おかしい」と言いたげであると感じている。授業場面で、このような実習と似ている雰囲気はないかと尋ねてみた。

「……廊下で出会ったときにパチンと手を合わせたり、怒るときに男の子だと手を握ったりする。怒るときには、本当に諭したり話して聞かせたいときで、教師の体の熱と子どもの体の熱が、つまりお互いの温かみが伝わって、教師の気持ちを分かってもらえる……」

と、授業場面以外での経験を語ってくれた。このような話を聞くと、授業中は自分の「力」を相手に委ねたりできる場ではなく、子どもも教師のからだも常に緊張を強いられているように思われる。

〔共にいる〕　まず二十四歳の現職教師の感想を紹介しておきたい。

「……自分の発する動きとも相手の発する動きとも感じとれない動きのなかに同時にお互いが在ること、その経験は相手のからだを自分のからだとして生きていることでした。見えないんだけれども、互いのからだをぐるぐる循環するつながりが、私のからだと相手のからだを交歓させているような気がして、自他の区切りがなくなった境地にいたのです……」

「共に揺れる」では、視覚も言葉もないなかで、男も女も性を超えて、一体感を感じている。他者やまわりの空間との境界さえも曖昧になって、温かさや脈々と流れる血液や微妙な相手の動きさえも感じている。そこでは自他の区別もなくなり、「共にいる」「生きている」ことだけが実感された。これこそが「共感する」ということなのであろう。視覚や言葉を遮断したとき、からだの豊かな感覚と共に感じあえるからだとが蘇ってくることを、この実習は教えてくれる。このようなからだの感覚が生まれ出るとき、教室という枠も教師や子どもという枠さえも融けだしていく。「教える——教わる」という境界がなくなって、無色透明なフレームになったよう

共に揺れる　お湯のなかでは腕の重さも軽くなり，重力から解放されるにつれて，動かす役・動かされる役も阿吽の呼吸でチェンジできる．（鹿児島県桜島古里温泉：竜神が祀られており，白い浴衣の着衣が義務づけられている）

でもあった。

（高橋和子）

三　与えること・受けとること

触覚をともなう他者とのかかわり

からだの触れあいで生まれる一体感をベースにして、人とのかかわりや共に生きている実感だけでなく、「生の実感」「安心感」「気持ちよさ」「幼いころの記憶」……へと気づきは広がっていく。ただし、ただ適当に触れ、触れられればいいのではない。「与えること・受けとること」とはその人の「いのち」まるごとを「与える」「受けとる」ことだとも言える。そういった関係性のなかで気づきは起こる。

「……こんなにも感じるということを実感したのは初めてだった。人に触れていることで安心感を得て、落ちついた。人の背中がこんなにも大きく見えて、安楽な場所だとは、と驚いていた。ずっとこのままの状態がいいなーっと強く感じた。《生きているんだ》と思える実習だった。この体温を感じることで、また呼吸のリズムが合うことで人間の温かみを感じることもできた。生きている幸せさ。人間一人では生きていけない。本当に触れ合っているという安心感が欲しいこと。相手がたとえ嫌いな人だったとしても、触れ合うことで心がつながるような感じ。言葉で表すのはとても難しいけれども《生きていてよかった》と思えた時間でした……」

これは、十九歳の看護学生の感想である。生きている実感が欲しい、人と触れ合っている実感が欲しいと切実に願う学生たちに教師はどうかかわっていくべきなのだろうか。

「共感」「共生」といった言葉が教育界に氾濫している。その言葉の上滑りにいまや虚しさすら感じられる。その一方で、相手と同化していくプロセスを経るその先に、「共感」「共生」といった境地があることを、これらの実習が垣間見せてくれる。「触れる」という原初的な行為は、それらの言葉を真に生きたものとする。

（鈴木　学）

和辻哲郎（一八八九―一九六〇）

間柄としての人間存在の構造は静的に見らるゝ時、空間性である。人間存在は物事の現はれる主體的な場面として、主體的に張つてゐる。ところでかゝる張りは、本来的統一が否定せられて自他對立となり、更に否定せられて自他不二《じたふに》的統一となるといふ否定の運動に他ならない。だからその同じ人間存在の構造は動的に見られる時、時間性なのである。現前の自他對立的行動に於て、既有の本來性が自他不二的に將來せられる。空間的なる對立や統一は實は時間を成立せしめる動性に他ならない。兩者は同一の構造の二種の把捉の仕方なのであつて、それぞれ獨立せるものではない。

一九三七年・『倫理学』・ふりがな引用者

九章　1、2、3人

（『体育科教育』・一九九九年六月号）

本章は横浜国立大学非常勤講師の足立美和さんとの共同執筆である。それぞれの分担は各節末尾に示しておく。

ヘリゲル（一八八四―一九五五）

動作のことごとくが、どんな目立たない仕種でさえ――とりわけ能楽においては――それぞれ意味を有するのである。……日本においては、自然と生活と芸術とがぴったりと一つに重なりあっており、芸術が、自然や生活と一線を画した仮象《かしょう》の世界、自然や生活を越えた仮象の世界とはならずに、むしろ自然と生活との完成を意味しているからである――（そこで）日本の演劇は、ヨーロッパ人にとっては、まずもって、どこまでも不可解である。勿論、日本語が分からないからではなく、……何よりもまずヨーロッパ人が、東アジア人の持つ感受性や観察眼とは無縁だからである。ヨーロッパの戯曲のいかに難解な会話でも楽々と読みこなせるヨーロッパ人が、日本の戯曲のごく単純な筋にまるで歯が立たず、しぶしぶと、自らのヨーロッパ文化は、ロゴスを、言葉を、土台にしており、東アジアの文化は、実感に、直観に、基づいていることを認めさせられる羽目になるのだ。

一九六五年発刊遺稿集・『禅の道』・榎木真吉訳・「……」部中略

一　言葉・身振りのないコミュニケーション

人間同士のコミュニケーションは言葉だけでなく、仕種や身振りなどの動作、顔の表情や姿勢などまるごとのからだで表現するものである。しかしこの実習＊では、言葉はもちろん身振りや仕種などのジェスチャーなども一切使わない。全体の気配に注意をしながら常に自分の動きについて瞬間的に判断しなければならない。

＊「1、2、3人」と高橋和子の命名によるこの実習は、演出家野田秀樹氏が、集中することを目的にNHKの「課外授業ようこそ先輩」（一九九八年五月放送）で小学生に授業をしたときに紹介したものである。

この実習の願いは、受講者がからだ全体のあらゆる感覚を鋭敏に研ぎ澄まして、他者の動きや様子を敏感に受け止め、そこで受講者自身の行動パターンやからだに起こるさまざまな変化に気づくことにある。また、実習のなかで変容していくであろう集団そのものの在り方や、自分と他者とのかかわり方の変化などにも気づいてもらいたいと思っている。

（高橋和子）

二　大学生の実践・やってみる

やり方

七人から十二人の「一組」で行う。男女の混合・男女別や、年齢のさまざまなグループなど、いろいろの組み合わせを試してみるのもよい。

「……喋ってはいけない……」

「……ジェスチャーや視線での合図やコミュニケーションを交わさない……」

というルールのもとで、はじめに全員が自由に歩く（シャッフル）。それぞれが止まりたくなった所で止まる。そのあと、一人だけ歩きだす。そしてその一人が止まったら、別の二人が同時に歩きだし、それぞれが自分のペースで止まる。次に三人が同時に歩きだし、止まる。そののち、今までとは逆に三人、二人、一人と歩いて止まる。もし、途中で人数が合わなくなったら、もう一度シャッフルからやりなおす。

ここでは早く成功することがよいことではなく、まずやってみることを提案しておきたい。できなくても、それはそれでよい。今までの私の経験では、十分ぐらいでできたグループもあったし、二十五分かかってもできなかったグループもある。授業時間などの関係上、やむをえない場合には、途中で終了させることも起こる。

実習の様子

実習の状況は次のようであった。

対象授業　⇩　必修体育実技（半期）における「コンディショニング・エクササイズ」

対象学生　⇩　一年生男女二クラス。Aクラス＝十七名（男子十二名・女子五名）、Bクラス＝二十一名（男子十四名・女子七名）

各クラスを男女混合の二つのグループに分け、二グループ同時に行った。Aクラスの一つのグループは、知り合い同士の少ないグループだったが、言葉もジェスチャーもなくても、グループの動きは初めからスムーズで集中していたようであった。一方、もう一つのグループは知り合い同士で目配せしたり、仕種で連絡しており、笑ったり小声でしゃべったりしていた。私はしばらくそのまま様子を見ていたが、ルールの守られない時間が長く続いたので、次のように、声をかけた。

「……言葉や身振りを使わないで、やってごらん……」

それでも、落ち着きのない学生は始終視線を泳がせていた。真剣に取り組めない数名以外は黙って一所懸命に取り組んでいたが、なかなかうまくいかない様子であった。授業の終了時間が迫ったために、このグループは二十五分経過したところで終了させた。

ジェスチャーなどを混ぜながらやっていた数人の学生は「やっと終わったか」というような表情をしていたが、他の学生たちは安堵とも、残念さとも思われない複雑な表情をしていた。落ち着きのない学生の一人の「操られた」と記されたノートの言葉が印象的であった。そこには自分の動きを決めるうえで、他者からの影響を強く受けていたことが窺える。それは、発信するとも受信するとも言い分けられない状態で、つまりお互いの気配を感じ合うこととは異なる、相手から発信された強烈なながば命令のようなメッセージによって「操られた」と感じたことを意味しているのだろう。

Bクラスでは、特に私が途中で言葉かけをすることもなく静かに集中でき、各グループが十分から十五分のうちにそれぞれ終了している。このクラスは他の授業でも常に前向きに取り組んでいて、この授業でもそれぞれがいい緊張のなかで実習を進めている様子が感じられた。

（足立美和）

三　感じる・分かる・考える・思う

できれば実習のまとめとして、実施後十分ほどの時間をとって、クラス全員で感じたことなどを話し合う時間を用意したほうが好ましい。お互いの感じたことや分かったことを話し合うことで、自分以外のさまざまな経験を聞き、気づきをより深めることができるからである。今回の授業ではその都度の授業終了後にとらせた記録ノートから、学生の「言葉」を指導者が確認する形をとった。次に紹介する学生の言葉は、「今日の授業を受けて感じたこと、思ったこと、考えたことなど自由に書いてください」という欄に書かれた記述をまとめたものである。二クラス合わせて「五二」の記述を得て、それを分類してみることにした。

〔他者との関係〕（二八）

◇　誰が歩きだすのか全然読めなかった。
◇　なんとなく誰が歩きだすか分かる。
◇　なぜか、最初に歩きだすと決まってしまった。
◇　適当に歩いたらうまくいかなかった。
◇　だいぶ分かってきたので今なら成功しそうな気がしてならない。
◇　言葉なしで、雰囲気を感じ取らなければならない。
◇　難しい（九）。（気配・動き・雰囲気の捉え方・空気で相手を感じる感覚で空気を感じとるなど）
◇　その他。

〔面白い・興味深い〕（五）

◇　不思議（こんなことができる・「できない」なんて）（三）。
◇　よく分からない。

〔自分のからだ〕（二〇）

◇　中心を見ていないと落ち着かない。
◇　歩きつづけると、なかなか止まりたくないということに気づいた。
◇　ついつい人のいない方へと行きたくなる。
◇　壁の近くだと落ち着いて止まれる。
◇　周囲を気にしつつ自分も注意するような感じがして、なにやら駆け引きを感じた。

初めは円形で行うことが多く，視角に頼りやすい．

◇音に敏感になる。
◇一度歩くと、次に歩くのが躊躇われる。
◇精神的に疲れた。
◇その他。
〔実習をとおして考えたこと・思ったこと〕（九）
◇歩き出すのは、パーソナルスペースを広げるため？
◇人数が減るというだけで、空気のバランスが崩れるのか？
◇無意識のうちに、テリトリーをとっているのは面白い。
◇これをもっと広いところでやったら、面白い結果になりそう。
◇高校のときセットプレーじゃなくなると、（自分は）攻める気のなくなる「人」だった。
◇人込みは嫌いだけど、人の間をすり抜けるのは気持ちよくて好き。
◇その他。
〔実習について考えたこと・思ったこと〕（五）
◇まわりとの連携を考えるうえで、とても役立つと思う。
◇歩くことでも、近くの人に影響したりされたりすることを学んだ。
◇都会に住んでいて、人が歩く気配・音・空気を感じることがないなかで、貴重な体験をした。
◇場の雰囲気を読む訓練だ。
◇協調性にも繋がるのでは？
学生の言葉は、実習のなかで、自分自身の「からだ」まるごとが受けたさまざまな経験を語っている。上記の抽出は、

慣れてくるに従い気配が感じられてくる．視覚以外の感覚も使ったやり方に挑戦しはじめる．

「他者との関係」「自分のからだ」「実習をとおして考えたこと・思ったこと」「実習について考えたこと・思ったこと」の四つについて分類した。

記述は、実習中の自分のからだや、自分を含む場（他者との関係）について感じたことを書いた記述が最も多かった。つまり「実習のまさにその瞬間に感じられたこと」が、学生たちのなかに強く残っていたと考えられようか。

「……誰が歩きだすのか全然読めなかった……」

「……何となく誰が歩くのかが分かる……」

などと、集団のなかで自分と他者との間の気配を感じ取ろうとしている姿が読み取れる。そして、そのことが「難しい」ことであると多くが指摘していた（記述数九）。

「……適当に歩いたらうまくいかなかった……」

という言葉には、まわりの様子をうかがうことなく、自分の動きを決める自己中心的な行動が、他者との意思の疎通の図れないという結果になったことを表している。

「……だいぶ分かってきたので今なら成功しそうな気がしないでもない……」

とは、最後まで続けていたグループの学生の言葉であるが、静かに集中して他者の様子を読みとろうという雰囲気がグループ全体に浸透してきた実習後半に感じられたことであろう。

「……周囲を気にしつつ自分も主張するような感じがして、なにやら駆け引きを感じた……」

という記述は、他者に対してからだまるごとで発信し、同時に受信している様子が、目にみえない「駆け引き」として感じられていることが分かる。

「……歩きつづけると、なかなか止まりたくないということに気づいた……」

という記述では、自分の意思とは違ってからだが自然にそうなるという、からだの主張に気づいていることが分かる。

これらの記述は、その瞬間そこにいる自分について、注意深く目を向けさえすれば、普段なら気づかないような微かなことでも、たしかにからだで感じることのできることを言葉にしている。同時に、自分の行動のとり方などから、その場にいる他者とのかかわり方や、集団のなかにおける自分の在り方についても振り返っていることが分かる。

（足立美和）

四　教師たちの実践・隠された資質

願　い

この実習では、からだの感覚をアンテナのようにはりめぐらせて、各人が集団を意識しながらも、自分の動きを即座に決めることが要求される。そのときどきの集団によって（成功・できるまでの）所要時間や動き方や進め方などに、さまざまな様態が見られる。長い時間を要する場合の傾向を見るならば、いつも歩きだす人は決まっていて、その人の行動で成功の鍵を握ることが多く、集団の関係性や個々の性格も出やすい実習であることも分かってくる。

また、この実習は、目で見るだけでなく背中で気配を感じる必要もあって、スポーツ場面での互いの動きを把握したりすることや、授業場面での同様の状況にも似ている。授業場面での教師は、視覚や聴覚のみならず、いろいろな感覚を動員して、まるごとのからだで「授業」を捉えて流れを作っていくものなのである。その際、全体の雰囲気をどのように感じ受けとるかの匙加減で教師の次の言動は変わるものであって、このことは、日常的な授業での瞬時瞬時に無意識に行われていることなのである。

この実習への「遠い願い」が「教師の無意識の行動への気づき」であるとしたら、「近い願い」とは「実習をとおしてわきおこる感情や気持ちやからだの変化に気づくこと」にある。さらに子どもを常に「見る立場」の教師が「見られる立場」になったとき、どのような感じを抱くのだろうかという関心から、今回の実習では、その「関心事」を検証するために「観察者」も配置してみることにした。小中学校の教師「十四名」を対象とするこのワークショップでは、教師の隠された資質を探ることも含みとしておいた（高橋和子「見ることと教師のからだ」・藤沢市教育文化センター編『見ることと見えること』・一九九九）。

やり方

足立美和実践と違う点は、「止まる時も同時に止まる」点であって、その他はすべて同様である。三人が観察者を名乗り出たので、受講者の全体の雰囲気や様子、そこで起こっていることを自由に観察してもらった。今回は十分ほどで成功し、その後、実習の感想を出し合った。

受講者の動き・感じたこと

今回もある特定の人が決まって歩き出していた。

「……実習をつづけるうちに、だんだん、彼（特定の人）が動くかなと考えるようになった。……もうすぐ終わりそうになったとき、彼は中心に背を向けていたので動かないと思って、自分が歩いたら彼もダッと動いていた……」

と他の受講者は述べているのだが、彼の行動を一所懸命に読みとりながら、自分の行動を決めていたことが分かる。一方で本人は次のように述べている。

「……誰も動かないと思い私が動けばいいと思った。……相手の微妙な動きがあれば動かないでおこうかとも考えたけれども、動きがないので自分から動いた……」

のだが、これが、からだの感じの読み取りの違いの成功しなかった原因とも考えられる。本人には見られている意識は少なく、「次は歩こう」「次はやめよう」と自分の行動に意識が集中し、他者との関係のなかで自分の行動を決めているようには見えなかった。

それとは対照的に、歩かないようにしている受講者もいた。

「……最後まで止まっていようかと思ったときもあった。そういうときは駄目ですね。やっぱり自分から動こうと思って動き出さないと、駄目だなと思いました。積極的にみなが意識しだすとうまくいった……」
「……一番最後にうまくいったときの自分は、最初に止まった位置が、みなから見えない所だったのです。それでも動こうと思えば動けたんですけど、自分は動かない方がいいなという感じがすごくして……。背中で感じたんです。僕は動かなくていいや……と思った……」

同じ状況でも感じることは異なり、刻々と変化する状況を各自がからだ全体で受け止めていることが分かる。こうした感じが全員に浸透しはじめると、えも言われぬタイミングで歩き出す場面が増え、そのときには、観察者も含めて、みなからため息が起きてきた。

「……私は、最初、誰が歩くのかとそればかり考えていた。歩いているうちに頭がからっぽになって《いま、歩くんだ》という空気をキャッチできた。流れとか感覚とかがみえてきたときに自然に行けると思った……」

という感想に、雰囲気の変化がよく現れている。ある人に意識を集中して自分の行動を決めた人と、頭がからっぽになったら「自分でみえてきた」人では、その場でのからだの感じは違っていたと思われる。

見る・見られる関係のなかで

今回は観察者をおいたが、受講者にとって「見られる」ということが気になったという感想はなく、夢中に取り組んでいたとみてよい。よくダンス指導の難しさに、「他者の目を気にして恥ずかしがる」ことが指摘される。そしてその克服のためには、夢中にさせる必要があると言われるのだが、この実習は、夢中にさせる要素を大いに含んでいたと思われる。「からだ気づき」実践には、ゆっくりじっくり、からだに向き合う実習が多く、夢中になって動くなかで感じられるからだも多様な気づきを生み出しやすいことが分かった。

では、観察者は、なにを見ていたのであろうか。観察者に尋ねてみた。

「……たえず速く歩こうという意思が出ている人がいて、自己主張が強く、わがままで協調性がない……」

「……回を重ねるうち、みなの思い切りがよくなり、呼吸や心も合ってきて、中央に視線が集まりバチバチと互いに会話している感じがした……」

などと、受講者の性格や全体の雰囲気も捉えていることが分かる。とりわけ、「呼吸や心を合わせる」「視線で会話」などの身体と心の融合を表す言葉から、「場」の雰囲気が伝わってくるし、からだから発せられる空気を読みとる感性が受講者である先生方に醸成されたように思える。「私は感性がない」と言い切る教師もいるが、実習では、誰しも豊かな感性を持っていることが観察できた。

この実習には自他のからだへの集中が仕掛けとして用意されている。一人でも鈍感なからだのままでいたら、成功しない。からだの無言の発信を受け止め、自分の思いも出す。ここでの「からだ」は適度な緊張と無の状態が織り混ざって、ゆったりとしたからだに変容していった。あるものを凝視したり、追い求めるのではなく、見るでも見ないでもない、ぼんやりとしているものの広がりのなかに鋭敏な眼差しが生きていた。全員の呼吸や思いが一つになり、からだは気配を感じとり、自然な流れや感覚さえも「見えてきた」。それは不思議なことでもあるし、確実にできる予感も実在していたと言える。この不思議な流れは観察者をも巻き込み、「見る・見られる」関係を超えた融合体のようであった。「相手を感じていれば《いま》を空気のなかにキャッチできる」「流れや感覚が見えてきたときに自然に行ける」という言葉に、からだへの可能性が象徴されている。

ここには極度に緊張したり鈍感なからだはなく、あえて言えばバランスのいいからだが存在している。このようなからだの感覚は集団のダンスやスポーツ場面においても大事なだけでなく、人の中を生きていくかぎりこの「察知して動く」ことは基本のように思われる。このような資質はこれまで教師の資質としてあまり問題にされてこなかったのだが、私は「教師の隠された資質」として重要であると考えている。そのことをこの実習では遊び感覚で摑めると思う。

（高橋和子）

五　目標があれば安心する人びと

この実習は、何をするのかが明確であって、指導者の言葉かけも簡単である。受講者にとっても熱中しやすい。その背景には、目標があると安心できること、ゲーム感覚があること、みなで達成する喜びを味わえることなどがある。これらの要素が揃うと、子どもも大人も目を輝かせ、できそうでできないたびに一喜一憂する。できることに拘泥する姿もエスカレートし、指導者が介入しないといろいろな姿が見られる。たとえば、目配せや仕切り屋が出現し、いい加減な歩き出しでも「良し」とする集団も現れる。

「……最初に歩いた同じ三人があとでも歩けばすぐ終わるのに、なぜそうしないのか……」

と苛立ったある教師が言えば、反論が跳ね返る。

「……それが、どんな意味があるの……」

と一蹴する言葉が飛び出るのである。

看護の人間関係学の授業では、地味組と派手組に班分けしたら、派手組では我こそがと歩いて一向に終わらない。成功した班が座り込んで、他の班を見はじめた途端に、見られた班は急に緊張しギクシャクしてやめてしまう。他の班などが介入するとさまざまな人間関係が見られなくなる場合も多く、口を挟んだこともある。

体育授業では男子学生の自己中心的行動が尾を引いて二十五分たってもできず、とうとう私が、「あなたは最初に歩かないでみて……」と言ってしまったこともある。そのとき、彼は最初に歩かなかったが、最後に歩いたのは彼であり、みなはそのことを暗黙のうちに了解した。

「からだ気づき」実践では、「いま・ここ」で起こっていることに気づくことが目標であって、「できる」ことは追求されない。この実習でも、私は「できることがいい……」とは一言も伝えないのだが、受講者はやはり「できるほうがいい」と思うらしい。つまり、できることが仕掛けとして秘められていて、みながそこに邁進するので、指導者もつい口を挟んでしまうこともある。気をつけていないと、すぐに「達成目標」という罠にかかってしまうのである。

また、指導者の願いによって言葉かけも違ってくる。[*]私は、せいぜい「背中に目もあるかな……」とか「美しい歩きだしですね……」などと言うくらいだが、前述の野田秀樹実践では「もっと集中して」と声高に言っていた。

プランどおりに進む授業や目標達成に縛られることが、授業で起こっていることを見えにくくするのではないだろうかと、この実習での子どもや学生や私をふくめての教師の姿を見ていて思った。

＊　お茶の水女子大学附属小学校の栗原知子先生は総合学習で四年生に実施。「達成すること自体に重きが置かれ、なかなか感じることができなかった」と振り返る。一番苦労した班の子は「お互いの緊張感・できそうになったときの嬉しさ・一瞬相手の動きや思いが分かった」などと言い、同じ子ばかりが動いてできた班の本人は「うまくできてよかった」と言い、その他の子は「動くチャンスがなかった」と言っていて、栗原先生は、どうかかわればいいのかと考えさせられたと自らを振り返っている。

（高橋和子）

山本七平（一九二一―九一）

昭和期に入るとともに「空気」の拘束力はしだいに強くなり、いつしか、「その場の空気」「あの時代の空気」を一種の不可抗力的拘束と考えるようになり、同時にそれに拘束されたことの証明が個人の責任を免除するとさえ考えられるに至った。……空気で拘束しておいて追究せよと言うこと、いわば「拘束・追究」を一体化できると考えること自体が一つの矛盾である。これを矛盾と感じない間は、何事に対しても自由な発想に基づく追究は不可能である。言葉を換えれば、……対象を臨在感的に把握することは追究の放棄だからである。このことは「うやむやにするな」と叫びながら、なぜ「うやむや」になるかの原因を「うやむや」にしていることに気づかない点にも表れている。いわば「うやむや反対」の空気に拘束されているから「うやむや」の原因の追究も「うやむや」にし、それで平気でいられる自己の心的態度の追究も「うやむや」にしている。これがすなわち「空気の拘束」である。そして少なくとも、昭和以前の日本人にあった「その場の空気に左右される」ことを恥と考える心的態度の中には、この面における自己追究があったことは否定できない。……人は、何かを把握したとき、今まで自己を拘束していたものを逆に拘束し得て、すでに別の位置へと一歩進んでいるのである。人が「空気」を本当に把握し得たとき、その人は空気の拘束から脱却している。

一九七七年・『空気の研究』・「……」部中略

即興表現による群像　その場の空気を瞬時によむ．自分も生き，他者も生きる．

十章　身体意識から表現へ

（『体育科教育』・一九九九年七月号）

原題は「新聞紙・身体意識から表現へ」であるが、本書への収録にあたって表題のように改めた。

ホイジンガ（一八七二―一九四五）

ところで、遊戯というものは、何かイメージを心の中で操ることから始まる。つまり現実を、いきいきと活動している生の各種の形式に置き換え、その置換作用によって一種現実の形象化を行い、そこに現実のイメージを生み出すということが、遊戯の基礎となっている。このことがわかれば、われわれはまず何としても、それらイメージ、心象というもの、そしてその形象化する行為（想像力）そのものの価値と意義を理解しようとするであろう。遊戯そのものの中で、それらイメージが活動している働き方を観察し、またそれと同時に、遊戯を生活の中の文化因子として把握しようとするであろう。

一九三八年・『ホモ・ルーデンス』・高橋英夫訳

内容：「新聞紙《しんぶんし》」は逆さから読んでも同じ。入手が簡単。利用は広範囲。たとえば、情報収集・敷物・弁当の包み紙・便所紙・焚き付け・傘・窓拭きなど。今回は、この新聞紙を操作したり、よく動きを観察して真似たり、何かに見立てて表現したときにどんな感じがするかを味わってみる。遊び感覚で身体を意識でき、「操る―操られる」関係のなかで、いつのまにか表現の世界へ誘ってみる。

時間：一つの実習は五分から三十分。

対象：幼児からお年寄りまで。
物品：新聞紙（一人一枚の割合）。
音楽：流れるような曲や激しい曲などさまざま。雰囲気の異なる音楽を数曲用意する（「魔女の宅急便」「もののけ姫」やメルディス・モンクの曲などは雰囲気のある曲）。

一　見立てる・遊ぶ

ねがい

発想を豊かにする。

やり方

〔見立てる〕　新聞紙を何かに見立ててそこから思いつくものを想像して動いてみたり、新聞紙を使った遊びを十分間で五つくらい見つける。指導者は「一つ目は、次は二つ目……」と進度を促したりしてもよい。班（四人くらい）でやるときは、一人が提案したら、みなで行って次々と交代する。最後に面白い見立てや遊びを選んで提示し、それを言い当てた本人に指導してもらいながら全員で行ったりする。その際、低年齢者の場合には、指導者が手助けする。
〔指導者の提案〕　幼児の場合や、類似したものが展開するときは、指導者が提案してもよい。

見立てたもの遊び

どんなアイデアでもオーケーという指導者の姿勢が子どもの発想を引き出し、一枚の新聞紙からいろいろなものが生み出される（新聞紙の実習は高橋和子編著『表現』・一九九五にも掲載）。見立ては発想が広がるし、表現運動に抵抗なく発展できる要素を含んでいる。幼児はその世界にすぐに遊べるが、照れていた大学生も、だんだんとその気になって取り組みはじめる。選ばれた実習を本人が説明するときの誇らしげな顔が印象的である。

① かぶる：お化け・隠れん坊・布団。
② 折　る：鶴・兜・ヨット・飛行機。
③ 作　る：球・棒・縄・洋服・電車。
④ 遊　ぶ：陣取り・尻尾取り。
⑤ 見立て：杖・魔女の箒・魔法の絨毯・望遠鏡・からくり壁・相撲のまわし。

体ほぐしの運動　小さく折りたたんだ新聞紙の上に立つ小学校4年生.（藤沢市立辻堂小学校）

二　操作する

折りたたむ・飛ぶ

〔ねがい〕　バランスや飛ぶ動きの真似方などを養う。

やり方・バランス　新聞紙の上に片足で立って「十」数える。それができたら新聞紙をさらに半分に折って同じことをする。「半分⇩半分」と折っては片足立ちして数える。誰が一番折りたためたかを競ってもよい。幼児の場合は半分に折ること自体も学習になる。小学生以上は一枚の新聞紙に二人で立つのも面白い。このときは片足にならなくともよい。狭くなれば、つま先立ちやおんぶや抱っこもしはじめる。立つ以外に、寝る、座る、スキップ、ブリッジなども同様にできる。

やり方・飛ぶ　飛行機を折る。誰の飛行機が一番遠くへ飛ぶか競う。次に飛行機を飛ばしてすぐあとについて動きを真似る。二人組で、飛ばす人、動きを真似る人と役割を分担してもよい。宙返りや急降下や壁に激突するなど、いろいろな動きが展開できる。飛行機は音もなく軽やかなのに対して、はじめのうち、子どもは走る音もジャンプの着地もドタバタが多く、飛行機を観察するうちに動き方が変わる。

受講者の動き

課題が明確なのでそれぞれのペースで挑戦できる。足裏全体で立つときと、つま先で立つときのバランス感覚の違いや、どうすれば狭いエリアに二人で立つことができるかを、他の組のやり方を真似したり、勝者がアドバイスしたり、学びが自然に共有されてくる。指導者のちょっとした言葉かけがありさえすれば、どんな飛行も音をたてずに、またスピードにのって床すれすれの低空飛行もできるようになる。さらに、飛行機の動きを側転や壁を蹴り上げたりして真似する子どもも出てくる。

「……頭で考えなくてもいいところが、楽しさの秘訣かも……」

という児童の言葉に、動きよりもイメージや思考が優先されがちな教育的なダンスの現状が炙りだされてしまったような気がしてならない。

走る・放りあげる

〔ねがい〕　身体部位の意識を養う。

やり方1　新聞紙を持って走る。

やり方2　新聞紙を身体（胸・背中・尻・肘など）にくっつけて落とさないように走る。速度をあげないと落ちてしまう。幼児は夢中になって走ると鉢合わせすることがあるので、充分に注意するとともに広い空間で行う。

やり方3　新聞紙を放りあげて床に落ちる前に入り込んで身体部位（手・胸・頭・足など）で受けとる。年齢があがるにしたがって、手以外でも可能になる。放りあげるのが難しい年齢の場合には指導者が放りあげる。小学校中学年以上は二人組になり、片方が部位を指示して放りあげ、もう一方は指示された部位で新聞紙を受けると面白みが倍増する。十回くらいで交代する。身体部位の意識に加え、落下する新聞紙の下にもぐり入る動作は身体を瞬時に動かすことが期待できる。

次に放りあげる方は、あげたら、すぐ新聞紙の動きを真似し、相手は新聞紙を受ける。一回ずつで役を交代する。二人とも休むこともなく動きが展開する仕掛けであり、これはほとんど表現の世界に近い。できなくても、やってみることを、大事にする。

〔受講者の動き〕　幼児は新聞紙をもって走るだけで、手で受けることだけで大喜びし、何回も「放りあげて」とせがんでくる。ダンス未経験の男子学生は「まわりの目を気にせず没頭できた」と言う。体操やダンス（表現運動）の導入段階の教材としても最適である（松本千代栄他・課題「しんぶんし」実践研究・『日本女子体育連盟紀要』（九四―二）・一九九五）。子どもも大人も恥ずかしさを感じるひまもなく、思いもよらぬ動きをみせる。汗びっしょりになって喜々としてやりあい、笑顔をみせ声も自然に出てくる。「もっと高くあげて！」「違う部位を指示して！」などと難しさに挑戦しようとする姿勢や、成功すると互いに拍手し褒め合う言葉が聞かれる。足や肘をすりむくほどに夢中になる人もいる。

三　新聞紙になる

ねがい

動きを、「新聞紙」になったつもりで、瞬時に真似る。

やり方

〔1〕　片方は新聞紙を動かし、もう一方は新聞紙の動きを真似る（三十〜六十秒くらい）。指導者の合図で役を交代する。動かす人はいろいろな動きを試みる。たとえば、折る、開く、まるめる、踏みつける、転がる、破る、揺らす、捻じる、摘みあげる、振り回す、飛ばす、筒にする、雑巾をかける、貼る、抱きしめるなど。動かす人の豊かな発想が動きの幅を広げる決め手になる。また、ゆっくりと摘む、フワッと飛ばす、ギュッとまるめる、全速力で走り壁に貼りつけるなどと動きの緩急や質感を大事にする。擬態語や擬音語を口ずさみながら新聞紙を動かしてもよい。真似る方は新聞紙の変化する動きに遅れずに同時に動く。それにはからだ全体で新聞紙（相手）の動きを感じながら動く必要があって、目で見て動こうとすると遅れるだけでなく頭を起こした状態になって、「頭」だけが新聞紙ではなくなってしまうので気をつける。さらには動きの質感に違いが出るように動きを大袈裟に捉えてみる。役を交代するたびに、指導者は、「妙に遠慮せずに、質感や動きを誇張してください……」と促す言葉かけを何回か繰り返してみる。

〔2〕　次に指導者の合図ではなく、各自が交代したいときに、それぞれの方法で「操る―操られる」役を交代する。できれば言葉を使わず、たとえば新聞紙を置く、放り投げる、奪い取る、大事な物を手渡す、身体にかけるなどを身振り合図にしてみる。指導者は動いているときに、「交代のタイミングをからだで感じられるか？」、「動きながらどんな感じがするの？」、「相手はどんな性格の人？」などと尋ねてみる。雰囲気の出るような音楽を流すと効果的な場合もある。

〔3〕　次に片方は新聞紙をもったつもり、もう一方は実際には見えない新聞紙になったつもりで動く。

〔4〕　一休みさせながら、「二人で即興的に動いてどんな感じがしたか？」、「もし題名をつけるとしたら、何になる？」などと尋ねてみる。あくまでも動いた感じを大事にして、「無題でもフワフワ、ザワザワでもいい」、「新聞紙を使っても、使わなくてもいい」と告げる。始まりと終わり方だけを決め、題名を意識して即興的に動く。五分ぐらいの練習ののち、数組ずつで発表させるが、無理強いはしない。見られると思った途端に緊張して表情がこわばる人もおり、

その人には、そのときのからだの感じを味わうように促す。指導者は題名の傾向から発表のグルーピングをし、その雰囲気の音楽があれば流し、発表時に音楽が必要かどうかを前もって尋ねておくとよい。

受講者の動きや感想

「学ぶ」の語源は「真似る」からきているが、言葉や動きの習得も原初的な模倣から始まると言ってよい。その典型的な実習が「新聞紙になる」である。

はじめは動きが小さくワンパターンであり、二人の距離も近すぎて質感の変化も乏しいのだが、繰り返し動いたり周囲の様子を参考にしたりするうちに、全身で夢中に動くようになる。*この間わずか十分ぐらいしか経たない。秘訣はからだ全体で瞬時に動きを大雑把に捉えることである。互いの関係も如実に動きに反映してくる。遠慮がちなペアは大胆な動きになりにくい。片方がやりたくないと思っているとギクシャクした感じになる。互いに乗ってくると、緊張感や駆け引き、阿吽の呼吸などが見られる。新聞紙がもっている情報伝達機能のように、二人の間に「無言の動きの対話」が、ときにはダイナミックに、ときには繊細に繰り広げられる。

＊　新聞紙を動かす人と動かされる人がいつも近距離で、鏡のように向かい合う位置にいることが、初心者の特徴でもある。離れていても感じあえること、うしろにいても横に並んでいてもできることを知らせる必要もある。

今までの実践で印象的な事柄をいくつか紹介しておきたい。

幼児は放り投げたり転がすような大きな動きの変化を喜んだが、床の新聞紙を摘むとき「身体のどこが摘まれた？」という問いに対して、手や足ばかりでなく臍やお尻や肩と言う子どももいた。親子でやったときは思う存分に親を動かして得意気な子どもの表情が見られ、いつもの図式とは逆転した瞬間を垣間見ることができた。

中学校では国語の表現の時間で行ったことがある。まず二人組になれない。相手が小学校のときにいじめられた子どもだった。ダンス学習の典型教材を「からだ気づき」に導入したのはこの中学校の実践からであった。直接からだで受ける痛みや触れ合いを、エネルギーの発散を、まるごとのからだでぶっつかり合うことを、動きの対話で、実感してほしかったのである。

「……新聞紙と同じように体がなるなんて、なんと言うか、表現というか、すごーく楽しかった……」

「……新聞紙にされたとき、……心にしみた……」

「……動かした人は人の扱い方を表している……」

などの短い表現のなかに、「操る―操られる」なかで確実に何かが交わされている感じがする。二人組になれない生徒たちは、終始、笑顔の「新聞紙」たちを遠巻きにして恨めしそうに眺めていた。彼らにこそ新聞と一緒に遊んでほしかったが、彼らにさせてみる「勇気」は、そのときの私にはなかった（高橋和子「表現と授業」・藤沢市教育文化センター編『教師である私の発見』・一九九七）。

ワークショップに参加したある主婦は強烈な印象をもった。家に帰って、新聞紙になった話を息子や夫に話したが判ってもらえず、実際に動いてもらって呆れられたそうである。ここまではよくある話であるが、毎日掃除機をかけていても、「ゴミさんはフワフワ飛んでいたいのね……」と心のなかで話しかけ、二カ月後も「まだ体がフワフワして宙に浮いていているいい気分なんです……」と話してくれた。からだの体験は、どんな薬よりも、長く作用することをあらためて知らされた。あるスポーツインストラクターは「新聞紙実習は仕事に使えると思って、さっそく会社の研修で実践してみて、とても好評でした」と言う。

発表を拒否した教師もいた。

「……相手の方はやりたかったと思いますが、私の気持ちを察知してくれました。子どもの嫌がる気持ち、それを表現するのは勇気のいることが分かりました……」

と、しみじみと語っていた。

大学生のダンス授業の初回はきまって「新聞紙」。否定的な感想は少なく、特に「身体部位・動き・感覚・関係・発表・心・楽しさ・教材……」などのキーワードで総括できる感想も多岐にわたって、特に「動きの創りやすさ・二人の関係・楽しく面白い……」が多く目立っていた。また、「頭も新聞紙よ……」とか「頭が高すぎない……」とアドバイスしたせいもあって、「相手の動きを見ようとして首から上が固まったまま……」と自分のからだの状態に気づく感想もみられる。「空気の流れと新聞が解け合うように動いてみた……」とか「細やかな感覚に新聞が応じてくれるよ……」という擬人法的表現には、新聞と融合した体験が想像できる。フランスからの留学生も混じり、文字どおりの動きの対話が、「国境を越えてもたらされるジョイを生み出した……」と認め合っていた。

横浜国立大学での実践感想（一九九九年）を抜粋しておきたい。

〔身体の部位〕

◇　からだのどの部位を動かすかで多様な表現ができる。

◇　膝・肩・腰などあまり意識しない部位を使い疲れたが、汗をかき、リフレッシュ！

〔動き〕

◇　いろいろな動きが創りやすい。

◇　揺れ・回転・風を受けるなど、たくさんの動きを堅いからだで表現するのは難しい。

◇　考えつかなかった勢いのある動き。

◇　ダンスは動きが止まると白けるので一所懸命に動きを繋げた。

雨やどり

新聞紙になる
（お茶の水女子大学附属小学校６年生）

◇　イメージした動きと結構最後の方は合っていた。人間の表現できる動きは無限にあるが、まだほんのちょっとしか考えつかないことが分かった。

〔感覚〕

◇　だんだん呼吸が合った気がした。

◇　「おお、新聞紙！」と思ったのは、間抜けな音・雰囲気を出すときでした。

〔関係〕

◇　動かすときにいろいろできて、おもしろい。

◇　動かす人も新聞と同じような動きをしている。

◇　仕掛ける側、仕掛けられる側、どちらもやる気、興味が自然に湧いた。

◇　相手の動きを見ていて自分にはまだ創作力がないと思った。

〔発表〕

◇　題名に合った表現ができた。

◇　他の組の発表を見ていると新聞紙の動かし方もいろいろあった。

〔心〕

◇　心が軽くなって、辛いことも忘れた。

◇　たとえ二人が親しい間柄でなくても、心が通じ合える気がした。

〔楽しい〕

◇　自分のイメージとはほど遠い感じがしたが、とても楽しかった。

◇　新聞一枚が引き出すジョイ。

新聞紙を受け渡す

新聞紙を胸で受けとめる

◇　新聞に隠された神秘に酔いしれたい。
◇　簡単に見えるが、奥が深く楽しみ多し。
〔教材〕
◇　面白い素材。アップに最適。
◇　やる気や興味が自然に引き出された。
◇　単純な新聞紙ひとつで多種多様な授業ができるのはダンスの強み。

四　「新聞紙」の特徴

ダンス学習の導入教材として開発された「新聞紙」はとても動的であり、身体意識が重要な鍵になる。この領域では、遊び感覚でできる優れた教材であると言える。今回は広い年齢層にわたっていろいろな経験を与える実習として紹介した。

実習の順序については、遊びや操作をとおしてからだが解放感を味わってから、「新聞紙になる」へと進むことが妥当に思える。だが、そこは、受講者の雰囲気次第であることは言うまでもない。「ねがい」に掲げてある「豊かにする・養う・真似る」は「……そうなったら、いいな……」という思いであって、明確な目標とは違う。多くの「新聞紙」実践をとおしていま感じている特徴を最後にまとめておきたい。ところで、「新聞紙」実践においても、「……いま、どんな感じ？」や「……相手とは、息が合っている？」などと、言葉かけを忘れないようにしてほしい。

①　入手が簡単な教材。
②　動きやイメージを引き出しやすい。
③　何かを表そうとしなくとも、動き自体が何かを表している。

④　動きの駆け引きが何かを生み出す。

⑤　面白く簡単で楽しくて動的である。

老　子（前五世紀後半）

世界の人びとは、だれでも美しいものを美しいとしてわきまえているが、実はそれは醜《みにく》いものなのだ。だれでも善いことを善いとしてわきまえているが、実はそれは善くないことなのだ。世間でいう善とか美とかいうものは、みな確かなものではなく、それにとらわれるのはまちがっている。まことに、有《あ》ると無《な》いとは、たがいに有るが無いを、無いが有るを相手にしてこそ生まれており、難《むつか》しさと易《やさ》しさとも、たがいに相手があってこそ成りたち、長いと短いとも、たがいに相手があることによってはっきりし、高いと低いとも、たがいに相手が　あることによって傾斜ができ、楽器の音色《ねいろ》と人の肉声とは、たがいに相手があることで調和しあい、前と後とも、たがいに相手によって順序づけられている。世間のものごとはすべて相対的で依存しあった関係にあるのだ。それゆえ、「道」と一体になった聖人は、そうした世俗の価値観にとらわれて、あくせくとことさらなしわざをするようなことのない「無為《むい》」の立場に身をおき、ことばや概念をふりまわして真実から遠ざかるようなことのない「不言《ふげん》」の教訓を実行するのである。すなわち、万物が活発に動いても、聖人はそれについてとかくの説明を加えず、ものを生み出しても、それを自分のものとはせず、大きな仕事をしても、それに頼ることはしない。りっぱな成果があがっても、その栄光に居すわることがない。そもそもその栄光に居すわらないからこそ、またその栄光から離れることもないのだ。

中国古典『老子』・天下みな美の美たるを知るも・金谷　治編

十一章　緩むからだ

（『体育科教育』・一九九九年八月号）

本章は柏崎市立第五中学校養護教諭の渡部美恵子さんとの共同執筆である。それぞれの分担は各節末尾に示しておく。

ボルノー（一九〇三―一九九一）

われわれがいま人間学的な意味で空間を問題にするときに、数学や物理学の抽象的で均質な空間から出発してはならないので、具体的な人間によって体験される空間、そのなかで現実の人間の生活がおこなわれる空間、を見なければならない。この空間は上述のような別の人工的に構成された空間のように、けっして構造のない均質なものではなく、まったく特定の内部構造を示す。この空間のなかでは、どの方向ももはや同じ価値をもたず、任意に軸を回すことによってお互いに取りかえることのできるものではなく、人間の肉体に関係のある自然な方向の体系がある。……特定の空間、たとえば両親の家のなかでの安全さが、その成長の途中で失われると、新しい庇護の空間を作ってやる課題が起こる。そのとき手助けをすることが、教育の本質的な役割なのである。

一九六九年・『人間学的に見た教育学』・浜田正秀訳・「……」部中略

はじめに

養護教諭は縁の下の力持ちとして子どもを支えている。とりわけ疾病予防の側面から、子どもたちが健康で安全で快適な学校生活を送れるように、心を砕いている。昨今では「保健室登校」という言葉が当たり前のように聞かれるほどになっていて、養護教諭はカウンセラー的役割をも担い、多くの方は臨床心理関連の研修にも出向いている。*また一九九九年四月からは養護教諭が保健の授業を担当する途が開かれ、さらに教材によっては体育と保健の融合を図った指導の在り方が示唆されている。この領域を巡る新たな転換期とも言える。そんなおり、今回は、若手養護教員が戸惑いながらも、保健指導のなかに、「からだ気づき」を展開した事例を紹介する。

＊　柏崎市の養護教諭を中心にニュー・カウンセリングワークショップが毎年行われてきた。受講者は初期の頃、癒された思いが強かった。自分のからだを実感するにしたがい、だんだん保健指導のなかにいくつかの実習を導入できると思った先生が、試行錯誤的ではあるもののいろいろな形で実践しはじめている。

（高橋和子）

一　中学校の保健指導

保健室を訪れる中学生

平成九年度に内科的な訴えで保健室を利用した生徒は、記録に残っているだけでも、七二五人である。本校は生徒数一三二名の小規模校であり、単純に平均すると一人が年間五回程度も利用したことになる。頭痛や腹痛のほかにも、友達に無視された、嫌われているのではないか、と悩んだすえに逃げるように保健室を訪れたものも含まれている。

「……頭が痛い。とても授業には出られない……」

と言うので、応急処置として、ベッドで休ませる。すると、気持ちが緩むのか、泣きながら自分に起こったことを話しだす生徒が日常的にいて、赴任した当初、私は非常に戸惑ったものである。

養護教諭として、保健室に来室する生徒に接するうちに、彼らが非常に緊張している状態にあることを知った。二校の小学校区からなる本校は生徒の交友関係も限定されていて、彼らは親しい友人を失えば孤立してしまう不安を抱えている。さらに高校受験などの進路選択も控え、授業ともなれば、彼らは先生の顔色をうかがいながら行動している。

このような生徒たちは非常に緊張した状態で中学生活を送っているのだが、彼らの意識が「自分の身体」に向けられることはほとんどないように思われる。自分の身体を省みることなく、過剰に適応した行動をとり、ある日、突然に、頭が痛くて授業に出られない、教室に入れないなどの状態へ陥っていく。

こうした彼らの不安と緊張を緩和するために、リラクセーションの必要性を、強く感じた。さらに自分の身体の状況に意識を向け、その状態に気づけたらいいなと考え、実践に取り組むことになった。自分に気づくことがやがては行動の変容につながり、彼らも、自分らしい無理をしない生き方を選択できるようになるのではないかと、そう考えたのである。

実践の概要

そこで、次のように、「自分の身体の状態に気づく」という学習を三時間設定することにした。
① 一時間目 ⇩ 目をつぶって感じる。
② 二時間目 ⇩ 足をとおして感じる。
③ 三時間目 ⇩ 緩むからだを味わう。
今回は、そのうち、「緩むからだ」を中心に紹介したい。

さて、一時間目の「目をつぶって感じる」は、教師も生徒もはじめて体験する授業だった。視覚を遮断することによって視覚以外の感覚を味わうことが目的だったが、「目をつぶって少し歩いてみましょう」と指示を出した途端、教室のあちこちから悲鳴があがったのである。女子はしっかりと自分の友達の手を握りしめ、歩くたびに悲鳴をあげる。男子は薄目を開けてものすごい勢いで教室を歩き回る。私は、この状態をどうすることもできずに、ただただオロオロと見ているだけだった。授業後の生徒の感想はほとんどが「目をつぶると怖かった」だった。この経験は自分の身体に意識を向ける雰囲気をつくることの大切さを教えてくれた。

そこで、二時間目の「足をとおして感じる」では、一時間目の反省を踏まえて、まず授業の雰囲気づくりを大切にした。足を軽く叩いたときの感覚やそれを言葉で表すことを大事にし、身体に意識を向けられるように、言葉かけに注意した。「……叩くと足はどんな感じがしますか」の発問には、「あたたかい」「じーんとした」「足からオーラのようなものが出ている」などと豊かな表現が返ってきた。身体に気づく学習の雰囲気にようやく慣れて、自分の身体に意識を向けて表現することができつつあるように感じられた。

三時間目・緩むからだ*

* 一九九九年二月、二年B組二十六名を対象に学級活動（保健指導・研究授業）として、図書室で、実施。学級担任と養護教諭のティームティーチング。実践は五十分。上履きを脱ぎタオルを枕に使用。参観者は指導主事と教員十名。

次のような言葉をかける。まず、学級担任が、「学習内容」を知らせるために説明する。

「……今日は自分の身体の状態に気づくという学習をします。床に仰向けになって腕や脚を上げて降ろす活動を行います。腕を持ち上げたときには腕の筋肉は緊張します。腕を床に降ろすことで腕の筋肉の緊張は緩みます。この筋肉の緊張が緩むという体験をとおして、自分の身体の状態を知り、そのときの自分の気持ちを感じとってください……」

つづいて、養護教諭の私が、「寝た時の状態」を説明するために示す。

「……タオルを枕にして床に仰向けになってください。両足は肩幅ぐらいに少し開き、両腕は身体の脇に少し開いて置き、目をつぶってください。身体全体や足や腕はどのように、床に、接していますか。腰や背中や首はどうなっていますか……」

さらに、「腕の状態」の感じを気づかせるために、つづけて言う。

「……肘を伸ばしたまま、右腕を三十センチくらい持ち上げてください。息を吐きながら右腕をゆっくり床に降ろしてください。右腕はどんな感じでしたか……」

そして左腕にも同じことを行う。つぎは脚の番になる。私は「脚の状態」の感じを味わってほしいので言う。

「……右足*を三十センチくらい持ち上げてください。……ゆっくりと床に降ろしてください。右足はどんな感じがしますか……」

＊　腕や脚の状態と表情を観察し降ろす指示を出した。腕に比べて脚は長時間持ち上げると苦痛を感じるので、はやめに降ろすようにした。身体の状態を味わえるように腕や脚を右から左に替えるときは間合いを充分にとった。

左脚も同様に行う。次は腹式呼吸である。

「……両膝を少し開いて立てて、両手はお腹の上に置きます。鼻から大きく息を吸い、ゆっくりと口からハーと吐きましょう。吸うよりも吐くのを長くします。この呼吸を何度か繰り返します。目を開けて静かに横から起きます。今、自分の身体は、どんな感じがしますか……」

と、私の最後の出番が終わる。ここで学級担任へバトンタッチ。担任は、「起こったことを話し合う」ために生徒へ告げる。

「……床に仰向けになって、腕や脚を上げたり降ろしたり、腹式呼吸もしましたが、この授業で感じたことを話してみましょう……」

生徒の様子を観察して

腹式呼吸のあと、生徒はなかなか起きようとせず、一人、二人とようやく起きはじめても、互いに顔を見合わせたりして笑顔を見せている。みな眠そうな目をしていて、気持ちよさそうである。ところが、授業の感想を尋ねた途端、和やかな雰囲気は一変し、表情は硬く緊張が走って、教師と目を合わせまいと一斉に下を向いてしまった。「発表」が彼らの負担になっている、そうだと直に感じた瞬間であった。

指名して何名かに、感想を聞いてみる。

「……肩が重い……」

「……脚が重かったが、床に置いたら楽になった……」

「……腕が痛い……」

などと答えるのだが、答えるときだけ頭を上げて、すぐまた下を向いてしまう。そして、上目遣いに教師の表情を観察し、教師が求める答えを探しているように思えた。私は、きっと各教科の授業をこんな顔をして受けているのだろう、とそう思わざるをえなかった。

生徒の感想から

生徒の感想で多かったのは、「身体が重く感じた」「腕と脚が重いことに気づいた」が共に九人で、「眠くなった」が七人であった。自分の身体についての感想が多いなかで、三人の生徒から「気持ちがとてもリラックスし、何も考えなくなった」という感想が出された。身体を使った体験学習が気持ちにも影響を及ぼした結果であると考えている。対照的な二人の感想を紹介しておきたい。

まず、A男の記録ノートからである。

「……今日の保健指導の時間はとても嫌だった。別に気持ちも体もリラックスしなかった……」

と、A男は書いている。担任は、A男のことを、神経質で他人と目を合わせて話すことのできない生徒であると捉えている。A男は保健室にもほとんど来室しない。授業後の協議会で参観の先生が言っている。

「……A男の指先はずっと伸びていて爪先は床につかずに浮いていた。緊張しつづけていたのではないか……」

そのことに気づかなかった私は、慌てて記録のVTRを見た。確かにA男の「指先」はつねに伸び、「爪先」が緊張してピクピクと動いていた。生徒の不安と緊張を緩和するために取り組んだ指導が、逆に負担を感じさせるものになっていたことに初めて気づくこととなった。A男のような生徒を、どのように見取り、対応するのか、考えていかなければならないと感じている。

さて、B子であるが、彼女ははっきりと自分の意見を言うために、友達からは「きつい」性格と受けとられることもある。仲良くしていた友達に突然背を向けられて、保健室への来室回数が急に増えたこともある。

「……つまらなかった。なんでこんなことをしたのか？　私には分からない……」

と、二時間目までは言っていた。ところで、三時間目の「緩むからだ」になると、そのB子が変容を見せはじめたのである。

「……普段生活しているなかで悩みとかがあるけれど、（この）授業をとおして、悩みが少しずつなくなっていく気がする……」

と、B子は書いている。この体験学習がB子の気持ちに変化をもたらしたと考えている。

実践をとおして

私自身、今までとはまったく違う保健指導の形に戸惑いながら取り組んでみた。喫煙防止や生活習慣病予防のように、身体にこのような危険が考えられるから、こうしなさい、というはっきりした指導目標があるわけではない。私の戸惑いはそのまま生徒や教師にも戸惑いとして映ったようだ。

「……これがいったい、何になるのか……」

と、彼らは疑問をもったようでもある。

「……今この授業が生徒にとって本当に必要なのか……」

と、協議会で率直に疑問をぶっつけてきた同僚もいる。生徒たちも一時間目は「怖かった」「二度としたくない」と感想を述べて、とても身体に意識が向くような状況ではなかった。回を重ねて、私も指示の出し方や雰囲気づくりに慣れてきて、生徒の様子を観察する余裕が出てくると、生徒の意識も身体に向きやすくなってきた。今回のティームを組んだ「担任」は、三時間目の授業後に話してくれた。

「……生徒がとても気持ちよさそうにしていたので、雰囲気を崩さないように気を遣いました。保健指導が作用するのはこれからです……」

彼は、授業中、指示を取り違えた生徒のそばに寄り添って、そっと手を差し延べるなど、私をサポートしてくれた。「担任」と「養護教諭」の協力体制（ティームティーチング）が大切であることを実感することとなった。

このような授業では、生徒の変容は非常にわかりにくい。B子のように急に変化する生徒は少ない。緊張の連続の学校生活のなかでは緊張を緩和する時間が必要である、と私は考えている。保健室に来る生徒が尋ねるようになった。

「……あの変な授業で、今度は何をするんですか？ ……」

と、問いかけが始まったのである。私は、生徒たちが保健指導に「何か」を期待している、と拡大解釈することにしている。

「……なんとなく身体が楽になったりするし、楽しい。今度は、外でしょうよ！ ……」

と要望する生徒も出てきた。生徒の言葉や表情に励まされて、実践に取り組んでいる。

「……ああ、よかった！ ……」

と、現在の私は、強く感じている。*

＊　三年生にも同様な実践を行って、さらに卒業間近の頃に、実習「天国への旅」（横たわった一人を十名くらいで天井の方へ支え上げる・別名で「いのちの旅」ともいう）を行った。そのおり、「先生も持ち上げたい」という生徒の申し出を受け、突然の出来事に嬉しさを表したその担任は、「体験学習導入への疑問が少しは薄らいだ」と言ってくれた。

（渡部美恵子）

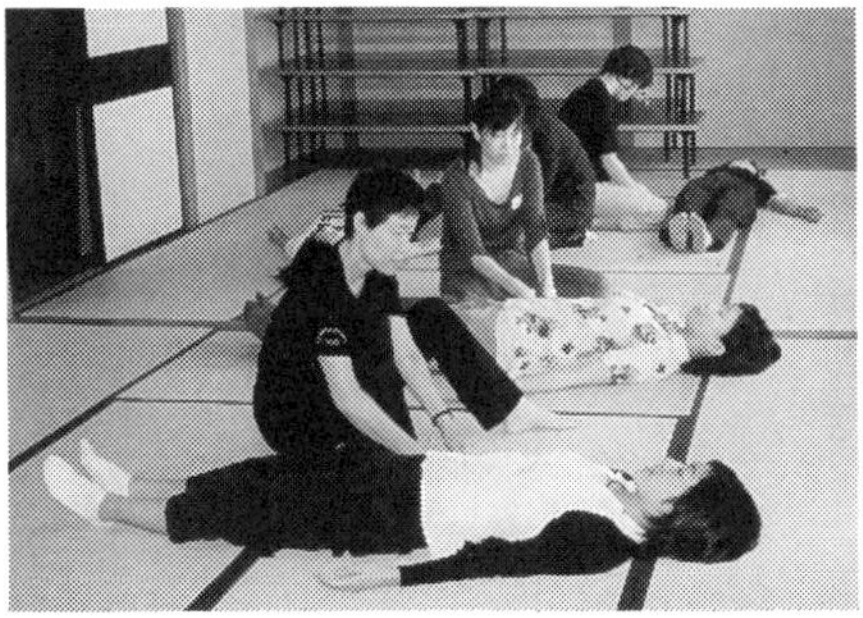

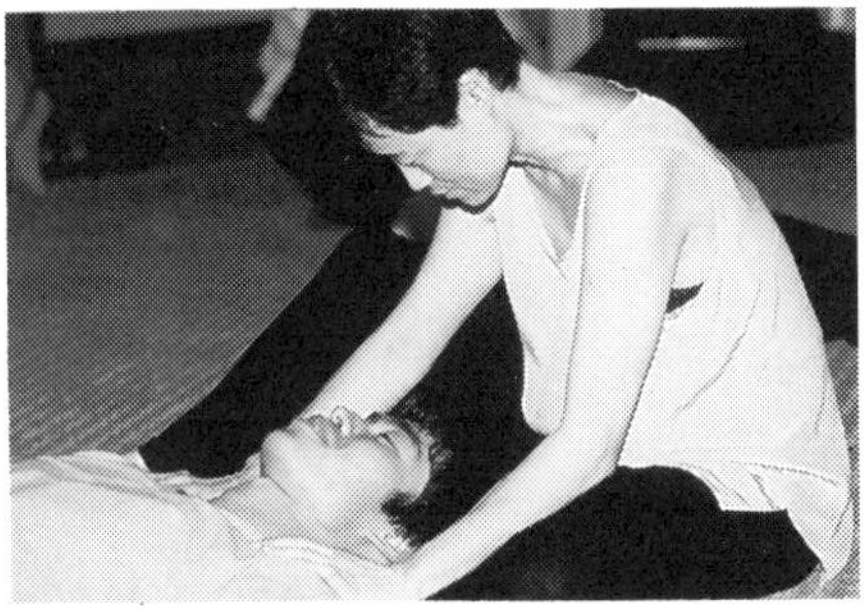

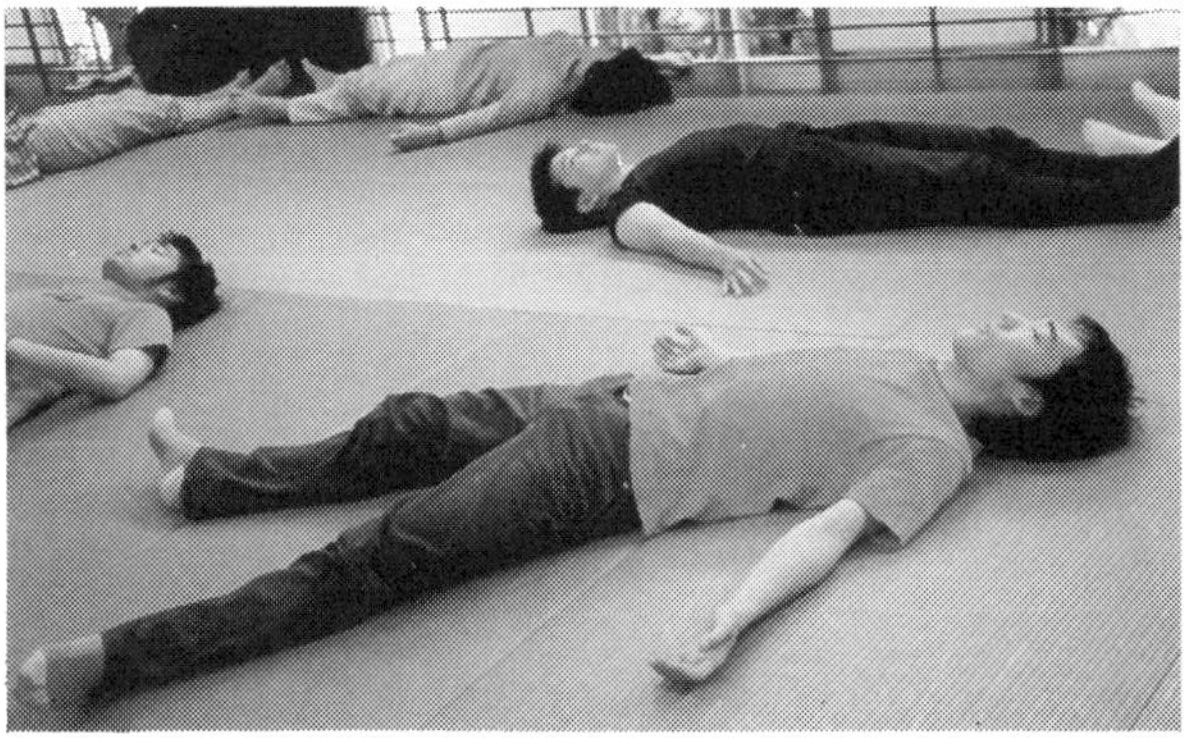

写真上　**手のマッサージ**　（成蹊大学学生相談室サマーセミナー）
写真中　**呼吸**　からだが緩むと胸式呼吸から腹式呼吸に変わってくる．
写真下　**緩むからだ**　身体の各部位の重さをたたみにゆだねる．

二　からだ気づき実践の陥りやすい落とし穴

新しい試み・渡部実践

保健指導では、担任とのティームティーチングで、すでにさまざまな実践が行われている。その多くは、担任の「今日は保健室の先生にお話をしていただきます」で始まり、養護教諭が専門的な事柄を話して、担任の「いろいろなお話を聞いてよく分かったでしょう」式で終わる（高橋浩之・森昭三「養護教諭による保健の授業をめぐって」・『体育科教育』別冊一九九九年一月号）。このような情報伝達型の授業に比べると、今回の体験的な学習はとても新しい試みである。冒頭に述べた保健と体育の共通教材を「からだ」に求め、この新しい試みは、養護教諭が実際の場に提供し担任が援助する形で行われたのであった。

一時間目は授業者（教師）にも生徒にも戸惑いがあったが、三時間目では腹式呼吸後なかなか起きあがらない生徒の姿に、実習をゆっくり味わっている様子がうかがわれる。養護教諭の言葉かけや雰囲気がだんだんと、からだに意識を向けやすくし、担任が授業の流れに寄り添うようにしていたことも良かったようだ。からだ気づき実践では、とりわけ実習をどのように提示し、流れをつくっていくかが問われ、これが学びに大きな影響を与える。

陥りやすい落とし穴・目標とのかかわり

次に今回の渡部美恵子先生の実習で気になった点（文中傍点部位）を目標との関連から触れておきたい。

今回の保健指導の目標は「リラクセーション」であり、言葉かけでは「腕を上げると緊張し、降ろすと緊張は緩む」となげかけている。予想に反してA男は腕を降ろしても心身はリラックスできず、その責任の在り処について、授業者が学習者をきちんと見取っていなかったからであると述べている。教育現場でとりざたされている「見取り」問題は、親の死も看取ることの難しい昨今にあって、一人ひとりの子どもを見取る現実の大変さを教えてくれる。さらにこの一連の実践は、「からだ気づき」の陥りやすい落とし穴について、示唆してくれている。それは、授業者の言動が目標に縛られていることに象徴されている。この場合の本来の目標は、「気づき」であって、リラックスさせることではない、と捉えなければいけない。

「……腕を上げたり降ろしたりすると、どんな感じがするかを味わってください……」

と言葉かけをしているのであるから、語義どおりに、その感じ方を率直に味わってもらえばいいのであって、言うならば、感じ方を一定方向に限定して期待するほうが危ないと思わなければいけない。そうでなければ、リラックスできなかった子どもや、そうさせられなかった授業者は、目標を達成させられなかったことになってしまう。

参観者もいるのだから、なかには緊張しっぱなしで、床に腕を置いた途端にどっと力が抜けたりする子どもがいても不思議でない。鉛のような重たい腕を毎日「体」につけてよく生きてこれたと思う子どもなど、さまざまな思いや感じを抱くことの方がむしろ自然であるのではないか。こうした実感をともなった個々の体験を共有することが、新たな深い学びを生み出すのではないだろうか。

授業者は、生徒が何を感じてもいいと思っていたのだが、感想を求められた瞬間に上目遣いに周囲を気にしだす生徒の出現に気づいている。この報告を聞くならば、生徒たちは授業者の求める答え「リラックスすること」を探り、両者とも「答え＝リラックスすること」へ到達したい願いを無意識に持っていた、と私には思える。実のところ、この点にこそ、「からだ気づき」の陥りやすい落とし穴があるのである。

気づきを促すこととは

今回のような試みは、今後、「体育と保健の共通教材」「体ほぐし」「総合的な学習教材」などで展開されるであろう。ここで注意しなければならないことは、「ただ体験させる」「リラックスさせる」ことに目標があるのではなくて、体験が、実習が、いったい生徒にどういう「気づき」をもたらしたのか、そしてそのことが生徒にいかなる「意味」をもたらしたのか、そのことを問うべきであるというところに凝縮されている。

もう一点は、教師も生徒も同じ「系」のなかにあって互いに自己を表現して相手を解釈しあうように、このかぎりにおいては互いに引き込む位相関係にあるということを見落としてはならない（高橋和子「《からだ気づき》の学習内容――授業デザインの視点――」・日本体育学会第四九回大会号・一九九八）。今回の一時間目では「ただオロオロ見ているだけ」の教師がいた。もしここでこの教師が、操作の対象として生徒を、学習の系の外から観察して、評価して、コントロールしていたのならば、三時間目に至ってもあの「ゆったりムード」にはならなかったであろう。

気づきを促すということは、教師自らが目標に縛られず、生徒とともに授業へ「からだ」まるごとでかかわるなかで、冷静な判断世界と没入の直観世界を行き来するようなものであると考えている。

（高橋和子）

九鬼周造（一八八八―一九四一）

かやうに意味體驗としての「いき」がわが國の民族的規定の特殊性の下に成立するに拘はらず、我々は抽象的、形相的の空虚の世界に墮して了つてゐる「いき」の幻影に出逢ふ場合が餘りにも多い。さうして、喧しい饒舌や空しい多言は、幻影を實有のごとくに語るのである。しかし、我々はかかる「出来合」の類概念によつて取交される flatus vocis に迷はされてはならぬ。我々はかかる幻影に出逢つた場合、『嘗て我々の精神が見たもの』を具體的な如實の姿において想起しなければならぬ。（九鬼注解より・「いき」の語源の研究は生、息、行、意氣の關係を存在學的に闡明することと相俟つてなされなければならない。「生」が基礎的地平であることは云ふ迄もない。さて「生きる」といふことには二つの意味がある。第一には生理的に「生きる」ことである。……〔第二には〕精神的に「生きる」ことである。）

一九三〇年・『〈いき〉の構造』・括弧内補注引用者

十二章　かみのなか

（『体育科教育』・一九九九年九月号）

本章は群馬県甘楽町立小学校教諭の郡司明子さんとの共同執筆である。それぞれの分担は各節末尾に示しておく。

メルロ＝ポンティ（一九〇八―六一）

フットボールのグラウンドは、走りまわっている競技者にとっては、「対象」ではない。つまり無限に多様なパースペクティヴをひきおこしながら、パースペクティヴが変わっても等価のままでいられるような理念的目標ではない。そのグラウンドはさまざまな力線によって辿られ、また或る種の行為を促す諸区劃に分節されて、競技者の知らぬ間に、彼の行為を発動し、支えるのである。グラウンドは彼に与えられているのではなく、彼の実践的志向の内在的目標として現前しているのである。競技者はグラウンドと一体となり、たとえば「目標」の方向を、自分自身の身体の垂直や水平と同じくらい直接に感じる。意識がこの環境に住みつくのだ、と言うだけでは不十分であろう。意識とは、この瞬間、環境と行為との弁証法以外の何ものでもないのである。競技者の試みる駆引が、そのつどグラウンドの様相を変え、そこに新しい力線を引き、そして今度は行為が、ふたたび現象野を変容させながら、そこに繰りひろげられ、実現されるわけなのである。

一九四二年・『行動の構造』・滝浦静雄、木田　元訳

はじめに

さて、「新聞紙」実践では紙を操作したり紙の動きを真似しながら身体意識や表現の世界を味わってみた。今回は、紙のなかで遊んでみたり、自分のシルエットのなかに自由に「描き」を加えながら、「紙（からだ）」との対話を試みた小学校と大学での実践を紹介する。

（高橋和子）

一　小学校・「図工」における実践

窮屈なからだ

小学五年の担任としてクラスに身をおくなかで、二十四人の子どもたちの窮屈な有り様が見えてきた。公教育のもとに躾けられてきた子どもたちは、学校における正しい「構え」を、体得している。彼らは、学校、教室、授業、という囲いに「からだ」を収める技術を身につけているのである。その「からだ」は価値の基準を自ら創り出そうとしない。子どもたちの「からだ」は、必要以上に教師の「顔色」を窺い、教師の「意図」を汲んで、教師が喜ぶような反応を探っている。おなじように友人関係においても、わずかな会話の行き違いや視線のすれ違いなどを気にして、互いの「はかりあい」に緊張しているのであるが、そこからは窮屈で速くて浅い呼吸が伝わってくる。

そんな子どもたちへ自由を保障し、解放されたなかでの「かかわり」の経験を大切にしてほしいと願いながら、「かみのなか」という教材を設定してみることにした。紙には加わる力を即座に顕すという性質がある。実践をとおして、「かみのなか」では、あらゆる枠を破って、のびのびとしたからだを感じてもらえるのではないか、そう思えてきた。

また、包む機能に代表される紙のぬくもりやあたたかさを体感しながら、紙によって隔てられていて同時に接している他者との関係を構築していくのにも、「かみのなか」は魅力ある教材に思えてきた。

以下に紹介する二つの実践は、紙を用いた造形的な活動を契機として、人やものにかかわるなかでの「からだ気づき」を大事にした図工での試みである。図工といえば、「かいたり」「つくったり」することだけが焦点化されがちになるのだが、それらの活動が単なる手先の作業で終わるのではなく、豊かな表現活動として成立するためには、「ひと」や「もの」との身体的なレベルでの触れ合いや体験が重要な意味を持つのではないだろうか。

マイ・シルエット「出てこい、僕の・私の分身」

〔願い〕　互いのかかわりを通じて生まれた「形」に新たな自分を見出し、紙のなかで自己の変容を味わう。

やり方1　一人に二枚の模造紙、紐、毛糸、クレヨン、包装紙、はぎれ、糊、セロテープ、はさみなどを用意する。

やり方2　二人組に模造紙を配付。片方は模造紙の上に好きなポーズで横たわり、もう一方が相手のからだのラインにそって鉛筆などでシルエットを描き写す。そのあとで、役割交替。

やり方3　相手に描いてもらった自分の「型」をもとに、描く、塗る、貼る、切るなどを行う（模造紙の上に「分身」を制作する）。

〔授業の様子〕　互いのからだがほぐれ、滑らかな関係で、「マイ・シルエット」に入りたかった。そこで、二人組になってかかわりの要素の強い実習を十五分間くらい事前に行ったあとに、床にからだを預ける実習に移った。ところが、興じる子どもたちの多くは、こぼれでる笑いを抑えることができない。身体の部位に意識を向けさせようとする私の言葉は、笑いに波うつ子どものからだの上をかすり消えていた。

[*] [**] [***]

＊　次の三つの実習を行った。ジャンケンゲーム。相手のポーズを自由に変化させる「彫刻家とモデル」。動きをぴったりと真似る。

＊＊　床にからだの重さを委ねる。楽な姿勢で横たわり、「体」が床とどのように接地しているかを感じる。（高橋和子「新しい体操の授業づくりの試み」・体育科教育・一九九五年別冊）　＊＊＊　部位（右足首→膝→腿→尻→腰→背中）に意識を向ける。言葉かけの例＝「……右足首と床はどんなふうに接していますか？」。

つづいて、先ほどの二人組で、模造紙の上に型取りを行う。相手のからだにそって丁寧になぞる子ども。面倒くさいと言いながら、勢いのいい線をひっぱる子どもなどさまざまであった。相手の託してくれた型は、異様な形をした「自分」との新鮮な出会いであったようだった。その瞬間の驚きや喜びを、委ねあい引き受けあった相手と、共有する声が響いていた。

制作中は黙々と紙のなかの自分に向かい、熱心に素材と語らう様子が窺えた。

「……いま、どんな感じ……」

と尋ねる私の問いかけに、ある子どもが言った。

「……かみ（紙）のなかに、いるみたい……」

すぐに連鎖反応があった。

「……うん、かみ（神）になった気分だ！　……」

と想像が膨らむ。別の声がつづけて聞こえてくる。

「……人間をつくりだすのって、おもしろいね……」

このように、「紙」への没入と「神」のような冷静さの世界を往来しながら、子どもたちは夢中になっている。「かみのなか」は自らの手で自分をつくり変えていく作業、そんな活動が個々の紙のなかで繰り広げられたように思う。この実践に引き続き、より自由なかかわりを提供できる「新聞紙の海」を行った。

マイ・シルエット　立体的に仕上げる小学生

新聞紙の海

〔願い〕　人やもの（紙）にかかわるなかで解放され、自らの「からだ＝わたし」に気づく。

やり方1　広い床面を利用して「一カ月」分の新聞を敷きつめる。その様子を海に見立てて、「穏やかな波を泳ぐ」「嵐を巻き起こす」などの言葉かけを行う。

やり方2　新聞紙が奏でる音や匂い、新聞紙に囲まれたからだの感じに意識を向けるように、活動にそって言葉をかける。

〔授業の様子〕　はじめに次のように言葉をかける。

「……今から部屋中を新聞紙の海で埋めつくします。それから、目、耳、鼻をよ〜く働かせるよ。そしてからだ全部で新聞紙と仲良くしようね……」

何が始まるのか、と期待にうずうずしている生徒たち。そのかたわらで、すでにごろごろと転がりだす子どももいた。わずかに残った床面を砂浜と見做し、そこから新聞紙の海を自由に泳ぎはじめる。

ところが、行儀のいい子どもたちは馴染むことができずにうかがっている。

「……先生、どこまで許されるの？　……」

と言いたげな視線を投げかけてくる。その視線は、行動の範囲を教師に求める窮屈な「からだ」の顕れかもしれない。私は、自分の判断で行動してほしいと願いつつ、つぎつぎに生み出される「新聞紙」と「からだ」同士のやりとりを称賛しながら応援しつづけた。新聞紙を奪い合い、撒き散らし、破る、投げる、集めてはクシャクシャに、まるめて叩く、しまいには服のなかに詰め込んだりしている。やがて、どの子どもも新聞紙のなかで自由に戯れだした。その様子は、野に放った犬のようでもあり、こちらがハラハラさせられるほどに解放的であった。

そこで、しっとりとした雰囲気で紙のなかの「からだ」に気づきを促したいと願いながら、あらゆる言葉かけを試みてみた。しかし、その声は、躍動する子どもたちのからだに跳ね返されて届かない。私の期待をよそに、子どもたちは、机さえも隠れ家に見立てて新聞紙で住処をつくりはじめる。ただの新聞紙が「形」としての存在に変わっていく。ここに、外から（教師）の指示に拠らず、自らの思いや考えによって成立する造形表現の根源を見る思いがした。

経験として何を受けとったのか

教職に就いて二カ月。あれほど無我夢中に取り組む子どもの姿を見たことはない。どの子も弾んで見えた。行き交う確かなかかわりの「糸」が感じられた。今までの授業とは違う。「喜ぶからだ」が「かみのなか」で産声をあげている。たっぷりと空間が広がる視聴覚室。床で行ったはじめての図工。行き着く先も見えないままに、実践に臨んだ私。そんななかで、子どもたちは、自由なからだを感じることができたと思っている。

「マイ・シルエット」では子どもたちの作品にその様子がうかがえる。R君の作品「空を飛んでる僕」は羽ばたくように伸びた両手の間を鳥が飛び雲が流れている。体格のよさが気になるT君は、横幅をかたどり、クレヨンで虹色のからだを創り出した。口数の少ないMさんは、暖かいモヘアの毛糸で丁寧にからだを縁取りして、なんだか、にぎやかな分身になりそうと書いており、紙のなかで変化自在なからだを感じたようだ。

「新聞紙の海」では次のような感想があった。

「……足の裏が真っ黒になった。新聞の海って、すごくあったかいなーと思ったし、音もよかった……」

「……クシャクシャうるさくて、楽しくて……、片づけるのはさみしかった……」

なかには勢いのあまりに衝突したり、新聞紙の先が目に当たって泣く思いをした生徒もいたが、すべては偶然の所作であった。その様子を見守りながら、私は、幾度も規制の言葉がこみあげてきて、教育の役割と目の前に展開する自由との狭間にあって、葛藤しつづけていた。

一方、子どもたちは、私の心配をよそに痛さや不快さをからだで学びとり、次の行動を決定していたように思われる。それは、教師が求める行動範囲のみにあるのではなく、経験から創り出された自分の基準や互いのかかわりのなかから「いま・ここ」で学びとっている枠組みであった。

いま、ここに在るからだ。教材としての紙。ともに学ぶ仲間や教師の有り様。これらの三者のダイナミックな呼応のなかで、多くの気づきや豊かな経験が重ねられていった。こんな学習空間のもとでは、教師が頑な願い（ねらい）に縛られて、子どもを操作する必要もない。むしろ、教材に自然に触れ遊ぶ子どもの力に添うことこそが重要な課題になるのだろう。ただ、教師が子どもを信じて教材の力に委ねることは、ときに勇気のいることであった。

（郡司明子）

二　大学生の「教育環境科目」での実践

My (Our) Silhouette

〔願い〕　紙（からだ）との対話をとおして、対象化された自分の生き様に気づく。

〔インストラクション〕　次のように言葉かけを行う。

「……二人組。片方は模造紙*の上で好きなポーズをとる。もう一方は、相手の好きな色のクレヨンで、そのポーズの実寸大のシルエットを一筆書きで作る。この型を手がかりにして、シルエットの主は、《いまの自分の感じ》を自由に描き上げる。塗る、貼る、かぶせる、何もしないなどと好きなように一時間で描いてください。二人の合作でもよい。自分だけで作業しても結構です。完成したら各自でカメラに収めて、感想文を書いて、そして、まわりの作品をも鑑賞してください……」

＊　模造紙は数枚を縦、横、斜めに繋げてもよい。型は体の一部でもよく、髪形をなびかせるなどもふくめて、すべて相手の希望に添うようにする。

〔授業前の様子〕　新学部に創設された教育環境科目「ノンバーバル・コミュニケーション」（半期・受講者六十五名）は人気科目のようである。人前で話すのは不得意、なかなかかかわれない、でも、自分には興味のある学生。そんな履修者がやってくる。出席もあまりとらないのに院生も含めていつも六十名くらいの受講生がいる。六回目までは体験（目隠し歩き・卵は立つ？・自然探索）をしては講義棟で感想を出し合い教材の意味を班で探ってきた。

〔授業の様子〕　七回目の授業「マイ・シルエット」では、はじめて広々とした大学会館へ移った。教室は「狭い」と言っていたのに、彼らは、机や椅子の寄る辺のない空間で壁の花と化している。彼らをほぐす必要を感じて、馴染みの準備運動を行う。①二人組で手を繋いだり背中合わせで屈伸を行ったのち、②人と影（影役は人役の歩きや走りを真似る・高橋和子「身体意識から発現へ」・『女子体育』第四一―七号・一九九九）を急遽行った。彼らはこのように動くことは初めてであって戸惑いを隠せない。

「……日常の動きでも、どんな動きでもいい、動かなくてもいい……」

と、終始声をかけつづけた。少しはほぐれた頃、マイ・シルエットを意識した動きに移る。③向かい合って、「人と鏡」役になり動きを鏡に映す。自分の名前を手やからだの好きな部分で描き、相手はそれを真似て映す。ここまでで、二十分が経過。彼らの固いからだがようやく空間や他者にも開かれはじめた。

いよいよシルエットをとりはじめる。一二〇枚の模造紙がホールに広がる。悩ましいポーズから懺悔にいたるまで、さまざまな型が現れてくる。

「……指がはみでてしまうけど、イイっ？　……」

などと、男女間でも、自然な会話が聞こえてきだした。

「……靴を脱いで寝そべって制作した。教室空間にからだの解放を感じた……」

「……アルミホイルに陰影をつけ、無心で新聞紙をちぎり、段ボールを折り曲げていると、子どもの頃が蘇ってくる……」

聞こえてきた感想の一部である。失恋の痛手を裏面に、立ち直る兆しを表面に描いて、二面構造で制作した男性もいる。固まりを乳房に見立てて全身をピンクに染め上げ、溢れる優しさを示した女性。モノクロの足や血に染まった足跡に歴史や世界観を投影させた社会科の女性たち。

明と暗、繊細と大胆、シンプルと装飾、抽象と具象、現実と理想が「紙」の中に同居し、九十分の授業のなかにもそれぞれのドラマがあったようであるが、その実習中、私には彼らの紙（自分）との無言の対話は聞こえてこない。しかしながら、無心で顔を紅潮させながらの制作姿に、また完成後の満足げな表情や疲れたという言葉に、自己への気づきの兆候を微かに感じることはできた。

〔授業の振り返り〕　「マイ・シルエット」はこの十五年来ワークショップなどで行ってきた。たいがいは、自己との対話を促す実習として「自然探索」や「目隠し歩き」などで自然美に触れたのちによく行ってきた。今回は単発の授業

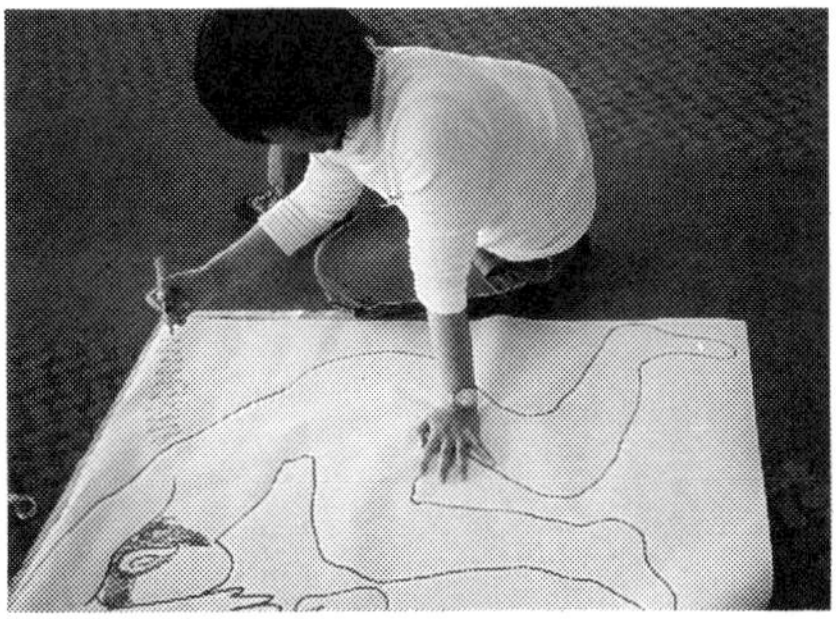

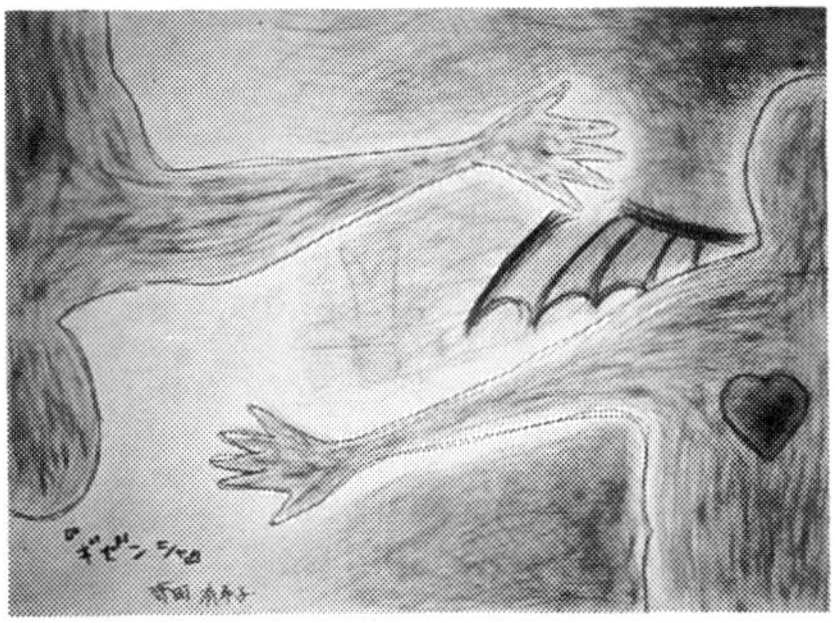

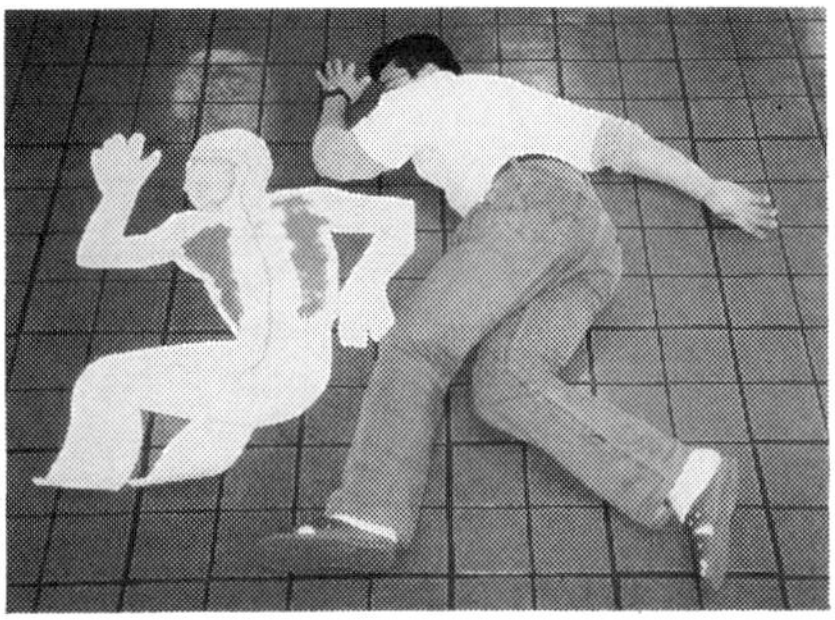

写真上　シルエットを取り，それを生かして「いまのわたし」を描く．
写真中　できあがった「マイ・シルエット」にタイトルをつける．（神奈川県立看護専門学校斉田有希子さんの作品）
写真下　同じポーズを取って，シルエットと心のなかで対話しながら振り返る．

でもあって、学生の固いからだ（心体）を目前にしてまずほぐす必要性を感じてしまった。そこで、二人組のほぐしの影響からか、合体作（Our Silhouette）が十組も生まれることとなり、ひとりの黙々とした紙（自己）との対話に加えて、他者との対話も聞かれた。

郡司明子実践の小学生感想では触覚などの記述が多かったが、大学生のそれにはからだ自体への関心が見られた。

「……心臓を表現した。今、手足が動き喜び生きていることをあらためて実感した……」

などのように、大学生には、自己や表現内容へのこだわりが多く見られるのである。このことは、発達段階の相違や、授業者の「願い」の質的度合いの相違を反映しているとも言える。またプライベートな事柄の記述が多く、それが素直に表現されていたことにも驚かされた。* この実習をとおして学生はオープンな気持ちになり、あるがままを表現したとも思えるし、自分を受け入れてほしい現れとも考えられる。一方で、授業者が目標を提示しないことに対して注文もあった。

「……意味や意図が分からない……」

「……適当に作ったので、充実感がない……」

という二名の感想もある。

＊ 感想文の一部に、「創っているうちにいろいろなことを考えて泣きだしそうになる」「いま生理中なので、生理がテーマ」「私はいま結構どろどろした感情を持っている」などもみられる。

（高橋和子）

三　表出から表現へ

今回の「かみのなか」は表現へ向かう前段階（表出）の実践である。表現形式や表現技法にこだわらず、新聞紙やシルエットを手がかりにして、からだのおもむくままに、「手」が、色や素材や形を選び、いつのまにか隠れ家や等身大の分身が出現した。制作イメージが最初にあったというよりは、からだが紙の中で戯れた結果としてできあがったと言っていいのではないか。

一カ月前の実習を振り返った女子学生が言う。

「……大きな紙に自分という存在を描いたみたいで不思議に気持ちがよかった。いまも部屋に飾ってある……」

のだそうだが、かけがえのない自分との九十分の対話以上に、この分身との一カ月間にわたるコミュニケーションに私の興味はそそられるのである。

さて、「表現する（こと）とは表現欲求をかき立てる感動とか自己の執着世界が前提（にある）」（高橋和子「自己表現力」・『最新教育キーワード137』・一九九九）のであるならば、この一カ月のコミュニケーションを楽しんでいる彼女には、表現の素地が生まれてきたように思える。

表現技術の習得の前に、からだの耕しを願った今回の実践からは、図工や音楽、表現運動や作文などの表現教育への導入として、またからだへの興味を喚起する可能性として、多くの示唆を得ることができた。しかも、である。

「……自分とは何かという、いつも一人で考えていることを、みなで考えてみた気がして、楽しい気分で考えることができた……」

「……なんとなく一緒にいる間に、何かつながるモノを感じ、そのことを表現してみた……」

と述べている男子学生たちのように、活動は、自他の関係のなかで授業者をも巻き込んで展開した。

そのことを可能にしてくれたのは、教材の「不思議な力」とも言える。素材は床一面の新聞紙や等身大のシルエット。新聞紙は変化自在。シルエットは、一生離れることのできない、自分のいまのからだ。この魅力ある素材に「お好きなように」という自由が付加されて、成果や到達目標に縛られることのない活動が、教材のもっている「不思議な力」を強化したとみてよい。初任の郡司実践では、その自由をめぐって、教師も生徒も戸惑いの色をみせた。その色が、鮮やかに変わっていったのは、「かみ」の神秘性に拠るのかもしれない。

（高橋和子）

貝原益軒（一六三〇—一七一四）

人の身は父母を本とし、天地を初とす。天地父母のめぐみをうけて生れ、又養はれたるわが身なれば、わが私の物にあらず。天地のみたまもの（御賜物）、父母の残せる身なれば、つつしんでよく養ひて、そこなひやぶらず、天年《てんねん》を長くたもつべし。是《これ》天地父母につかへ奉る孝の本也。身を失ひては、仕ふべきやうなし。わが身の内、少なる皮はだへ（皮膚）、髪の毛だにも、父母にうけたれば、みだりにそこなひやぶるは不孝《ふこう》なり。況（んや）大なる身命を、わが私の物として慎《つつし》まず、飲食・色慾《しきよく》を恣《ほしいまま》にし、元気をそこなひ病を求め、生付《うまれつき》たる天年を短くして、早く身命《しんめい》を失ふ事、天地父母へ不孝のいたり、愚なる哉《かな》。……人身は至りて貴《たつ》とくおもくして、天下四海にもかへがたき物にあらずや。（益軒八十四歳の正月に著す・享年八十五歳・「今八十三歳にいたりて、猶、夜細字をかき、よみ、牙歯（は）固くして一つも落ちず目と歯に病ひなし」と述懐する。）

一七一三年・『養生訓』・石川　謙校訂・括弧内補注引用者・「……」部中略

十三章　いのちの旅

（『体育科教育』・二〇〇〇年九月号）

本章は横須賀市立夏島小学校教諭の岩田嘉純さんとの共同執筆である（岩田実践は横浜国立大学附属鎌倉小学校で行われた）。それぞれの分担は各節末尾に示しておく。

ドゥルーズ（一九二五―九五）

経験論の秘密は、以下のように言えよう。経験論は、けっして概念に対する反動ではないし、たんに体験へすがることでもない。それどころか、経験論とは、未見にして未聞の、このうえなく発狂した概念創造の企てである。経験論、それは、概念の神秘主義であり、概念の数理主義である。しかし、経験論は、概念をまさに、或る出会いの対象として〈ここ―いま〉として、あるいはエレホン Erewhon として取り扱う。エレホンとは、そこから、異様に配分されたつねに新しいもろもろの「ここ」と、もろもろの「いま」が尽きることなく湧き出てくる国である。

一九六八年・『差異と反復』・財津　理訳

はじめに

「総合的な学習の時間」の導入は、多くの学校にカリキュラムの再検討や教材開発の必要性を投げかけている。どのような内容をどのような方法で、なぜ行うのかも議論の対象になっている。今回は「いのち」をテーマにした総合的な学習である。教師の願いよりもたえず子どもの思いが優先され、それに寄り添う形で親や校医らの協力を得て二年を費やして展開した。[*] 後半には、いのちを実感しやすい実習「いのちの旅」[**] を紹介する。

＊　これは一九九七年と一九九八年の実践である。

＊＊　「天国への旅」とも呼ばれるこの実習は、自分のからだを仲間にすべて預け、支えられる中で、いまある自分を感じ取り、他者との相互作用の中で、わたしという存在を実感できるものである。

（高橋和子）

一　小学校の総合的な学習・いのちの学習

なぜ、「いのち」の学習か？

今の世の中で起きているいまわしい出来事（「連続殺人」「惨殺」といったニュースや学校現場での「いじめ」などの問題）に触れるたびに心が寒くなる。アニメやドラマの世界に目を向けると、戦い・暴力・殺人などの場面が日常茶飯事となっている。また、バラエティ番組では他人を冷やかし、からかい、あげ足をとるような会話があふれている。これでは、「いのち」の尊さや好ましい人間関係に対する意識が薄れてしまい、「人とふれあう」「世界はひとつ」とか「いのちを大切に」……などといった言葉は、単に観念的なものでしかなくなってしまう。私は、小学校のなるべく早い時期に、自分がかけがえのない存在であることに気づいていく学習の必要性を感じている。「性」の知識を学ばせることでなく、「生命誕生の神秘」や「かけがえのない自己の存在」を実感する活動を通して、自分を大切にし、他人を大切にする心、いわば「いのちの感覚」を養う学習である。この「いのちの感覚」が、「いじめ」や「差別」など、世の中の様々な問題に立ち向かっていくための拠り所となっていくと考え、以下のように実践を行った。

いのちって、なあに？

〔**話し合う**〕　チョウのサナギ、ラジカセ、たまごっちに「いのち」があるのか話し合う。

「……サナギには、いのちがある……」

「……ラジカセには、いのちがない……」

「……たまごっちには、ある……、ない……」

〔**見る**〕　「受精」のビデオ＊を見る。

「……すごい。……ふしぎ……」

「……ビデオの続き見せて……」

「……この学習、次はいつやるの？　……」

〔**ある手紙**〕　D男の母親から手紙をいただいた。

「……先日の授業のあと、息子が次のように説明してくれました……」

と書き出されている。

「……お母さん、精子と卵子がおなかの中で会うと赤ちゃんが生まれるの……。精子が卵子の膜を溶かすの、精子が最初いっぱいいいて卵子のところまで歩いていくの、それで、精子は溶かす薬を持っていて、固い卵子の殻を溶かして、他の精子は全部死ぬの……」

ところで、「いのち」というテーマは、子どもの「～したいこと＊＊」の中には、まずあがってこない。この時間は「生命誕生の神秘や素晴らしさ」を子どもたちに感じてほしいという教師の願いから特設したものである。しかし、子どもたちの反応は大変積極的で、D男のように家庭で話題にした子が何人もいた。一年生なりに何かを感じ、それを一生懸命家族に伝えようとしたようだ。学習参観日にこの実践を行ったこともあり、第二回を望む声は、保護者からも寄せられた。

お母さんといっしょ　裾野市母親クラブ研修会「ふれあい親子体操」

＊　NHKビデオ「驚異の小宇宙・人体」（生命誕生）。　＊＊　横浜国立大学附属鎌倉小学校では、「はじめに子どもありき」という意識を大切にして教育活動を行っている。教師は、自分の願いを意識しながらも、子どもたちの夢や思い、「〜したいこと」を感じとって授業を作っていく。そのため、学習内容は、複数の教科にまたがったり、教科全体の枠を超えたりすることになる。低学年の場合、はじめから教科の枠を設けず、活動名で読んでいる。（例・「○○となかよし」「○○たんけんたい」）

うまれるまえのじぶん・家の人といっしょに

〔話し合う〕　最初の心臓の働きの映像を見て、話し合う。

「……これが最初の命なんだなあ……」

「……心臓が初めて動くのは生まれて泣いたときだと思ったよ……」

〔話し合う〕　胎児や出産の映像を見て、話し合う。

「……ああやって生まれてきたんだね……」

「……赤ちゃんが生まれたときのビデオを見たとき、泣きそうになりました……」

〔聞く〕　生まれる前や出産の時の話を家の人から聞く。

「……おかあさん、そんな小さな体でよくぼくを生めたね……」

〔手紙を〕　家の人から手紙を受け取る。

「……○○ちゃん、あのね。あなたがママのおなかの中にいたとき、ママは、かかさずお話したり、歌をうたってあげたりしていたのよ……。ママとあなたの両方が苦しいのを乗りこえてがんばったから、今のあなたがここにいるのです。元気に生まれてきたあなたを見て、みんなが涙を流して喜んだのよ……」

手紙に子どもたちは敏感に反応する。

「……ありがとう、これからもがんばるね……」

「……ぼくはね、ママのお手紙を見たとき、なんか、涙が出てきてしまいました……」

〔話し合う〕　生命の神秘について話し合う。

「……なぜ、どうして？　……」

「……もっと知りたい……」

「……自分でも調べたい……」

子どもたちはビデオや保護者の話に集中していた。胎児が成長し、誕生する神秘的な映像や涙ながらに語る保護者の姿に何かを感じたからであろう。

いきものさんとなかよし

〔飼う〕　かたつむり、ざりがにを飼う。

「……名前をつけよう……」

「……お世話をしよう……」

〔飼う〕　うさぎ、ハムスター、十姉妹を飼う。

「……かわいい……」

「……いっしょにあそびたい……」

〔そして、死〕　ハムスター、十姉妹の「死」。

「……かわいそう……」

「……ごめんね……」

〔どうしよう〕　二年間飼った生き物はどうする？

生きている証拠探し　ドクドクと心臓から血液が流れる音がする．手は温もりに満ちている．

親聞紙の上に乗る　おかあさんの背中あったかいね．

「……クラスが変わってもみんなで飼う……」

「……来年の二年生に飼ってもらう……」

特設授業の「いのちって、なあに?」と並行してこの活動がスタートした。身の周りにいる生き物に愛着を持って接することを通して、また、死と出会うことによって子どもたちは、「いのち」を感じていったようである。一年の一学期に「たまごっちにいのちがある」と主張していた子たちも、死んで動かなくなった「いきものさん」を前にして、スイッチ一つで元に戻らないことを実感するのだった。

いのちのふしぎたんけんたい

一年時の学習でふくらんだ疑問を解決していこうとする活動は、二年の三学期から始まった。* 数々の行事を経験し、「もうすぐ三年生」という意識が出てくるときがふさわしいと考え、この時期を選んだ。活動名は児童K男の意見で「いのちのふしぎたんけんたい」に決まった。

* その間、教室でうさぎやハムスター、十姉妹などの飼育は継続しており、児童の意識がとぎれたわけではない。

〔第一次たんけんたい〕 たんけんたいの目標は「?をもとう」である。学習の方向性として、ビデオや本を見たり、専門家に聞いたりして「調べる活動」、それをもとに「話し合う活動」、そして、学習したことを「まとめ・伝えていく活動」を行っていくことが確認された。また、ビデオを見て、知りたいことやわかったことを出し合った。学習の進め方として、児童から次の活動が出された。（※は教師が提示）

① 調べる活動（常時活動）⇩ ……本を見る（教室・健康の部屋・図書室・家・市の図書館）。……人に聞く（家の人・お医者さん・近所の人・附属の先生）。……ビデオを見る（教室に常時セットしておく）。

② 話し合う活動 ⇩ ……いのちのふしぎ会議（調べたことを持ち寄って話し合ったり、専門家の話を聞いたりする＝K男

の命名）。

③　まとめ・伝えていく活動　⇩　……みなの前でスピーチ。……模造紙に書いて壁にはる。……家の人に手紙を書く。……等身大の自分の絵を作る（※）。……いのちのふしぎずかんを作る（※）。……説明文を書く（※）。

〔第二次たんけんたい〕　たんけんたいの目標は「しらべよう」である。第二次では、自分の考えを深めるだけでなく、人との出会いや家族とのふれあいを大切にしてほしいと考え、校内の教職員（図書館司書や養護教諭など）や地域の方（校医さんや「鎌倉お話の会」の方など）に相談したり、話を聞いたりする機会を設けた。また、家族の温かさを感じ、支えられていることへの感謝と自立に向かう気持ちをもってほしいという願いから、自分の誕生前後の様子を家族にインタビューする活動も設定した。

①　図書館司書の桜井先生から学ぼう　⇩　……図書室の本の紹介。

「……体を支える骨が二〇六本……ということが、今、さっきわかりました……」

②　校医の本田先生から学ぼう　⇩　……児童の疑問から「受精の神秘」（第一回いのちのふしぎ会議開催）。……「本田先生、あのね」。

「……双子のことを教えてくれてありがとうございました。でも、体ってすごいですね。こうやって生まれてきたのも体のおかげなんですね……」

③　養護教諭の太田先生から学ぼう　⇩　……児童の疑問から「男女のちがい」（第二回いのちのふしぎ会議開催）。……「太田先生、あのね」。

「……ぼくは、最初に精子だったからすごいな、と思います……」

「……最初は気持ち悪いと思ったけれど、あとから精子のことがだんだん分かってきて、自分の体からできるんだなあ、と思いました……」

④　鎌倉お話の会の方から学ぼう　⇩　……ブックトーク「いのち」。……「〇〇さん、あのね」。

〔第三次たんけんたい〕　たんけんたいの目標は「まとめよう・伝えよう」である。

①　家の人に手紙を書く。

②　「いのちのふしぎずかん」を作る　⇩　調べたことや考えたこと、疑問をファイルにとじていく。

③　等身大の自分の絵を作る　⇩　模造紙を二枚張り合わせ、その上に寝て、友だちに輪郭をなぞってもらう。顔は鏡を見ながら鼻・目・眉・口・耳の順でかいていった。

「……写すときにすごく、くすぐったかったけれど、実際に見て、こんなに大きくなったんだなあって、思いました。前は赤ちゃんで小さかったのになあって、思いました……」

「……自分では、自分の体はよく見えないから、どれくらいの大きさなのか分からないけれど、紙にかくと自分の体がけっこう大きく見えました……」

実践をふりかえって

子どもたちの感想を見ると、いろいろな活動を通して、「生命誕生の神秘」や「かけがえのない自己の存在」を実感していることがわかる。「知識・理解」を求めるよりも「感覚」に迫ることを大切にしたこの学習は、是非とも小学校低学年のうちに実施したい。「うまく説明できないけれど、いのちは大切にしないとね……」というような言葉が聞かれれば、それで十分である。

（岩田嘉純）

二　実習「いのちの旅」

さて、この「いのち」の問題を考えるからだ気づき実習「いのちの旅」を紹介してみたい。

願い

みな（仲間）に支えられる感じを味わう。

やり方

十名ぐらいが輪になって坐る。輪の中に一人が入り仰向けに寝る。充分落ち着いて触れられてもいいと思ったら指で合図を送る。周りの人は寝ている人に近づき、その人のからだの下に手を差し入れ、からだを水平に保ちながらゆっくり天高く持ち上げる。しばらく高い位置で保ったのち、ゆっくりと元の位置に降ろし、静かにその人から離れもとの円形に広がる。降ろされた人は充分余韻を味わってから輪に戻る。この一連の動作をすべて言葉を使わずに行う。次にやりたい人が輪の中に入る。順番で行ったり、「次はあなたよ……」と目配せなどはしない。やりたくない人は無理して行わなくてもよい。授業者は最初に一組を見本として示すと分かりやすい。そののちは授業者も全体が厳かに行われるように配慮する。注意を促す場合も班の近くで静かにアドバイスする。

終了後、「どんな感じがしたか」を話し合う。上げた人、上げられた人、上げられなかった人が自由に話せばいい。

感じたこと・私のからだの記憶

みなの手に支えられて天高く上がり降りてくる瞬時瞬時に、「私」は色々な想いに駆られる。みなの手がからだの下に置かれた時、土や床とは違う柔らかさや暖かさを感じる。ゆっくり上がっていく時、天井や青空や星空が近づき、この世で一番高い所にいる清々しさを感じたりする。そのポイントで保たれていると、支える手の震えや息遣いが伝わりみなが一所懸命に支えてくれているのを感じる。ゆっくり降りていく時、埋葬される感じになることがある。草や床に戻されみながスーッと離れると、寂しい感じとともに人は一人で生まれ一人で死んでいくことを思ったりする。わずか一分足らずの行為の中に凝縮された人生を思い浮かべることができる。時間とは無限であるとふと思ったりする。どんな仲間に支えられるかで感じは異なり、その時々で何を感じるかもさまざまである。

この実習を私は是非、学校教育の中で行いたいと願っている。いのちには始まりがあり必ず終わりがある。人は一人では生きていけない。ときには自分の生の執着から離れ他者や大地に任せるときもある。闇の向こうを覗こうと決意したり戸惑ったりする。人生はさまざまなのである。その時々にどんな感じになるのかを味わってほしい。

実習を成立させるためには

「いのちの旅」は「地蔵倒し」*と一見似ているが、ゲーム的要素は微塵もなく荘厳な感じがする。単元最初にはとうてい行えず単元最後になっても、みなの雰囲気が、がさついていると行えない。受講者がしっとりした温かい雰囲気になって初めて成立する実習であり、その雰囲気を作ってこそ「いのち」の実感に触れられると考えている。ゲーム感覚でやると粗雑に「体」を扱うことが多く、たとえばわざと体を急降下させたり胴上げに転じたりする。私たちは容易に操作したり操作されたりする「体」になってしまうのである。

「いのちの旅」を受講した小学校や養護学校の教師は、誕生会にこの実習を行っていると聞く。子どもたちもお金では買えないこの旅を、とても楽しみにしているという。どんな子も誕生月には上げてもらえる。生まれたことをみなに祝福してもらえるのである。疎外されがちな子にとっては奇跡的な出来事かもしれない。友に身を任す時のからだのこわばりや緊張や柔らかさなど、どんな感じがその子のからだの記憶に残るのか。どのように担任は雰囲気を作るのか。興味深い点ではある。

* 「地蔵倒し」は体育や信頼ゲームなどで行われる。数人の輪の中に一人が立つ。その人は好きな方向に身を固めて倒れていき、周りの人は中の人をしっかりと受け止め前方に押し返す。中の人は体を緊張させる感覚や相手に身を任せることを学ぶ。外の人は足腰を踏ん張って中の人を受け止めることが必要である。全員が協力して身体感覚やタイミングをつかむ実習である。

実習の様子

次に、大学生や大人たちの様子に触れよう。輪になっているからだの表情から、初めに入る人、目配せしはじめる人、絶対に入らないぞと下を向き身を固める人などが察知できる。

「……風の谷のナウシカが生き返るシーンのように感動的……」*

と振り返りの感想で述べる人が多いようだ。類似の映像シーンが彷彿と表象されてくるのであろうが、不思議な感覚をともなったからだの出来事として印象に残るようである。

「……浮遊感・限りなく広がる空間・いとも簡単に上がるからだ・仲間に支えられている実感……」

などと言葉になりにくい感じや気持ちを表現する。

「……怖い・人に触れられるのがイヤ・重くて迷惑をかけるから……」

などと輪のなかに進み出なかった人は言う。

あるとき、最後まで輪の中には入れずにいた大柄の女性がいた。

「……人を信頼できなかったわけではないのに……」

と嗚咽しながら言葉を結んでいた。頭では入りたいと思っていたかもしれない。だが、からだは入れずにいる。葛藤が蠢く。その葛藤の時間こそ、彼女にとっては、貴重である。順番で入っていくやり方では、このようなことは起こらない。「からだ気づき」では、輪の中に進み出て、上げてもらうことのみが目的ではないのである。

＊　アニメ作家宮崎駿氏の作品「風の谷のナウシカ」の最後の場面で、ナウシカの死体を王蟲（オーム）の触手が天高く持ち上げると奇跡が起きナウシカは生き返る。彼は作家としてアニメ作品で感動や警告を与えてくれ、多くの観客が観てくれること（疑似体験）を期待しているのではあるが、一方で「自然や人との直接的な体験を子どもたちのからだで味わってほしい」とも特段に言ってくれている。この発言に「からだ気づき」教育の立場として大賛成である。

「いのち」という教材

「いのち」という大きな重いテーマにどう迫るかは大変難しい。最近は保健学習や性教育、家庭科教材に「乳幼児検診・保育園体験」の実体験学習を導入し、いのちを対象化している例も多い。

岩田嘉純実践では子ども自身の生育や身近に触れられるいのちを対象化し、このテーマに迫ろうとした。小学校低学年でも実感をともなうと高度な知識の獲得がみられた。具体的には、親から自分の生まれる瞬間の話や育つ中での様々な話を聞いたり、自ら描いたいまの等身大の絵と赤ちゃんの頃の写真を比較したり、また、クラスで育てた十姉妹の死について話し合ったりなどと、子どもに添った教材を丹念に取り上げていた。

この学習には、教師と子どもが、「いま・ここ」で起こっていることを大事にし、友の発言を聞き自分の思いを表現できる場が必要不可欠であった。三年生になった子たちが今でも「いのち」の学習を忘れないでいる。ある朝、四年の男児が皆の興味を引こうとして昇降口の扉に頭から激突したとき、たまたま居合わせた岩田学級だった女児がつぶやいた。

「……自分を大事にしないと駄目なのよ。お母さんやお父さんが一生懸命に私たちを生んで育てたんだから。いのちの授業でみなが言ってたよ……」

普通はからだが強張るこの場面で、なぜ女児はその場を去らずにこのような言葉を言えたのか。この子にとっていのちの学習は、単なる知識や倫理的な事柄を超えて、自分の「からだ」に染み込んだ「知恵」となったのではないか。

「いのち」をかけがえのないものとして美化するだけでなく、「生きる大変さ・危うさ・怖さ」をも含めて、死や消費、廃棄物をも視野に入れた学習が必要に思える。人生は旅に例えられる。精子と卵子が出会う旅。十カ月間の子宮内での生長という旅。その後の長い旅。わずか一分間の実習「いのちの旅」。旅の終わりに見る夢はさまざまである。

（高橋和子）

宮沢賢治（一八九六―一九三三）

きょうのうちに
とおくへいってしまうわたくしのいもうとよ
みぞれがふっておもてはへんにあかるいのだ
　（あめゆじゅとてちてけんじゃ）
うすあかくいっそう陰惨《いんざん》な雲から
みぞれはびちょびちょふってくる
　（あめゆじゅとてちてけんじゃ）
青い蓴菜《じゅんさい》のもようのついた
これらふたつのかけた陶椀《とうわん》に
おまえがたべるあめゆきをとろうとして
わたくしはまがったてっぽうだまのように
このくらいみぞれのなかに飛びだした
　（あめゆじゅとてちてけんじゃ）
蒼鉛《そうえん》いろの暗い雲から
みぞれはびちょびちょ沈んでくる
ああとし子
死ぬといういまごろになって
わたくしをいっしょうあかるくするために
こんなさっぱりした雪のひとわんを

いのちの旅　高くあがったとき，そっと目を開けてみた．大空をゆったりと舞う鳥が見えた．僕も自由に飛べるように思えた．みんなが支えてくれているから…….

おまえはわたくしにたのんだのだ
ありがとうわたくしのけなげないもうとよ
わたくしもまっすぐにすすんでいくから
（あめゆじゅとてちてけんじゃ）

一九二二年・「永訣の朝」・部分

十四章　息が合う

——養護学校での実践——

（『体育科教育』・二〇〇〇年二月号）

本章は神奈川県立座間養護学校教諭の高島悦子さんとの共同執筆である。それぞれの分担は各節末尾に示しておく。

ポルトマン（一八九七—一九八二）

多くの生物学者には理解してもらうことがむずかしかった一つの言葉が成り立った。それは「自己顕示」という概念である。この言葉はつぎの事実に対して与えられた。動物であれ植物であれ生きているものは、ただ物質代謝をおこない、生命維持の構造をもったものとして説明されるだけではない。生物というものはたんに生きているという以上に、つまりただそのために必要な全部のものをこえて、まさにその種に特有のものを現示する形態をつくりあげる、ということである。私たちは、謎に充ちて隠れている内面性（インネルリヒカイト）がその特有のしかたで自己を外にあらわす、ということを知らねばならない。……私たち人間という存在においてこの自己にどんなに大きな意義が帰されることか。それと「私」との区別がいかに重要であることか。

一九七四年・『生物学から人間学へ』・八杉竜一訳・「……」部中略

はじめに

私は二十年前ダンス教育に懐疑的になった折、養護学校で数カ月実践させてもらったことがある。音楽をかけるだけで目を輝かせ各自のリズムや表現で動く子を見て、教える勇気とともに教育の原点を養護の場に見た思いがした。実践紹介として最後となる連載『体育科教育』の今月号では、養護学校の教師と子どもとのかかわりを綴ってみたい。

個別的なかかわりが重視される養護学校では、表現に乏しい目の前の子の要求や希望を読み取る教師の力や働きかけが必要になる。目標や効率や合理性が優先されると、この当たり前のことを忘れがちになる。子どもと教師の相互のかかわりあいは「息が合う」「肌が合う」という原初的なかで展開されるように思われる。

（高橋和子）

一　この子どんな子？

私の勤務する肢体不自由課程の小学部には、移動や食事など日常生活の全てにおいて何らかの介助の必要な子どもたちが通学している。音声言語という意味での言葉を発しない子どもがほとんどなので、教師は次のようなことを探りながらの「かかわり」を築くことになる。

① 周りをどのようにして捉えるのか？ （聞いて？・見て？・触って？）
② どのように感じ、考え、思っているのか？ （気持ちいい・もっともっと・うわあ、何だろう？・しつこいなあ）
③ それをどう表現しているのか？ （眉で？・鼻息で？・口元で？・足の指で？）

日々子どもたちと向かい合っていると、一見無表情に見える子どもでも、気持ちや心の動きが体のどこかに表れて見えてくる。しかし、自分の気持ちがかすかな手の動きや口元の緊張や緩みなどになって表れていることに気づかない子も多くいる。私は子どもの気持ちを受け止め、それに応えていくことで、子どもが自分の自然な表出に気づき、ひとつでも多くの言葉を発してくれることを願い、試行錯誤を繰り返している。

事例1・「もっとやりますか?」

トランポリンに私はAさんを抱っこしてのる。Aさんはすわったり寝返りをするのに介助の必要な子である。姿勢が安定せず落ち着かない様子なので、仰向けに寝てもらう。一緒にのっていることをはっきり感じてもらうために、また不安が少ないように、私はAさんに体をぴったりつけてすわる。柔らかく握られたAさんの右手の中に、私は自分の手を入れてみた。Aさんは自分で手を離すことができる。この時は、私の手を握ったまま、不快そうな様子がない。

「……一、二・一、二……」

と声をかけながらゆっくり揺らす。Aさんはぱっちり目をあけ、揺れを感じとっている様子。一緒にトランポリンにのり、目をあけているのはこれが初めてで、私は思わず笑顔になり声も弾む。

揺らすのをやめると、私とつないでいるAさんの手が動く。Aさんは日頃、手の甲を使って自分の顔を掻くことがある。また、手の下にキーボードを置くと手首をかすかに動かして鳴らすこともある。Aさんは自分の手を知っていて、手を動かすことで何か変化が起こることを知っている子だと私は捉えている。そのAさんの手が私の手を「クイクイ」と押している。私とAさんを結ぶ言葉にしたいという思いで「もっとやりたい」という気持ちであると受けとめる。

「……もう一度やろうね、せーの……」

と声をかけながら、私も手を握り返して揺らす。これを何度か繰り返す。揺らすのをやめると、すぐにAさんが反応する。

「……もっともっと一緒にやろう……」

と言っているような気がして、私はとても嬉しくなる。Aさんとのやりとりの楽しさに私はしばし集中する。

しばらく繰り返すうちに、私は少し不安になる。揺らすのをやめるとすぐにAさんが手を動かすのは、もっと一回を長くしてほしいからなのではないか、あるいは、「もっとやりたい」と私が受けとめているのは私の見当違いではないのか、または、歌に合わせて揺れるほうがもっと楽しいかもしれない、などとさまざまな思いが私の頭の中で渦巻く。

Aさんの顔を見る。昼間眠ることも多いAさんだが、すっきりと目覚めている。少なくとも嫌がっている様子には見えない。一回を少し長めにしながら続ける。途中で隣の体育室から聞こえてくる歌を聞いている様子が表情から感じられたので、その歌に合わせて揺らしてみる。Aさんの体に特に変化はないように私には思える。

「……どちらでも、いいということなのか……」

とも思ったりする。繰り返すうちにAさんは手を離して伸びをする。Aさんがまた手を握ってくれたので、さきほどと同様に繰り返す。

給食の時間が近づき周りで片付けが始まる。このまま続けるかどうか私は迷い始める。Aさんは揺れが止まると手を動かす。目をしっかりあけて揺れている。

「……もうすぐ給食だけど、どうする……」

とAさんに尋ねながら、Aさんの「クイクイ」に応え続ける。結局、続ける決心もやめる決心もつかないまま続けたあと、尋ねる。

「……おしまいにしてもいいかな……」

Aさんの手から私の手をゆっくりと抜く。すんなりと手が離れたのでおしまいにする。

事例1の「振り返り」

Aさんはやりとりを中心に、好きなもの、心地よいもの、興味をもつものを探しながら学習している。トランポリンはその一例である。

ビデオで振り返ると、Aさんが「伸び」をしたところで、二人のやりとりの意味合いが変わっていた。前半はトランポリンを介してやりとりがあり、互いを感じながら時間を共有していた。後半はAさんの顔や視線が私から逸れ、全身の雰囲気からも集中しておらず、どうやら、私の働きかけに付き合ってくれたようである。後半のAさんの気持ちは、もっとやりたいというほどではないけれど、やめたいという感じでもない、やろうというならやってもいいよ、といったところか。Aさんが人の気持ちに合わせる力を発揮したことは素晴らしいが、Aさんの気持ちに添いたいと思っていた私にも反省が残る。

Aさんの気持ちの変化を受けとめることができなかった要素としては次のことが考えられる。

① Aさんは嫌な時や受けとめられない状況の時に目をつぶることが多いので、目をあけていることは受け入れていると思ってしまったこと。

② 前半「いい時間」がもてたので、「せっかくだから、もっと」という気持ちが私にあったこと。

③ 気持ちの表出を手の動きだけに求めてしまったこと。

④ 時間だから終わりにしなければという思いがよぎり、私がAさんに集中していなかったこと。

この振り返りをとおして、「この子はこんな子なんだ」という先入観にとらわれない柔軟な視線と、子どもの心と体のペースに私自身を添わせる大切さを再確認した。

事例2・「あの音はなんだろう?」

ドンドコ、ドンドコ、ドンドコ、ドン……突然響く大きな音。B君が「湯袋」で遊ぼうとした矢先のことである。

「……何だ、何だ……」

と落ち着かない様子のB君。もう、湯袋で遊ぶどころではない。お湯の入ったビニール袋と片栗粉を触り比べて、今日は「湯袋」を選んだB君だが、そんなことはどこかへ飛んでいってしまった。かなり不安そうな表情ではあるけれど、その奥に好奇心がのぞいているように思えた。

「……何の音か見に行こう……」

と、そこで、提案した。音が聞こえる隣の教室へ行ってみた。近づくと一層大きな音となり、「聞く」ことを情報源の中心にしているB君にとってはかなり刺激的で不安な状況である。眉間に皺を寄せ、真剣な表情で聞いている。

「……触ろうか……」

と誘ってみる。手が出かかるが戸惑っている。ゆっくり恐る恐る触れる。まだ、眉間には皺。

「……これ太鼓だよ、太鼓の音だったんだね、ドンドコ、ドンドコ、大きな音だね……」

と、私は心配そうなB君に話しかける。やっと少し安心したのか目をくりくりさせながら触り続ける。

B君が玩具をかじったりなめたりして確かめるのを思い出し、太鼓の上にのろうか、と誘う。おなかをのせるとさっそくかじる。目が嬉しそうにまるまるとしている。全身にビリビリと響く音に「ウヒョー！」と喚声をあげる。お尻で「ビリビリ」を味わっているB君の体を今度は太鼓のリズムに合わせて少し揺らす。身体中に力が入り目も口も大きく開かれている。全身から「ナンダカ、オモシロイゾ」という言葉が溢れたように感じられた。

事例2の「振り返り」

B君の授業のねらいは、「湯袋」やいろいろな物で遊びながら「感じる・考える」ことや、その一連の経験全体である。この日の学習の題材が偶然響いてきた太鼓でも悪いはずはない。そのことを見失わなかったので、偶然の機会をつかまえてやりとりしながら探索する経験を重ねられた。もちろん、不安な中でも私の働きかけに気持ちを向けることができたB君の力は大きい。

（高島悦子）

二　実践を重ねながら

この学校に勤務して十年あまり。

「……どんなふうに感じているの？ ……」
「……なんて言っているの？ ……」
「……この子、どんな子？ ……」

と、子どもを知るというところにいつも戻ってきたように思う。養護学校では一人ひとりの必要に応じた課題に、一人ひとりに合った方法で取り組むことが求められる。個別に指導計画を立てるが、その原点は子どもの実態を知ることにある。それは計画を立てる時に必要なだけでなく、実践の中で常に書き加えられ、書き直されていくものである。

どんな子にも教師がその子を知ろうという姿勢でかかわることは重要であり、「字を覚える」といった具体的な目標のもとでも、子どもを知らなければ適切な働きかけはできない。

「……あなたの〈気持ち〉はこうですか……」
「……あなたの〈からだ〉は今はこうなっていますね……」
「……あなたは〈こうして〉私に話しているのですか……」

などといったことを、私は、語りかける。それによって子どもは自分自身の「からだ」にも目を向け、同時に教師の「からだ」にも目を向ける。そこに「やりとり」「かかわり」が生まれる。

事例のように、私自身が子どもの貴重な気持ちの表れに気づかず、読み間違えることも多い。子どもに謝ることもしばしばある。だが、子どもが、「感じ、考え」「集中したり、ほっと緩み、楽しみ、喜び、気持ちのよい緊張をもち、満ち足りてくれ……」る時間「いま」を感応し合い、空間「ここ」を共有することが少しでもできればと思っている。私は教育の究極的な目標は「より心地よく豊かに暮らす力を育てる」ことだと考えている。この「力」は当然個々によっ

背中を感じる

て異なる。私はいまそばにいる子どもたちを一回の授業で変えようなどとは思わない。子どもたちははるかにゆっくりとした時間を生きている、からである。

（高島悦子）

三　息が合う・肌が合う

高島悦子実践は子どもが発する無言の言葉に、からだの言葉に、教師が全身で耳を傾けようとしたものである。一所懸命に聞くのではなく、聴こえてくるのを待っているとも言える。このことは「まるごとのからだ」でかかわるような実習「息が合う」「肌が合う」で味わえるかもしれない。

「ごろにゃーん」

〔やり方〕　一直線か円形になり相手の背中やおなかに身を委ねてみる。体の柔らかさや固さ、暖かさや冷たさ、重さや軽さ、などや異性にも意識を向けてみる。無理でなければ男女を交互に配置する。全体が落ち着いたところで、自分の呼吸がどうなっているのかを感じてみる。そののちに、前後の人の呼吸に自分の呼吸を合わせてみる。苦しくなったら、無理をしない。

〔振り返り〕　母の背中を思い出したとか、母親は子どもをおんぶした時を思い出したとか、ということもある。眠ってよだれを流した心理学者もいた。保健室指導では、いじめられがちな子が柔らかな表情やからだになったという。

「……スゲエー膨らむ、キェー地獄におちる、トトロの腹だ！　……」

と、中学校の実践では熊のような男の先生のおなかに五人の男子が頭をのせ呼吸するたびに奇声をあげていた。

呼吸を合わせようとすると今までの溶けるような全体の雰囲気が一変し、咳き込んだりむせ返ったりする。一所懸命に合わせようとすればするほど、何かギクシャクする。しばらくするとまた淡い空気に包まれるような感じになる。このわずかな時間、きっと一分か二分の間に起こる些細な変化は、やっている者でなければ感じられないかもしれない。私はこの出来事こそ、自分も生きて他者も共に生きていることを互いが感じる瞬間のように思える。けっして無理せず相手を感じ、受け入れながら自分もそこにいるような気がする。

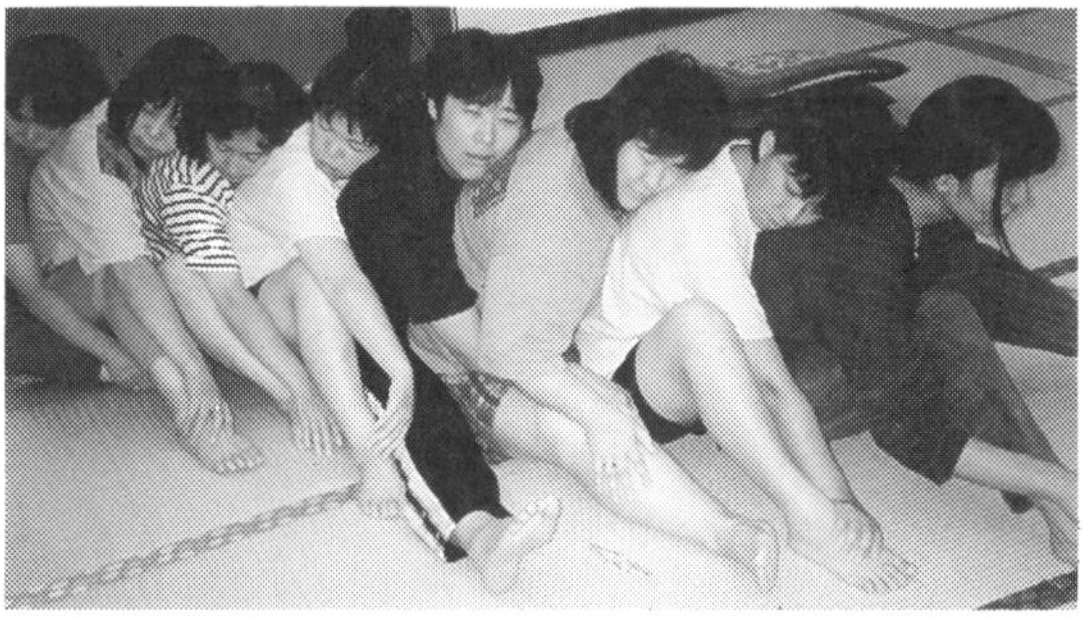

ごろにゃーん　呼吸を合わせてみてね．背中は固いかな．おなかはどう．異性と組むと緊張する？
背中合わせ　相手の手の動きがわかるかな．

「背中合わせ」

〔やり方〕　同じくらいの座高の人と背中合わせで坐る。片方の人は右手を床から天井へ向けて高くゆっくりあげ、そこでしばらく保ったのち、ゆっくり降ろしていく。もう一方の人はその動きに合わせ左手をあげ、降ろしてゆく。一番高く上がったときに、互いに「ハイ」と言うほかは、言葉を使わない。同じ側でも反対側の手で行ってもいい。

〔振り返り〕　相手の微妙な背中の動きを感じていないと一緒に手をあげたり降ろしたりは難しい。動きに鈍感だと二人はバラバラな動きになるが、動きが合うと何か不思議な空気が漂う。そのようなときの二人は、手を降ろしても黙ったままでいたり、大きなため息をついたり、話しはじめても穏やかな表情だったり、昔ながらの友人のように和やかに見える。背中を合わせて手をあげるだけの単純な動きの中に、互いのかかわりが凝縮されているように思える。「共に揺れる」「一緒に揺れる」も肌を合わせながら自他のからだとの対話が期待できるが、「背中合わせ」のほうが細微なからだの動きを通したかかわりになる。

共に生きる

障害児教育はきめ細かい教育システムに則って、個々の子どもに合わせた内容や方法で営まれている。特にＩＥＰ（個別指導計画）やＱＯＬ（生活の質）がキーワードになっている。それを保障し支援する側に求められる資質は、「からだ」レベルでの受け取りや読み取り（かかわり）の高い能力である。

多くの教師にとって、高島実践は、別段新しい印象もないかもしれない。全員の子どもに一言かけることさえままならない四十人学級に比べ、一対一でのかかわりは羨ましいと思えるかもしれない。しかし私には、彼女がやわらかなからだや眼差しでＡさんやＢ君のそばにいたからこそ、子どものからだがほぐれ、自分の思いを表出しはじめたように思える。この子らが急速に何かができたり自立したりするのは難しいだろうが、教師がどのようにかかわるかが子どもらの成長を助ける鍵になっている。これは子育ても同じである。

小児麻痺で極度の緊張が腕にある女性がワークショップに参加したおり、「手当て」の実習を行ったことがある。介護されることの多い彼女にとって相手に手を当てる経験は生まれてはじめてであったそうだ。震える手をもう一方の手で押さえながら相手に触れていた。

「……震えてもいいから、相手のからだに手を当ててみて……」

と、私は言った。震えはだんだんに消えて表情も優しくなっていった。表面上は無言であったが、「からだ」では豊富な対話がなされていただろう。相手の息遣いを肌で感じ取り、自分の呼吸を相手のリズムにかかわらせていくことは人間関係の基本のように思える。

（高橋和子）

細川雄太郎（一九一四―九九）

あの子はたあれ　たれでしょね
なんなんなつめの　花の下
お人形さんと　あそんでる
かわいい美代ちゃんじゃ　ないでしょか
　あの子はたあれ　たれでしょね
　こんこん小やぶの　細道を
　竹馬ごっこで　あそんでる
　となりのけんちゃんじゃ　ないでしょか
あの子はたあれ　たれでしょね
とんとん峠の　坂みちを

ひとりで　てくてく　あるいてる
お寺の小僧さんじゃ　ないでしょか
　あの子はたあれ　たれでしょね
お窓にうつった　影法師
おそとはいつか　日がくれて
お空にお月さんの　笑い顔
　一九三九年・「あの子はたあれ」

舞踊作品「こぼれ落ちた砂の名残」(2001) 高橋和子・高島悦子.

第II部　気づき学び

神奈川県立看護教育大学校看護教育学科教員養成課程フォローアップ研修．前列中央藤岡完治．箱根花月園にて（2000）

舞踊作品「このことを」（2002）高橋和子作

十五章　「体ほぐし」の登場

（『体育科教育』・一九九八年十一月増刊号）

本章の原題は「〈体ほぐし〉の登場と体育授業の新たな展開――〈からだ気づき〉実践が教えてくれること――」であったが、本書に収録するにあたって、表題のように改めた。

ベルグソン（一八五九―一九四一）

歩行というテーマを幾千どおりに変奏してみたところでそこから泳ぎの規則は引きだせはしない。水に入ることだ。すると泳ぎ方がわかり、それがわかれば水泳のからくりと歩行のからくりとの結びつきも理解されよう。水泳のからくりは歩行のからくりの延長であるが、歩行だけでは水泳は覚えるわけにゆくまい。同様に、知性のからくりについては飽くまでも知的に思弁することはできる。しかしそんな方法ではどこまでいっても知性のからくりは超えられない。

一九〇七年・『創造的進化』・真方敬道訳

一　「体ほぐし」の登場・なぜ体をほぐす必要があるのか

一九九八年七月に教育課程審議会答申が出され十二月には二十一世紀初頭実施の学習指導要領が告示される予定である。答申で注目されるのは「体ほぐし」の登場である。「体育の改善の基本方針」や作成にかかわった高橋健夫氏によると、次の点が特徴的である（「『体ほぐし』――そのねらいと内容――」・『体育科教育』・一九九八年九月号）。

①　従来の「体操」領域の内容に位置づける。
②　保健の「心の健康」とも関連づける。
③　心と体を一体としてとらえる。
④　難しい技の習得や競争に勝つための「運動」ではなく、「体への気付き」「体の調整」「仲間との交流」を目指す。
⑤　各運動領域の導入段階などにも位置づけることができる。
⑥　これにともない、領域「体操」の名称も変更する。

「体ほぐし」では上記六項目にわたる「体つくり運動」がその候補らしい。では、なぜ小中高の体育授業で体をほぐす必要があるのか。「体ほぐし」の登場は文部省のキャリア組からの体育への強い要請があったと聞く。いまの子どもたちを教育の危機的状況から救う手立てとして、「心の教育」と共に「体の教育」に求めた結果であるらしい。疲弊した心身の状況、他者との関係も閉塞状況にあり、自他の「からだ」の実感や他者との共有体験をつむことが、教育現場のみならず社会全体の課題になっている。体育は体からのアプローチを従前からしてきたが、あえて「体ほぐし」の必要性を説くほどに事態は深刻化しているとも読める。自分の体がどうなっているのかに「気付く」ことは、日常生活を快適におくるためにも、動きの習得においても、ストレスフルな生活から体をいい状態に「調整する」ためにも重要である。ここで求められるのはあくまで心と一体化した体であり、ほぐされる体、操作される対象としての体ではない。その意味で、従来の操作主義的な体育授業を超えた、新しい「からだ」*の授業展開が期待される。

＊　本稿では主として、「からだ」は身心一如の意を、「体」は肉体の意を、「身体」は心と体との意を表す用語として使用している。

二　操作される対象としての体

現象学や体育学で使われ始めた「主体としての身体」「生きられる身体」「私が私の生を生きるからだ」とは、ほかの誰でもない、教科書にも書かれていない、この「私」の感覚であり、それと不即不離にある私の「からだ」のことである。このからだが発するサインは生き物としての自分を喚起するだけでなく、言葉や価値観が権威を失墜していくなかでますます自己の確かな存在証明となっている。しかし、また同時に、まわりじゅうに横溢する文明の利器はヒトを生き物から遠ざけ、モノ化された体は医師と薬によって修理可能な精密機械に落とし込められている。かつて人間は誰が医師もどきであった。自分のからだの状態に神経を研ぎ澄ませ、癪《しゃく》（さしこみ）とか瘧《おこり》（ねつ）とか痛みや熱の状態を峻別して理解した。病気を排除するのではなく、取り込み、それとの融和をはかるように一人で闘病した。四季折々の季節のうつろいと交歓し応答する自己の感覚は開かれ覚醒されていた。人間関係においても向こう三軒両隣を親戚として交流を深め、体温の届く、そして緊張を要しない関係「かかわり」が確立されていた。

現代に生きる人間は太古の昔から受け継いできた自然的能力や人間関係をもはや必要とせず、体の周囲に皮膚や鎧を張りつけて生きている。不要ゆえに澱《おり》のように溜まってしまって皮膚下に細々と息づいている感覚を呼び覚ますことは、かぎりある命を持った生き物としての自分に出会う行為であり、生きとし生けるものたちへの共感にも繋がる行為である。澱が溜まった鈍感な体を「気づくからだ」へと、油が切れ固着した体を「可動範囲の広いしなやかなからだ」へと変容させていくことが当然に要請されてくる。この要請に応える体育の授業とはどのようなものだろうか。

それは従来のイメージとはかなり違ったものにならざるをえない。これまで教師主導のもとに段階的な到達目標と評価基準を適用してきたのであるから、限定された学校空間と授業時間のもとで展開される「身体操作」（例えば「力を抜く」という課題）などは、授業として実にイメージしにくいと思われる。手首、肘、肩、頭……それぞれの部位に意識を集め力を床や人に委ねること、反対に緊張すること、それぞれの状態の筋の深部知覚の違い、呼吸の違い、他の筋との協働、拮抗の様子、それらをまるごとの感覚として把握することは、「できる、できない」「より速く、より高く、より強く」という客観的尺度を重視してきた指導者の授業観では耐えられないのかもしれない。動かない体育、ネガティブな感想もオーケー、あるがままの自分を出せる体育、このことは体育教師にとって知的に理解できても、その取り組みともなれば、かなりの決断を迫る内容であろう。

三　しなやかなバランスのとれたからだ

私は「からだ気づき」(body-mind awareness) の実践のなかで、柔らかなからだ、頑固で歪んだからだにたくさん出会ってきた。しなやかでバランスのとれたからだになってほしいと願ってきた。私たちは不自由なからだを持っている一方で、いとも簡単に枠に入りやすいからだを持っている。それは柔軟なからだの持ち主の子どもほど、そんな感じがする。一元的な価値に子どもたちを追い立てて、目標達成至上主義、効率主義から離れるところに、「からだ」の授業は成立する。

「緩むからだ」という実習では、ペアを組むだけで緊張してしまう人や自分のからだを放り投げてしまう人など、さまざまな様相が見られるが、私は「力を抜かなければならない」と言ったことはない。どういう状態になっているかに気づくことを大切にしてきた。本人が実感し気づいたときに進展が見られる。本人は力を抜いているつもりなのに、相手に「全然抜けていない、軽い、任せてもらえず寂しい」などと言われ、「一生懸命に生きてきた自分、人に任せられない自分」に気づいて、愕然とする人もいる。人ではなく床にからだを委ねるときも同様なことが起こる。このように「からだ」に迫ることは、「ネガティブでドロドロした状況」や、場合によって「性」に関することも引き受ける覚悟が必要である。だからこそ「からだ」の領域は難しい。

個々の違ったからだを前にして、同じように気づきを促すこと、感じ方を強要することは不可能だから、「からだ気づき」では、通常のマニュアル化した指導案どおりに授業が展開されることはありえない。子どもたちが自分のからだとじっくり対話のできる場を、「教師」と「仲間」とが感じたことを共有できる場を、「からだ」の授業では、必要としているのである。

四　ある体育教師の「からだとの対話」

今、私のからだはとても悲しい。それは私が私のからだを愛していないから。私が私のからだを否定的にしか見ないから。あなたはいつからそんなふうに弱々しくなってしまったのか。なんだか、とてもくたびれている。余裕がなくて疲れていて、何か新しいことに挑戦するエネルギーなんてどこにもない。繰り返される偏頭痛、いつまでもよくならないアレルギー性鼻炎、三月に手術した疾患、食欲不振で痩せてしまったこのからだにはあの頃のような筋肉なんてどこにもない。どんどん自分が老いていき、落ちていくようで、……だから私はあなたのことがとても嫌い。……横浜国立大学の校舎の石渡り、ぼおっとしていたら心のなかに風が吹いて笹竹と会話をしてた小学生の頃の気分を見つけた。あの頃の自分もからだが弱かった。でも、自分のからだが大好きだった。なぜだろう……。

この文章は、ある中学校教師のレポートの冒頭である。一時間ばかりの「自然探索」でゆったりした彼女は、ふと小学生の頃の自分を思い出した。からだの専門家である彼女の「体」を誰も責めることはできない。私たちは教育の場で、比べられ鍛えられた体を獲得してきた。楽で安らかな体を持つ経験をあまり持てなかった教育の場で、「体ほぐし」をいきなりやっても、戸惑うばかりかもしれない。ゆっくり変わる必要がある。それは教育観や授業観や身体観も含めてのことである。

五　「からだ気づき」の実践から言えること

「からだ気づき」では、「からだ」を、心と体がいつでも同時に一緒に働き、その「からだ」は、おのずから「感じる・動く・ひらく・かかわる・表す」ものであると捉えている。実習をとおして、「いま・ここ」で自分のからだに起こることに「気づく」ことが重視される。実習とは、「やってみる」ことを意味し、何かの技能を身につけることが優先される演習やトレーニングとは異なる。そのため、受講者に目標を課すことはない。*　また「教材」とは受講者がどういう経験をするかを予想し実習者がそのような経験をできるように導く仲介物と解釈すれば、「からだ気づき」では教材や典型教材という用語を使うことも妥当ではないと考えている。なぜなら、「気づき」という漠然とした願いはあるものの、どのように気づけばいいのかを限定していないからである。

* 例えば「目隠し歩き」（別名で「目をつぶってみて」ともいう）の実習の場合、カウンセリングや障害児教育などでは、「相手を信頼する」「障害者の身になる」などの目標を示すこともあろうが、私は「やり方」のみを指示するだけである。「気づく」という方向目標や保障しやすい経験は予想できるが、どう気づくかは限定しない。実習は、ニュー・カウンセリング、センサリー・アウェアネス、アレクサンダー・テクニーク、リラクセーション、野口体操、操体法、呼吸法、即興表現などからヒントを得て、私の中で消化しきっているものを試行錯誤しながら行っている。各実習の概要については、別の機会に紹介したいが、一部は雑誌『体育科教育』で一九九八年度連載中の「からだ気づきの授業実践」に掲載されている。

しかし、どんな実習でもよいわけでなく、いろいろな気づきを促しやすいもので構成してく必要がある。たとえば、「目隠し歩き」の実習は二人組になり言葉を使わないで、目を開いている人が目をつぶった人を快適に安全におよそ三十分間にわたって戸外を誘導する実習で、「信頼関係」や「感覚の覚醒」を保障しやすい。「自然探索」は一人になり自然豊かな所で一時間をゆっくりとすごす実習で、「感覚の覚醒」「自己概念」「解放感」「自然とのかかわり」を保障しやすい。このように割合に閉じられた経験から多様な経験を保障しやすい実習までである。では、「からだ気づき」には学習内容として値する可能性はあるのだろうか。本年受講した実践者（すでに教科などに取り入れている専門家）や受講学生などに、教科外での実施の有無や留意点や事後に生活へ取り入れているかなどを尋ねてみた。*

＊　対象者は実践者八十六名（学校の教師やスクールカウンセラーや地域の指導員等）と受講者二〇五名（大学生・看護学生等）。実習期間は原則として二泊三日の宿泊研修。調査期間は一九九八年九月。調査方法は郵送回収法。調査項目は最近実践した六十種ほどの実習を五つの方向目標的な意味で便宜上分類してある。「ネームゲーム」「私の好きなところ三十個」は身体活動をともなわず言葉によるもの。

実践者が、①教科等で実施した実習、②子どもたちにとって一番よかったと思う実習、③是非やってみたい実習は、感じる系の「自然探索」「居心地いい」「背中で感じる」「目隠し歩き」「1、2、3人」、動く系の「寝る」「立つ」、ひらく系の「呼吸」「緩むからだ」「スラッピング」「ごろにゃーん」、かかわる系の「生卵を立てる」「与えること・受けとること」「天国への旅」、表す系の「新聞紙」「ネームゲーム」「私の好きなところ三十個」「話しの伝聞」であった。実践者が④生活の中に実際に取り入れている実習は、感じる系の「自然探索」「からだの癖」「踵から息を」、動く系の「寝る」「立つ」「歩く」「朝の目覚め」、ひらく系の「呼吸」「緩むからだ」であった。⑤学生が受講して一番印象に残っている実習は、感じる系の「自然探索」「全力疾走」「声を頼りに」「目隠し歩き」「1、2、3人」、動く系の「寝る」「朝の目覚め」、ひらく系の「緩むからだ」、かかわる系の「生卵を立てる」「共に揺れる」、表す系の「群像」「自分の名前」「ネームゲーム」「私の好きなところ三十個」であった。

これらの五つの条件を満たしている実習は「自然探索」「寝る」「緩むからだ」の三つであった。実践者と受講者に多く選ばれた実習は「目隠し歩き」「1、2、3人」「朝の目覚め」「生卵を立てる」「群像」「ネームゲーム」「私の好きなところ三十個」などで、実践者だけが選んだのは「呼吸」「ごろにゃーん」「天国への旅」であった。この十三の実習はインストラクションややり方がわかりやすい実習とも言える。実践者が生活に取り入れている実習は、かかわりや表現などの他者が必要な実習ではなくて、からだを感じ整える一人で行える実習であった。

六　授業の新たな展望

次に、「からだ気づき」はどのような変化をもたらしたのかを見ておきたい。気づきの方向や目標的な面では、およそ三割が「感覚が豊か」「ひらかれた感じ」と回答し、およそ二割が「健康なからだ」「自然が好き」と回答している。全体的にはおよそ四割が「色々な事に気づく」「あるがままでいい」と思い、二割は「自他を受け入れ」「頑張らなくなった」としている。この実践では、「気づく」ことが大きな目標であるので、これらは予想された結果とも言える。

しかしおそらく、今までの体育授業と大きく違うことは、「何を感じますか」「どのように呼吸をしていますか」などという言葉かけをとおして、そのときに各自のからだや気持ちに起こっていることを見つめ、「何も感じない」「何にも気づかない」という幅まで許容している点である。こうした所見は実践する場合にも反映されている。実践する際に気をつけた点を尋ねたところ、八割が「自由な雰囲気」「ゆったりとした雰囲気」を、五割が「操作しない」を、四割が「的確な言葉かけ」「怒らない」をあげている。この実践は、体育における他の運動種目に比べあまりなされてはおらず、今回もおよそ四割の教師が「道徳・特別活動・体育・生活科・国語・保健室指導」などの教科やイベントのなかで実践していることも判った。このことは「からだ」という視点からさまざまな授業を構成できる可能性を示している。加えて実践した全員の教師が「受講者の反応はよかった」と感じている。

これらの結果が教えてくれることを次のようにまとめておきたい。

① 従前の授業観とは異なる点があること。

②　実践者（教師・指導者）の「からだ」が自由でしなやかであること。
③　成果や効率や目標達成に縛られないこと。
④　「からだ」をベースにして教材にとらわれず広がりがもてること。

そして、授業を新たな展望へと繋げるためには、教師自身が子どもや自分さえも追い込まず、目の前に繰り広げられる「からだ」のドラマにどっぷりと浸る陶酔と冷静に見据える醒めた眼の両方を兼ね備えて持つことが必要に思われる。さらにつけくわえるならば、ヘトヘトになるまで精一杯動けば余力もなくなり自ずと力は抜けてしまうこと、力を出しきって仲間とかかわれば、言葉を超えて「からだ」で分かりあえる豊かな経験を体育が保障できること、それらのことが一方にあって、はじめて「体ほぐし」が生きてくる。「精一杯」と「ゆったり」とが車の両輪になって、スムースな歩みをもたらすのではないだろうか。忘れてならないことは、「感覚」や「からだ」や「気づき」は、詰まる所、誰も操作したり強要することのできないということなのである。

大島鎌吉（一九〇八―八五）

省みれば過去二十年間、子どもたちの遊び場、広場を奪って、大人は工場、住宅、駐車場などを造った。一方、六・三・三制の風土的入試システムは、動きたい盛りの子どもを密室に閉じ込めた。一週間わずか二〜三時間の体育時間では生物学的に見てもこんな現象（最近の現象は子どもの心臓病ばかりではない。心筋こうそく、脳いっ血、脊椎胸部異常、肥満症、胃腸アトニー、低血圧、糖尿病、神経症、さらにポックリ病までに及んでいる。発育盛りの肉体と精神にこんな悪魔がモグリこんでいるのである。これは最近の青少年犯罪の若年化とも無関係ではない）の起こるのは当然だった。漫画的なアナクロニズムだが、親父が職場で赤旗のもと、こぶしを振り上げて労働時間の短縮、有給休暇増などをと絶叫している。だが彼が家庭に帰ると、その子に、「勉強しろ！」「勉強しろ！」で自習や塾通い合わせて十二〜十五時間の労働《ベンキョウ》を強いている。しかも母親が応援団長。

一九七七年・「はちゃ！　の驚き、明日への展望」

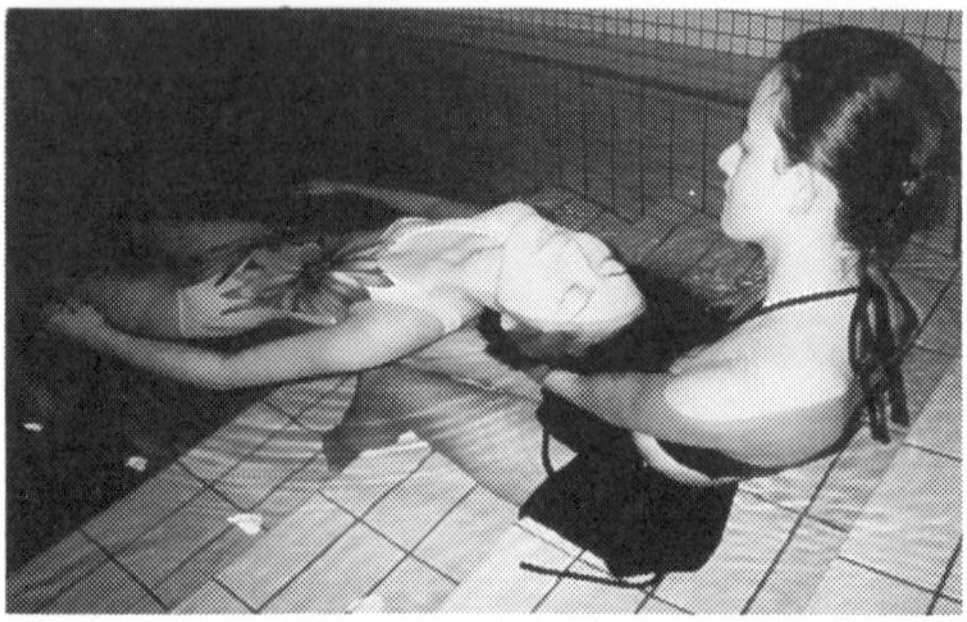

ウォーターリラクセーション　お湯のなかは神秘の世界．子宮にいたころの音が聞こえる．やわらかい水．境界をあそぶ私．（湘南国際村にて）
写真上　神奈川県立看護専門学校「保健体育実習」
写真下　済生会神奈川病院「プリセプター研修」

十六章　典型教材

（『体育科教育』・二〇〇〇年五月号）

本章は雑誌『体育科教育』の特集「〈体ほぐしの運動〉の授業をつくる」に載った拙稿「私案〈体ほぐしの運動〉の典型教材」を本書に収録するにあたって改題したものである。

自然学を築こうとしたデカルトは、人間を社会から切り離した。人間学を築こうとしたサルトルは、自分の社会を他の社会から切り離す。個人主義と経験主義の中に立て籠もるならば、コギト――素朴かつ非理性的であろうとする――は社会心理学の袋小路に迷い込むことになる。

レヴィ＝ストロース（一九〇八―）

一九六二年・『野生の思考』・大橋保夫訳

一　私の夢は自分で植えた木で家を建てること

チェルノブイリで母のおなかの中で被爆した十三歳の少女は現在、体の異変に始終悩まされている。その子の言葉が今も脳裏に焼き付いている。

「……人は木を植えその木を切って自分の家を建てる。それが人が生きるということ。それ以上の科学はいらない……」

便利さや効率を求めて生活や科学や教育が回り始めると、切り刻まれた時間や分断された心身、希薄なかかわりが浮上してきた。先端技術がもたらした原子炉や遺伝子治療に対しても、制御できる準備や見通しもないまま使用が開始された。二十一世紀を生きる子孫に二十世紀の人はとんでもないモノを作ったと責められるに違いない。

この問題と「体ほぐし」の登場は次元が違うものの、「何か」類似する怖さを感じる。「体ほぐし」の導入に対する怖さを探ってみると、第一には「からだ」という神聖な領域に踏み込んだこと、第二には目標達成の呪縛から抜け出る手立てが不明なこと、第三には典型教材たりうるものがあるとして、それを提示したらハウツーだけが一人歩きし、本質は置き去りにされ画一化する予感があることなどである。これらの問題に私論を述べ本テーマに迫ることにする。

なお、私が長年行ってきた「からだ気づき」は、「体ほぐし」のねらいの一つである「体への気付き」と同様に捉えられているらしいが、「体ほぐし」が主に律動的な運動や体操領域を対象とするのに対して、「からだ気づき」は静的な運動も含めて色々な運動を対象とすること、そして、新しい教育観への転換が特徴とも言える。教育観に関しては「体ほぐし」も同様な考えであろうと思われるが、実践場面になると目標と実践のちぐはぐさが目立つように思える。

少女が「それ以上の科学はいらない」と身をもって断言したように、「体ほぐし」が体育に入って本当に良かったと言える日がくればいいなと思っている。

二　からだという神聖な領域

「心と体を一体としてとらえる」という言葉を私は身心一如という意味を込め、ひらがなの「からだ」で表している。この身体観を実現する領域として登場した「体ほぐし」をめぐり、戦前の「お国のために身も心も捧げる身体の教育」に直結する思いを抱いたり、「運動による教育」という手段論の復活と捉える人もいるだろう。しかし、「体ほぐし」が担うべきことは、いわば自分自身のからだの主人公になることであり、戦前の「身体の教育」が目指した身体とは明らかに異なっている。

「体ほぐし」では主客が渾然となっている身体をも教育の対象としなくてはならないのではないか。だから、ドロドロした見たくもない自分（からだ）や意識できない身体（からだ）も視野に入れなければならない。

これまでの体育が主に担ってきたのは、操作可能な身体の育成や体力づくり、スポーツ文化を継承発展させるための運動技術や知識の習得であって、ここでの身体は操作の対象であったり、測定できる客観的なものが多かった。これまで学校教育で対象としてきた価値ある身体だけではない部分にも、「体ほぐし」は踏み込んだと私は解釈している。そう解釈してこそはじめて、今の教育や社会を取り巻く状況に「からだ」からのアプローチが有効に作用するのではないか。この神聖な部分に踏み込んだからには、教師には、一元的な価値観に縛られない覚悟が必要である。

三　巨大化する「ホグシザウルス」——目標達成の呪縛——

「体ほぐし」はすでに多くの学校で先駆的に実践され、体育雑誌などでも紹介されている。それらのいくつかを見聞した感想は「百貨店の百花繚乱」「教材は何でもあり」の感じがする。よりどりみどりの教材から選択する可能性が広がったことはいいことであり、教師の選択能力に期待するところ大である。しかし、目標やねらいの記述や実際の授業には、ある共通点が見られる。それは「ナニナニできましたか」というねらいが見え隠れしているということである。例えば「自分や友だちの体に気付きましたか」「体を整えましたか」「仲間とうまくかかわれましたか」「体も心もほぐれましたか」などで、挙げればきりがない。それらの「言葉」を意識的に使っている場合もあるし、無意識のうちに言ってしまっている場合もある。

このことを危惧して、私は数年前から、「体ほぐし」実施の留意点を述べてきた。

「……達成目標や到達目標を設定し、そこに子どもを操作して連れてきてはならない……」

と、そう主張してきた。そして、「ホグシザウルス」「キヅケザウルス」の恐龍を登場させて警告を促してきたのだが、目標達成の呪縛から逃れられない教師や子どもたちを色々な場面で見てきている。

ある小学校の実践では「気付き」「調整」「交流」のねらいに各々見合う教材を用意し、十分ずつ実践していた。教師はねらいが達成できることを望み、子どもも一風変わった活動に戸惑いながらも教師の意図に合うように振る舞っていた。このことを誰も責めることはできない。なぜなら、フーコーの近代への指摘である「規律・訓練」のテクノロジーに従い、教師も子どもも「規格化した身体」を無意識に望んでいたのではないか。このような例は至る所にある。

「体ほぐし」は、体を取り巻く制度やある前提や約束ごと、枠組みや限界を吟味して、自分や他者や自然の存在を問い直す試みなのである。そこではおのずから目標達成の呪縛に対峙する必然が生まれる。しかし長年染み込んだ癖や考え方は簡単に拭えない。「目標を達成したら駄目だ」と思うのでなく、「目標を達成しようとしている自分がいる」ことに気づくことから、緩やかに教育観が変われればいい。これは二項対立的思考法からの脱却を意味する。

四　典型教材の意味するもの

典型教材には内容や方法も含み込まれている

先日小学校四年の「からだ気づき」実践を見た。教師はワイヤレスマイクで静かに丁寧に語りかけ、教材は「目隠し一人あるき」「まっすぐ歩く」「床に脱力」「寝にょろ」「私は語る」を次々に行った。

「……いつも今日のように優しい先生だといいな、でも普通の体育の方が断然いい……」

と、子どもは言った。教材は気づきを促すためには有効なものであった。実践でも「自由な雰囲気づくり」「明確な言葉かけ」もなされていた。

では、なぜ子どもたちに受け入れられなかったのだろうか。この問いは重要な課題を提起している。研修会や伝達講習での体験や雑誌で有効だといわれた教材を子どもたちに行っても、思うような手応えを味わえないことに似ている。典型教材とは「その教材が教え学ばれるべき教科内容を典型的に反映しているものであり、更に教科内容を有効に習得できるような方法や形態をとっている」(岩田靖『学校体育授業事典』)ものといえる。

ところで前述の実践は、教材は教科内容を反映していても、子どもの実態に合わず、細切れの時間は気づきを促すには不十分であった。つまり、典型教材とは、内容や方法も一体化しているのである。「からだ気づき」では特に時間は大切な要素である。無駄なように思えても、からだの内部では何かが起こっており、この時間を受け入れられずにイライラする人も多いのだが、この経験こそが日頃の目的指向的行動に気づかせてもくれる。

つまみ食い式アラカルトでは大した気づきは期待できない。失敗を糧に子どもへの動機づけの工夫や教材選択の目を養えばいいのである。ある中学校教師が「からだ気づき」は活発な中学生には合わないと言っていたが、一度の試行で諦めるのは早い。他領域には少なくとも戦後の五十年の蓄積があるのだから。

実践の中で感じる教師の違和感こそが教材

幸い「からだ気づき」を実践すると自分の授業がどうだったのかが即座に分かる。子どもたちは自由に振舞うので教材をどう受けとめているかが分かるし、感想も出やすいので、これが授業を振り返る一つの手がかりになる。

ここで先のワイヤレス教師の「からだ」を問題にしてみたい。日頃の大声が語る「静かな口調」に違和感はなかったのか。床に脱力させようとして何度も「力は抜けましたか?」と繰り返したのはなぜなのか。床に寝ても頭を起こして仲間の様子をうかがう子を安心させるためか、それとも教師の不安と戸惑いの表れなのか。この「からだ」の居心地の悪さにこそ、教師が、からだの有り様に気づく鍵が隠されている。つまり、「からだ気づき」実践は、子どものからだだけではなく、教師のからだ自体が同時に教材になるのであり、授業中に味わった違和感が授業を振り返るもう一つの手がかりになる。はじめて「からだ気づき」を単元で実践したある教師は回数を重ねるうちに変化する「からだ」を次のように語ってくれた。

今までの授業のように「こうなってほしい」という願いが強いために児童を操作する言葉を発しそうになることもあって、その時の自分との葛藤が印象的である。気づきを促す言葉かけは意識していたが、大変難しく何を言えばいいのか考えてしまうこともあり、結局言葉をかけられなかったときもあった。到達目標がないことで不安になっていたのかもしれない。しかし、授業の回数が増えていく中で、その葛藤も次第に弱くなり、授業の中で「何とも言えない心地よさ」を味わい、いつの間にか授業を楽しんでいることに気づいた。体を動かす実習では児童とともに参加してみた。その場で展開された自然なコミュニケーションは「教師——児童」という枠を超えた関係から生まれてきたものであると思う。

この教師の気づきこそが「からだ気づき」で同時にもたらされる宝物になる。

マニュアルの功罪

私にとって、「からだ気づき」の静かめな典型教材は「目隠し歩き」(別名で「目をつぶってみて」ともいう)である。小学生から大人まで行え、気づきも「かかわり」「感覚の覚醒」「自己との対話」「自然観」などと広く深い。何百回やっても飽きることもなく、指導言語も明確であることから、現場でもよく実践されている。ところで、アイマスクを付けて十分から十五分で交代する方法が多く見受けられる。

「……アイマスクで目を覆っても光の陰影はわかるの？　……」と教師に問えば、子どもが目を開けてしまうからと応える。子どもは「必然」があるから目を開けるのではないか、と私は思う。

「……二十分をすぎたころから、怖さだけではない気づきが広がる可能性がある、だから一人三十分は確保してほしい……」

と促しても、そんな時間はとれない、五分間でも光の明暗は分かると多くの教師が言う。そんなことならば「やらない」ほうがまし、どんな経験を保障しようとしているのか、と私はさらに思うのである。目に見える「ハウツー」だけが伝達され、大事なことは置き去りにされる。

典型教材の開発の必要性を思いながらも、「からだ気づき」の典型教材という考え方は適切なのかと自問したりしている。典型教材というマニュアルに従えば、誰でもができるということは、結局は「規格化した身体」を製造する手助けをしているのではないか、という矛盾の中で私は右往左往している。そのような思いを各教師がもって、子どもにかかわれば、きっと「生きられる身体」を探ることにつながり、マニュアルや一元的価値観に縛られないであろう。

五　典型教材として位置づく実習

発達段階に応じた教材を用意できるのか

「体ほぐし」は他種目と異なり、小学校から高校まではほぼ同じ内容で示され、「やさしいから難しいへ」とは発展しない運動だと捉えられている（村田芳子「心と体を一体として」・『体育研究』三五号）。前述の「目隠し歩き」も小学校の中学年から実践可能であり、高校まで毎年行えばいいのかという問いが出てくる。答えはイエスとも言えるが、経験をもとに各発達段階で行ってほしい教材を考えてみた。

小学校期は全身を思いきり使って遊び、仲間とからだごとかかわる活動がいい。中学校期は体のつくりや働きにかかわる教材を用意すると抵抗なく取り組めるであろう。高校期では人やものや自然とのかかわりや緩むからだをじっくり体験できる教材が妥当かもしれない。

この視点と今までの実践をもとに典型教材になりうる教材をまとめてみよう。

① 小学校 ⇩ 「歩く」「呼吸」「彫刻家」「オーケストラ」「だるまさんが転んだ」「風船」「天国への旅」「新聞紙」「目隠し歩き」「1、2、3人」「マイ・シルエット」「ごろにゃーん」「卵は立つ？」「声の行方」。

② 中学校 ⇩ 「立つ」「坐る」「からだの左右差」「足感覚の覚醒」「かごめ」「ファンタジー」「寝にょろ」「緩むからだ」。

③ 高 校 ⇩ 「一緒に動く」「自然探索」「与えること・受けとること」「手当て」「共に揺れる」。

ただし、「小学校」で例示した実習は、中学生から大人まで実践可能であって、その発達段階のみに適しているという意味ではない。なお、導入の意味合いが強く典型教材とは言いがたいものは省いた。例えば「じゃれつき」「くすぐり」「全力疾走」「人間トロッコ」「からだの掃除」「圧痛点調べ」「声を頼りに」などである。

提示した教材は気づきを促しやすく、ある程度の時間を要するものであるが、気づきの深まりや広がりを考えた単元構成が可能かどうかという本質的な問題については悩んでいる。ただ、一時間の流れにも、精一杯動いたあとに自他のからだに集中する教材を配列するというように、力やリズムの緩急を意識した構成は大事であり、それらを見極めるのは教師の直感である。これができるためには、教師は外から観察するのではなく、自ら流れの中にいることが必要である。また、私の「からだ気づき」はダンスやカウンセリングの知見に多くを依拠しているのだが、体操系やモノ操作運動系や野外活動系の立場から「体ほぐし」の典型教材を考えてみることも興味深いことである。

「新聞紙」は願いにかなった典型教材

私は「からだ気づき」の動的な典型教材「新聞紙」を、園児から七十歳まで、対象に応じて言葉かけや提示の仕方も変えて行ってきた。「新聞紙」はダンスの導入教材として開発されたのだが、それをベースに、「からだ気づき」では身体意識や身体やモノの操作、他者との関係や表現を意図して行い、どの年代にも手応えを感じている。

今回は小学生の受講の感想をKJ法で分析した結果を手がかりに、この教材がどのような経験を与えたのかを見てみる。子どもたちは楽しかっただけでなく、難しさや苦しさや疲れや恥ずかしさを感じている。また、相手との関係やからだについて考えた子も多く、新聞紙の素材のもつ特性や動きの意外性、使い方への驚きも加わり、いつもとは違う授業として印象に残り「またやってみたい」という思いも引き出している。「新聞紙」はやさしく簡単な活動ではなく、運動量があって、疲れ果て、相手や新聞紙との関係に気を配りながらも、思うようにいかない「からだ」にも気づける活動であった。

では、なぜ、「いつもより楽しい」「おもしろい」「笑顔が多い」「こんな遊び方もある」「先生もバカになって大胆に踊っていた」などと授業に引きつけられる子が多かったのだろうか。「新聞紙」は動きや身体操作や表現要素の大変さを含みながらも、他者との世界を共有し、授業全体は「できてもできなくても」「自分がやれるところで精一杯」が、やんわりと仕組まれた教材であったと言える。

この実践を参考にすると、「体ほぐし」のキャッチフレーズである「やさしく簡単」「スイッチオン」が絵空事のように響いてくる。「体ほぐし」を教える教師には、子どもに学ばせたい内容がきちんと反映できる教材にこだわりをもち、教材に合わせた学習方法や形態を自由に選択でき、「いま・ここ」で起こっていることに柔軟に付き合えるしなやかさが要求されている。

その度量を持ち合わせた「ミレニアムキョウシ」は、触覚が自由に動き、皮膚感覚で取り巻く運動空間に即座に反応し、手は柔らかくコドモの「からだ」に触れる生き物に違いない。

新田次郎（一九一二―八〇）

その朝、（十六歳の）彼は数日前に支給された詰襟の小倉の洋服に着替え、竹馬に乗って荻浜を出た。足段の高さ三尺もある竹馬はこの日のために前夜準備したものだった。洋服を着て靴を履くとじろじろと見られる時代だった。詰襟の洋服を着てはだしで竹馬に乗って歩く恭輔の姿を荻浜の人たちは驚きの目で眺めていた。新しい洋服を見せびらかしたいがためにわざわざ竹馬に乗って歩くのだろう、いかにも少年らしいやり方だと微笑で見送る者もあったが、それにしても足段の高さ三尺の竹馬は異様だった。なんだってあんなに高い竹馬に乗ろうと考えたのだろうと不審に思った者も多かった。あの少年は少々頭がおかしいのではないかと首をかしげる者もいた。恭輔はそれ等の種々の批判の目を後に、竹馬に乗ったまま石巻へ向かって歩き出した。荻浜、侍浜、月の浦、蛤浜と海岸に沿って続く道を約一里半（六キロメートル）歩いて来たところに神社があった。そこから道は二つに別れ、石巻へ行くには風越峠を越えねばならなかった。

「荻浜から来たのか」

と通りかかった人が恭輔に訊いた。洋服を着ているから、荻浜の三菱汽船の社員だと見たのである。恭輔は竹馬からおりて一休みした。足よりも、両手がひどく疲れた。

「どこまで行くのだ。まさか峠を越えて、石巻へ行くつもりではないだろうな」

そういう男に恭輔ははっきりと、竹馬で峠を越えて石巻へ行くのだと答えた。

「なぜそんなばかなことをするのだ」

「ばかなことでしょうか」

恭輔はその男に反発の眼を向けたが、強くは抗《あらが》わなかった。言ったところで、この男には分からないだろうと思った。

……

「よく来たな」

と鳴斎は大きな声で言った。そして、恭輔が抱えている竹馬を見ると、なんでそんなものを抱えこんでいるのかと訊いた。

「荻浜からこの竹馬に乗って来ました」

恭輔は少々照れながらそう答えた。なに、荻浜から竹馬に乗って来たのだと、鳴斎は一瞬眼を見張ったが、急におか

風船

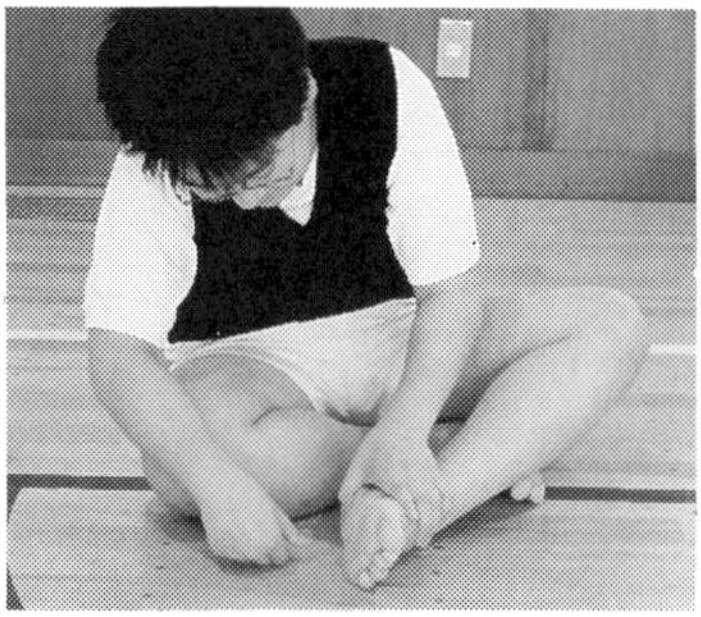

足感覚の覚醒

ねにょろ　成人体力づくり講座：杉並にて

リング鬼ごっこ

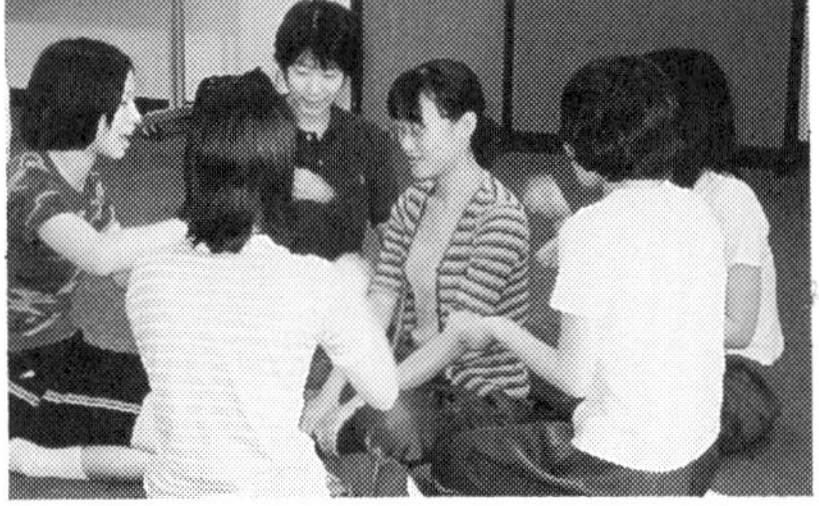

ザーザー雨

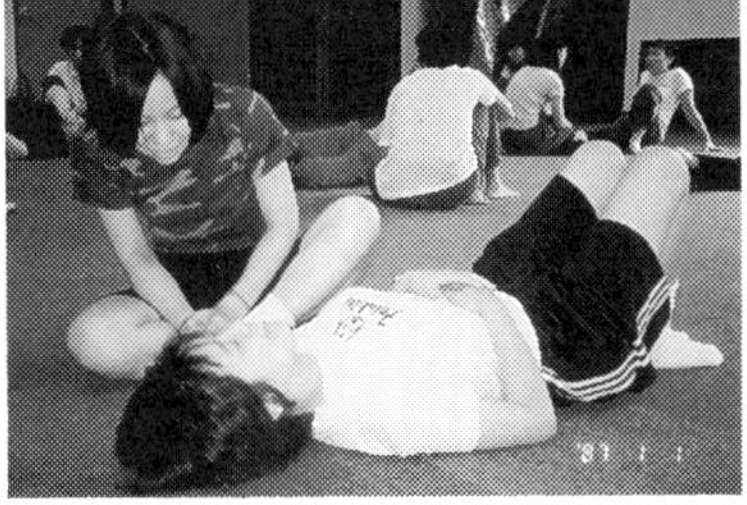

私の名前

しさがこみ上げたように、白い髯をふるわせ笑った。ばかな奴だよ恭輔は、とも言った。

「さあ上がれ」

と鳴斎は恭輔を家の中に入れると、なぜ竹馬なんかで、やって来たのかと訊いた。

「亡くなったお祖父さんが、馬に乗って歩けるような人間にならねばならない、とよく言っておりました。竹馬は馬の仲間には入らないでしょうか」

恭輔はまじめ腐ってそんなことを言った。

「そう言えば友琳は馬が好きだったな、往診にはいつも馬を使っておったわい。友琳先生なんて呼ぶものはいなかった。馬の先生で通っていた」

鳴斎の顔から追憶の一瞬が去った後で彼はひどくさびしい顔になって言った。

「ほんとうに馬に乗るつもりで竹馬に乗って来たのか」

「ただ乗ってみたかったからです。荻浜からここまで竹馬でずっと通したらどういうことになるかやってみたかっただけです」

一九七四年・『アラスカ物語』・「……」部中略

十七章　「からだ」の学び

――主観的気づきと客観的知――

（『体育の科学』・一九九八年十月号）

編集者から注文のあった本章の初出テーマは「身体形成のための技術――主観的気づきと客観的知――」であった。私は「からだ気づき」の観点で捉えるとき「技術」という表現にある種の違和感をもっているために、本書に収録するにあたって、主題部分を標記のとおりに変更することにした。

カフカ（一八八三―一九二四）

ロビンソン・クルーソーが島の中のもっとも高い一点、より正確には、もっとも見晴らしのきく一点にとどまりつづけていたとしたら――慰めから、恐怖から、無知から、憧れから、その理由はともかくも――そのとき彼はいち早く、くたばっていただろう。ロビンソン・クルーソーは沖合を通りかかるかもしれない船や、性能の高い望遠鏡のことは考えず、島の調査にとりかかり、またそれをたのしんだ。そのため、いのちを永らえたし、理性的に当然の結果として、その身を発見されたのである。

一九一七年頃・『カフカ寓話集』・池内　紀編訳

一　赤トンボの追憶

暑い夏の日、少年は尻尾を清流にたらすトンボたちを見つけた。まだ茶色の尻尾であったが餌をいっぱい食べて秋になれば赤トンボになると父に聞き、空一面にとぶ赤トンボを思い浮かべた。次の年同じ場所に行ってみると、護岸工事のためにコンクリートで整備された川にはトンボを見つけることができなかった。トンボが川から消えていったようにその鮮烈な記憶も少年の脳裏の奥に追いやられ、少年はいつしか大人になり、そして親となり、ビジネス戦士として多忙な毎日を送る身になっていた。

都会で暮らす彼は夏もネクタイ背広姿で通勤する。快適なオフィスを出た途端に汗が吹き出るが、次の会議のために足早に駅へ走る。男の欲情をかきたてるキャミソール姿の女性たちが闊歩している街。新幹線で隣り合わせた女性はスカーフを取り出し膝にかけ長袖を着込む。JRも冷房には糸目をつけない。出張先で大学生の息子の下宿に泊まる。コンビニで買い込んだ夕食を食べたあと、レンタルビデオを一緒に二時間観る。親子の会話はほとんどない。息子の寝顔をあとにして早朝下宿を出る。

近道の川沿いの土手に向かうと、老夫婦が手をつないで散歩をし、少年が子犬と走っていた。誘われるようにふと草むらに目をやると、赤くなりかけたトンボが羽を休めて眠っていた。彼は心の奥底にしまわれていたとても大事な宝物をそこに見つけた。大人になった彼に、ムンムンする草の匂い、手足が痺れるほどの水の冷たさ、清い流れ、赤い尻尾、父親との会話が原風景として甦ってきた。少年の夢だった空一面にとぶ赤トンボを眼前にして、失ったものの大きさに気づいた。ネクタイ、背広、会社、あふれる情報、自由に手に入るはずのもの、身にまとうあらゆるものが、いつしか自らを縛りつけていることに気づいた。

父となった少年は、今でも日記をつけている。次男が何に対しても「ムカつく」を連発する語彙の貧困さとは対照的である。日記の習慣は小学校時代に形成された。鉄棒を習ったときのこと、ナニナニ時のこと、何でも綴った。手のまめがつぶれたこと、空を浮いたような逆さ感覚、物差しを背中に入れ背筋を伸ばしたこと、カモシカのように風を切って走った感じが、記述とともに身体感覚として残っている。夏休みには校庭の隅に秘密基地を作り作戦会議をしては敵陣の宝物を奪い、プールに忍び込み星を眺めながら裸で泳ぎ、多くの夢物語を披露しあったことが心のアルバムのなかで異彩を放っていた。学校は彼らの行為を黙認していた。しかし、父と同じ小学校に通った息子たちにとって学校は遊ぶ場でなくなっていた。幹線道路が家と学校を隔て、空想をかきたてる廃墟や空き地はなく、塾通いをする友が増え、兄弟はテレビゲームに興じた。

運動会からは徒競走が消え、体育の授業参観に行っても子どもたちはバラバラな活動を黙々とやり、難しい技に挑戦しないので一見楽しそうであったが、下手な子の多いことに父は気づいていた。逆上がりのできない息子たちを何度も公園に連れて行ったが、ぶらさがったままで動けない彼らを前にして、教える意欲を減退させるばかりであった。四十年の歳月は原風景や日常や学校の風景をも変容させた。

二　客観的知を構成するもの

半世紀のあいだに衣食住のみならず、家族関係や遊び、教育や身体をとりまく状況が大きく変わってしまった。その有り様を平凡な家庭をモデルに散文風に展開してみた。今回の主観的気づきと客観的知をつなぐという大それたテーマは、ヘーゲルから始まって、現象学、実存主義、記号論、構造主義、ポスト構造主義までに至る中心的問題意識であったと思われる。それほどまでに難解な問題を解く力は私にはない。ただ、主観と客観、身と心、感覚と意識（言葉）、自己と他者、発信と受信、生活と教育などを二項対立的に捉えるのでは、近代科学主義、合理的効率的な思考から脱却できない。そして多くの論考が、これらの対立問題を関係性のなかで捉えてこそ、教育や社会を変えうることを示唆してはいる。

たとえば、気鋭の評論家吉岡忍氏は今日の教育問題の根本は授業の不成立にあると説く（アエラ・一九九八・二二号）。氏は小学校高学年から急増する授業の不成立の問題は、読書、友達との遊び、戸外での運動、家事の手伝いなど、先の「少年」のように、かつては身近にあった子どもの生活基盤の脆弱さに原因があるという。授業という教室空間で展開される知的営みが学び手の「腑に落ちる」ためには、過去の豊富な直接体験を必要とするのだが、その決定的要因が欠如しているという指摘にほかならない。

そもそも人が物事を認知する場合の認知の仕方をみると、感覚的な把握が土台であって、リアリティの源泉であることが誰にでもわかる。人の顔の認知の仕方をみればわかるように、私たちは、語るよりも、もっと多くのことを非言語的に知ることができる。顔の特徴を言語で表現することは難しいのである。

しかし、効率的な知の伝達を担わされる学校教育では、いきおい、言語伝達と言語能力の涵養こそが教育の眼目となっている。そのため、勉強のできる子どものその中身とは、体験の裏打ちを欠いた言葉の暗記能力にほかならなかったりもする。知識の理解と身体の知覚はおよそかけはなれた感を抱かすのだが、言語的に明示されるものは、実のところ背景に身体感覚をともなっていて、それを先行させることを前提としてはじめて存在することになるのではなかったか。

このことは、身と心を結ぶ言葉が日本語に豊富に根づいていることからもうかがえる。

「……目から鱗……」
「……息が合う……」
「……腰が据わる……」
「……足で踏ん張る……」

などと、日本語では、頭から足に至るまで、心の有り様を身体の部位や状態になぞらえて表現してきたのである。ところが、心の不快さを表現した「頭にくる」や「腹が立つ」は身体の部位の状態を、「ムカつく」は上半身の症状を、そして「キレる」は表層を被う皮膚や全身にめぐらされている血管がキレるを想像すれば、現代人の怒りと解釈できようか。心の状態をもはや身体の一部で語ることはできない。このことは、身と心を区別できないほどに一体化しているとも読めるのだが、「超ナニナニ」表現にみられるように、さまざまな感覚や状況に「超」をかぶせて片づけてしまう風潮と重ね合わせれば、心身の微妙な有り様を的確に表現するための言葉の消滅や身体感覚の喪失とも読み取っていいのではないか。身体に起こっていることに気づき、感じ分け、意味づける作業が深い経験につながっていくことを、あらためて確認すべきときに至っているような気がする。

私たちが五感で感得した原体験や幼児体験などのように、網の目のように織り込まれた知覚体験が豊穣であればあるほど、それがのちの知的発達の基盤をなすことになる。「暗黙知」という衝撃的な言葉で名高いマイケル・ポラニーは、客観的な真理とは、自己の主体的な関心や営為と離れた向こう側に鎮座しているものではなく、主体的な探究によってのみ確立され、「客観性の神話に呪縛されてはならない」と説く（M・ポラニー著『暗黙知の次元――言語から非言語へ――』・佐藤敬三訳・一九八〇）。哲学や心理学が主観と客観を繋ぐものを身体に求めだしたことは、当然の流れであると言わねばならない。しかし、西洋思想の心身二元論の立場からでは、この隔たりを埋めることは大変であって、そのために、身心一如（身と心はいつでも同時に一緒に機能している）に立脚する東洋思想や東洋の身体技法が注目されている。

三　身体形成と身体技法

ヨーガや太極拳や気功に代表される東洋の身体技法は体と心の関連性を追求し、からだ形成（人間形成）を目指してきたと言える。しかし、学校教育は西欧の教育思想の影響が大きく、「体」の教育は体育で、「心」の教育は道徳や心理学が担ってきた。そのなかでも身体形成を担ってきた領域では、体力づくりが中心であって、操作する対象としての身体やモノ化する身体のイメージを助長してきたと言えようか。ところで、合理性や効率性を求める教育のなかには、これまで東洋の身体技法は入り込む余地がなかったのである。

しかし昨今の心身をとりまく劣悪状況を打破するために「教育課程審議会のまとめ・改善の方針」（一九九八年六月）によると、体育において、小中高を通じて「体ほぐし（仮称）」を新たに導入し、心と体を一体としてとらえ、体の調子を整えることが提案されている。大人たちだけでなく、子どもたちの生活習慣も乱れ、ストレスフルで不安感が高まってきているのだという。「まとめ」にみられるように、この身体のとらえ方の提示と体操領域の内容の変更は、明治以来の画期的な出来事であるとみてよい。これを受けて実践される「体ほぐし」や「からだ気づき」が、「体」をほぐし気づくモノとしてとらえるならば、操作される対象としての今までの身体観と変わりないことになってしまう。「心と体を一体としてとらえる」実践がどのように展開されるのかが今後問われることになろうか。そのためには自らの身体感覚を味わい、快適なからだの状態を求め、床や人にからだを委ね、まわりをとりまく自然とのかかわりを楽しみ、動かされる身体ではなく、身体は本来的に動くという観点に立つことが大切になる。これらの問題を主に引き受けることになる体操領域の名称変更に関しては、「フィットネス」や「体つくり運動」の案名も出ているらしいのだが、いずれにしても、今までの内容と身体観を大きく変容させることになるであろう。

そこで、私の十五年近い「からだ気づき*」実践から具体的な内容を提示して、これまで重視してきた所見を述べておくことにしたい。「からだ気づき」では、人間を、「感じる・動く・ひらく・かかわる・表す」からだの機能を持っている存在であるととらえる。そして、具体的な実習を提供することによって、からだの内部感覚や五感や筋感覚などに依拠する身体意識や自己意識を高めることを目的にする。そのためには自分のからだに起こることに気づく（aware）ことが重視される。実践内容は、ニュー・カウンセリング、センサリー・アウェアネス、アレクサンダー・テクニーク、リラクセーション、野口体操、操体法、呼吸法、即興表現などがベースになっている。幼稚園児から老人までを対象に、床や畳や絨毯や土や草や砂浜で、ときには朝霞や暗闇や温泉や海やプールのなかで行ってきた。可能なかぎり学校空間や枠を離れて、自然豊かな所を求め、とかくタブー視されるセクシャリティ（性）にかかわる実習も組み込んできた。特に近年の実習（やってみること）は、学校が担うべき主な内容を、「かかわり」や「表現」であると考えて、それらを意図した実習が多くなっている。また、人間の動きに基本である「坐る、立つ、ねる、歩く」は仏教の四威儀と呼ばれていて、このような原初的な動きや生きる源である呼吸についても学習内容として設定している。

＊「からだ気づき」実践の「からだ」は身心一如と同義語としてとらえる。実習の詳細は次の資料を参照。執筆は高橋和子他。本論考では身体形成のための方法やその方法によって保障される経験や指導上の留意点などの詳細は紙面の関係で触れない。①「学習内容としての身体的認識」・竹田清彦他編『体育科教育学の探究』・一九九七。②「新しい体操の授業づくりの試み」・体育科教育・一九九五。③「ボディ・アウェアネス」・体育科教育・一九九六。④「からだ気づきの授業実践」・体育科教育・一九九八。⑤「青年期におけるからだの気づきを促すためのプログラム開発」・大学体育・一九九八。

これらを実践するうえで重要なことは、どのような身体の状態になっているかに気づきを促すことであり、問題解決や治療や何かの技能を身につけるための訓練やトレーニングと考えないところにある。このことは大きなパラダイムの転換であって、自分が身体の主人公となる近道であると考えている。気づきが起こりやすい場を提供することによって、身体感覚に鋭敏になり、バランスのとれた身体を感じ、心身が癒され、あるがままの自分を受け入れる傾向がうかがえる。また、気づきの幅を限定せず自由で安全な雰囲気を確保し、授業者と受講者がともに実習を創っていくことが重視される。

目で感情伝達（中学1年生）

ボクコンナコトデキルヨ！（4歳児）

四　主観的な気づき・十五年の点描

人にからだを委ね楽になった人、逆に緊張して肩が凝った人、同じ実習でも受けとめ方はさまざまである。私の十五年の経験から各実習の受講者の反応を記憶に任せて書いてみる。読者にはどのような実習なのか見当がつかないだろうが、主観的な気づきは、身体意識や自己意識と、また人間関係や自然への思いなどと多岐にわたっていることを感じ取っていただければと願っている（文中カギ括弧内は受講者の言葉・傍点は実習名を表す）。

幼　児

◇ズックを脱ぎ裸足になった。目をつぶっても暗い方の床は冷たいと感じ分けた。
◇床に身体部位タッチ。土踏まずはどこ？　うなじはどこかな？
◇三人で三角窓を脚で作ろう。
◇パントマイムで嘘のケーキを出した途端よだれをだした。
◇線を飛び越そうと何十回も挑む子どもたち。全身で息をしながら、「見て！　見て！」と言う。

中　学　生

◇小学校の時いじめられた子どもは二人組になれない。
◇新聞紙役で動かされて、いじめられた子の気持ちが分かったという女子生徒。
◇国語で一年間精気のない男子生徒が生卵を立てる授業で一躍スターに。
◇先生の腹に頭を預けた五人の男子生徒はまるで母親の乳に群がる子犬たち。「スゲエ膨らむ、キェー地獄に落ち

◇精薄の男児に触れられるたびに吐き気。「緩むからだでその悩みが少しは解消」。
◇「生まれてはじめてちゃんと立った感じ」。
◇「腰砕け・腰が立つを味わう。静かに何時までも坐っていられる」。
◇五十年間、口で息をしていた養護教諭。「自己肯定度がゼロから十四点になる。不安定な私がいる」。
◇目を閉じて共に揺れる。「目の前の女性は、なぜか八十歳の母のようだった」。
◇ごろにゃーんで背中にもたれ眠りほうけてよだれを出した心理学者。
◇マイシルエットを描く。「理想の私」「いやな私」。
◇群像。「思考をともなう暇がなく、からだが感じるまま」。
◇即興表現で「別の私を演じる楽しさ」「なんでもありの世界」「教師という肩書きは飛んでいく」。

このようなさまざまな主観的な気づきがどう客観的知へ繋がっていくのであろうか。まずは主観的な気づきを振り返る場を設定することで、一人の体験がみなに共有できる。言葉や絵や動きに現れ出た、つまり意識化することで、曖昧であった事柄が、明確化することになる。呼吸、声の出し方、姿勢、緊張や解緊、人間関係や自然やモノとのかかわりなど、自分をとりまく多くの事柄に自らが気づくことによって、今までの状態ややり方を変えようとする選択がはじめて可能になる。極論すれば、気づかなくても、からだに残った記憶が行動を変容する源になる。東洋の身体技法が自らの身体と常に対話するように、「からだ気づき」もそのときにからだに起こっていることに意識を向け、違いを感じ分けるのである。アレクサンダー・テクニークや操体法で気もちのいいからだを感じたら、自分の生活にとりいれ継続してはじめて、その人にとっての身体形成の技法となり、客観的知に連関するのではないだろうか。

五　「からだ気づき」の傾向を探る試みを通して

さまざまに現れる個々の主観的気づきを超えて、一般化できる客観傾向を無謀にも探ってみようとした。* 実践後の心身の変容は次のようであった。

① 身長の伸び、
② 自己を肯定する度合いの増加、
③ 身体面では緊張低下が各部位毎からより全身的に広がり、精神面では自己と他者の区別がなくなり、より肯定的に自他を受け入れる傾向がみられた。

具体的な大きな変化は、身体面では「からだが伸びる・広がる・軽い・自由な感じ」が増え、心理面では「周囲が気になる・いらいらする・不安・気疲れ」が減り、「心が広くなり」、心身とも「快」な状態になったようである。これらの数値や統計的処理を施して明らかになった傾向は、ある意味では「からだ気づき」実践の有効性や特徴を物語っている。これらの試みは受講者が自らのからだに気づくきっかけになるならば意味があろうが、からだの感覚よりも数値の変化に一喜一憂することを危惧している。

舞踊作品「わたしは……」(2001) 高橋和子作

＊「アウェアネス・インベントリーによる効果測定―ニュー・カ

ウンセリングの研究」・日本カウンセリング学会第二十五回大会発表論文集・一九九二。一九九一年に九回実践した二泊三日〜三泊四日の集中研修において実践前後の心身の変容を調べた。対象者は五年以上の看護経験者とニュー・カウンセリングワークショップ受講者合計二〇四名。自己肯定度は二十五項目のクーパースミス作成のもの。心身の変容は一一二項目の高橋和子作成のアウェアネス・インベントリーを使用。

主観的気づきを客観的データーにする必要性は、研究や実践の裏付けや教材づくりには重要であるが、分析すればするほど、まるごとの体験から離れたものになる。『レナードの朝』（一九七三）を書き二十世紀の偉大なクリニカル・ライターと評される臨床医オリバー・サックスは、病気の研究とその人のアイデンティティの研究とは分けることができないという。自己のからだの物語が温かい眼差しで書かれるように、客観的知も白衣を着た冷たい医者的な眼差しに晒されてはならず、骨格や生育歴、運動歴が異なる個々人の身体形成もその人のまるごとのからだをベースに始まる。感じ考え行動するのはあくまでその人のからだなのだから……。賢いからだをみんな持っているのである。

三木露風（一八九九―一九六四）

夕焼、小焼の
あかとんぼ
負われて見たのは
いつの日か。

山の畑の
桑の実を
小篭に摘んだは
まぼろしか。

十五で姐《ねえ》やは
嫁に行き
お里のたよりも
絶えはてた。
　夕やけ小やけの
　赤とんぼ
　とまっているよ
　竿の先。
　　一九二一年・『樫の実』赤蜻蛉

舞踊作品「水露──minatama──」(2000) 小笠原大輔作．国枝昌人出演．

十八章　「とまる」ことからはじまる

（『幼児の教育』・二〇〇二年十一月号）

本章の原題には副題「やがて〈とどまる〉ことから世界認識が広がる」がついているが、本書に収録するにあたって省いてある。

モンテーニュ（一五三三―九二）

理性と教育は、われわれが好んで信用したがるものであるが、この二つだけでは、われわれを行為に導くのに十分とは言えない。われわれは、そのほかに、経験によって、精神をわれわれの欲するように訓練し、鍛え上げなければならない。

一五八〇年・『エセー』（注・エセーとは「自分で試せ」の意）・原　二郎訳

軽快なピアノの旋律がとまる
歓声と猛スピードの走りがとまる
一瞬の静寂がホールをつつむ
子どもたちの顔は次の瞬間を待っている
ピアノの音に耳をそばだてている
こぶしを握りしめ肘を曲げて待っている

ピアノがなった、一転して走る、走る
子どもは「走ってとまる」運動が好きだ
音と一緒になぜか大きな声を出して走る
転んで泣きべそをかいても、また走る
円心にからだをあずけて、カーブを走る
楽しそうに、夢中に、顔をしかめて走る
風を切って蝶のようにかろやかに走る
なるほど、「人間は動物だった」のだ

子どもは「走ってとまる」運動を毎日くりかえしても飽きない。「走る」だけなら駄目かもしれないが、「とまる」こと一緒になるとおもしろさも倍増するらしい。単調な動きであるのだが、動と静の変化に子どもは興味を覚える。とまれば休息にもなる。エネルギーを蓄える。そして「動く」へ備える。子どものからだのリズムは楽しさを繰り返すためにまったく自然に働くものなのだ。

バージョンアップすれば、さらに喜々として戯れる。「ピアノがとまったら、からだのどこかを床につけてとまろう」という遊びがある。指示は「胸・おなか・肩・背中・おしり・おでこ・ほっぺた・右の耳・左の膝」などの簡単な身体部位であったり、「踵・土踏まず・うなじ」などのむずかしい呼び名も混じる。見よう見まねも手伝って「おとがい」がどこなのかもひとりでにわかってくる。このとき、これが「生きた言語学習の鉄則だ」と実感させられる。われさきに競うので、ときに子どもは間違う。左右の区別がつかなかったり、指示をちゃんと聞いていなかったりしてのことだが、これもいつのまにか修正してしまう。

この遊びは身体部位と身体意識とを全身運動でつなげる学習であるが、人の話は集中して聞くべきであるという「生きる力」の基本形をも「からだ」で覚えさせてくれる。さらにひとひねりすれば、子どもの世界認識が格段に広がる。「床に耳をつけたらどんな音がする？」と聞くだけで、子どもは「モグラの鳴き声が聞こえる」などと応えたりする。子どもの発想の豊かさに驚かされる。「床ではなく、お友だちと、からだをくっつけてみようね……」と言えば、人とのかかわりも無理なく生まれてくる。床や人や草木の感触の違いや、どのくらいの力加減で自分のからだをくっつけたらいいのかにも、気づいてひとりでに覚える。ここに、遊び「走ってとまる」の意味と学びがある。

それでは、趣向を変えてみよう。

「……こんどは、いろいろなポーズをとって、とまれるかな……」

走っている途中のままでとまったり、片足をあげたり、ブリッジしたりする。イギリスやアメリカではこのような運動教育が幼少期に活発に行われており運動学習の基礎を担っている。日本の子どもにもさまざまなからだの使い方を覚えてほしい。その事始めが「走ったり」「とまったり」することだと、私は考えている。猛スピードの走りを急にとめるのには相当な筋力とからだの操作が必要になる。音を立てずにそっととまったり、膝や足首や爪先をうまく使う必要のあるときもある。いろいろな言葉を覚えるように、運動の両極「走る・とまる」を肌身で経験することによって、からだの動きの幅と意味とが広がるのである。

そうこうしているうちに、蛙や兎やお化けになりきって、自然に変身世界に遊ぶ子どももでてくる。子どもは怖いもの見たさを特に好む。一つ目小僧やのっぺらぼうに、表情豊かに声まで添えて変身する。私を怖がらせようと、ポーズのみでは物足らず、すごい形相をして追いかけてきたりもする。

「……コワイコワイ……」

とでも言おうものならば、ボルテージがあがって、ロボットや熊に変身している子どもまでも加わり、その場はお化け屋敷に一変してしまう。辞書を覗けば「とまる」の語義に「ある態度をとる」ためとあって、原因説にも触れている。

そのとおりであって、このように自分で工夫しだす態度が芽生えてくると、子どもたちは、きまって「見て！　見て！」を連発する。

「……ボク、これができるよ……」

「……わたしは、こうよ……」

と、むずかしいポーズへの挑戦も始まる。「とまる」が工夫を促す。度重なるうちに、子どもが世界と出合う「いま・ここ」に「とどまる」時間ものびてくる。そうなれば工夫が練成されてきて、ときおり驚愕するばかりの表現を見せてくれたりする。この際、「とまる」と「とどまる」ことは、子どもが「ひと・もの・こと」とのかかわりを体感するための必須条件と言わねばならない。

ちなみに「とどまる」の第一義は「同じ場所にあって動かない」ことなのだが、この「動かない」には世界を認識する契機という重大な含意がある。

「……アヤちゃんの素敵だね、みんなで真似しようか……」

と誘ってみれば、子どもたちはお義理で一度はやってみてくれるものの、すぐさま自分の工夫に戻って熱中する。熱中こそは子どもが自分の世界に「とどまる」ことの証左にほかならない。そして工夫を他者に見てほしくてアピールする。これこそが、世界認識の広がりなのである。

「……見て！　……」

としきりにせがむ子どもの声は、達成目標が明確なときにではなく、オープンエンドのおりに聞こえてくる。そのときの私は、子どもの一挙一動に注目して、少しでも良いところを褒めようと努めている。先を急がずそこにとどまって、子どもの「いま・ここ」に寄り添っているのである。子どもは敏感だから雰囲気を即座に察知する。そして自由奔放にふるまいたがる。こうしてみてくると問題は、私たち指導者がその場にどのように立ち合うのかに、つまり「とどまる」のかに、かかってくることになるのではないか。

ことほどさように「走ってとまる」運動や「とどまる」ことのなかには、「身体操作・身体意識・集中力・かかわり・変身・工夫・発見」などの要素が潤沢に含まれている。一瞥しただけでは「とまる」も「とどまる」もネガティブな意味を響かせるのだが、読み砕いてみればこんなにすてきな言葉はないと思えてくる。

ところで、子どものこのような素直な世界認識行動がなぜなのかいつのまにやら失われてしまう。近年では小学校高学年でその兆候が現れたりするのだが、私は困惑を禁じえない。これは、二十年余りを子どもとともに表現運動を遊んできての切実な実感である。

宮沢賢治（一八九六―一九三三）

どっどど　どどうど　どどうど　どどう
青いくるみも吹きとばせ
すっぱいかりんも吹きとばせ
どっどど　どどうど　どどうど　どどう

谷川の岸に小さな学校がありました。教室はたった一つでしたが生徒は三年生がいないだけで、あとは一年から六年までみんなありました。運動場もテニスコートのくらいでしたが、すぐうしろは栗《くり》の木のあるきれいな草の山でしたし、運動場のすみにはごぼごぼつめたい水を噴《ふ》く岩穴もあったのです。

一九二五年頃・『風の又三郎』

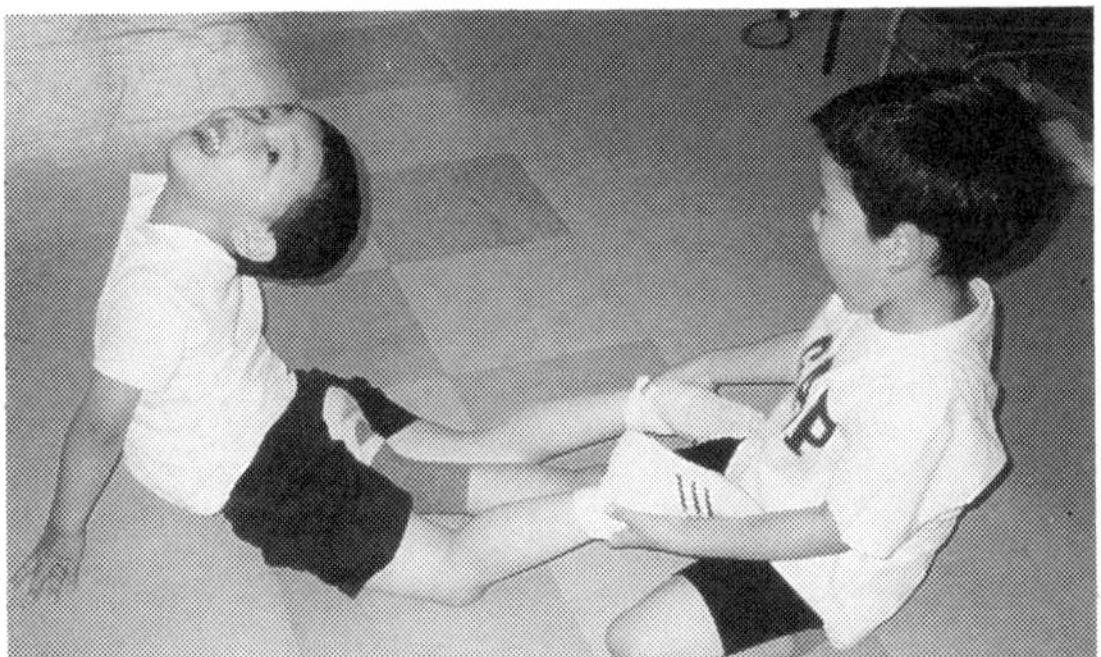

うしろの子が名前を呼ぶと，からだをそらして応える

動物は本来しなやかなからだをもっている
撮影：江藤友里恵（泰野市立大根中学校３年生）ケニアにて

十九章　しなやかな感性としたたかな企て

（『女子体育』・一九九九年六月号）

ルイス・キャロル（本名Charles Lutwidge Dodgson・一八三二―一八九八）

「起きなさい、アリス！」お姉さんはいいました。……「ああ、わたし、とってもおかしな夢を見たわ！」アリスはそういって、お姉さんに、……彼女の不思議な冒険の話をして聞かせたのです。……お姉さんは、アリスが行ったときのまま、じっとすわって頭を手にもたせかけ、沈んでいく夕日をながめながら、妹のアリスのこと、そしてアリスの不思議な冒険のことを考えていました。そのうち、自分も、夢を見ているような気持ちになってきたのです。お姉さんの夢は、こんなものでした――。まず、お姉さんは、妹のアリス自身のことを夢に見ました。ちいさな両手を、自分の膝の上でしっかり握りしめ、輝くような熱のこもった目で、じっと自分の目を見あげるアリスが、まだそこにいました。アリスの声の調子まで聞こえ、……周囲いったいが、幼い妹の夢に出てきたおかしな動物たちで生き生きと活気づいてきたのです。……こうして、お姉さんは、目を閉じたまますわりながら、なかば、不思議の国の中にいるような気になっていました。もちろん、目をあけさえすれば、すべてが退屈な現実に変わってしまうことはよく知っていたのです――草は風に吹かれてそよいだだけだし、水たまりは、葦がゆれ動くのにつれて、水音をたてているのだし――茶碗のかちゃかちゃいう音は、からころと鳴る羊の鈴の音に、女王の甲高い叫びは羊飼いの少年の声に変わるのです――そして赤ちゃんのくしゃみや、グリフォンの叫びや、その他もろもろの奇妙な音も、いそがしい農家から聞こえてくるいろんな音のまじりあったものに変わってしまう――そして、遠くでないている牛の声が、亀まがいの重苦しいすすり泣きにとって変わるのです。……アリスは、だんだん成熟していくでしょうが、……子どもたちの素朴な悲しみをよくわかって

やり、子どもたちの素朴な喜びに共に喜びを見いだし、自分自身の少女時代と、幸福だった夏の日々を思いだすだろう
——お姉さんは、そんなことを空想したのでした。

一八六五年・『不思議の国のアリス』・福島正実訳・「……」部中略

一　生活の知恵としての体ほぐし・導入の背景

疲れたら休む。お腹がすいたら食べる。四季折々の変化（正月・節分・雛祭り・花見・節句・七夕・お盆……）とともに楽しむ。このような自然な営みが家庭や地域から消えていくにつれて、からだ（心体）はだんだんと自然治癒力も失ってきた。だれのからだにも備わっていたはずのこの不思議な力は、遊びや生活のなかで育まれて生きる力になっていた。からだをあえてほぐさなくとも、多様な自然、ひとやものとのかかわりのなかでバランスを保つ知恵を、からだは本来もっていた。人間のもっとも基本的な動き（ねる・坐る・立つ・歩く）やからだを整えることなどは、とりたててする必要のなかったことである。当然のことに、体育も、勝つためのスポーツや体力をつけるための体操を一所懸命にやっていさえすれば、それで事足りた。

しかし、からだを取り巻く状況（衣食住動）の変化は、体育のあるべき姿に変容を迫っている。からだの気づきや調えといったベーシックな部分を不問にして、競技スポーツへ邁進することに疑問符が投げかけられているのである。バリエーションに富んだ生活次元での身体運動が期待できない現代社会では、同じ種類の料理（競技スポーツ）の食べすぎに注意が必要だろう。それ以上に、動くことを回避して、体の手入れさえ忘れてしまってストレスに包囲されている人々や、学校という空間や教育という響きに暗黙のうちに順応させられてしまっている子どもたち（体への躾けや価値への強要）のためにも、「答え」を用意する必要に迫られている。その一つが「体ほぐし」の領域である。

体ほぐしの導入にかかわった方々の説明によると、体ほぐしは運動する者としない者の二極化現象への対応策であっ

て、心の教育と体の教育を繋ぐ「心と体を一体としてとらえる」観点を具体化する領域であるという。ねらいには「体への気付き」「体の調整」「仲間との交流」が掲げられている。

① のびのびとした動作
② リズミカルな運動
③ ペアでストレッチング
④ ウォーキングやジョギング

などが、行い方の例として、示されている（高橋健夫・「学習指導要領（体育）」改訂の要点と今後の問題・『女子体育』・一九九九年四月号）。ここで押さえておくべきことは、体ほぐしは例示に従って展開すればよいと考えるのではなく、現代が抱えるからだを取り巻くさまざまな問題に対処すべく導入されたのだという経緯にほかならない。

体ほぐしの登場とは、心身二元論的な身体観やいままでどおりの体育観への反省のみならず、少し大袈裟に言ってしまえば、「学校とは？」「教育とは？」「教師とは？」と自らに問いかける絶好のチャンス（パラダイム転換）であると捉えるべきことであって、世紀末を目前に控える学校教育における画期的な出来事とも認識すべきことなのである。

そうだと理解すれば、「解説書」に示されてある運動例は参考までにしておいて、固有の教材や実体を求めるよりも、個々の教師の自由な発想を頼りにしたほうがいいことになる。この授業では、教師の運動経験や指導経験と感性を基軸にして、眼前の子どもらと子ども自身のからだとの対話をいかに繰り広げさせるのか、この一点に眼目がなくてはならない。つまり、どのような運動であっても視点（ねらい）さえ変えれば、体ほぐしの教材になると考えられるのである。体育と保健にまたがる教材や、他教科と共通するテーマや総合的な学習をも視野に入れて、「からだ」「健康」「環境」「いのち」などを視点に設定すれば、多くが見えてくるはずだ。こうした期待に対応するためには、教師や子どもが、いままでの枠組みから自由になる必要がある。枠組みを崩すためにはエネルギーを必要とする。だが、このエネルギーは、教師や子どものからだが、体ほぐしの授業で快適になりさえすればひとりでに湧いてくる。

このような動きは既に欧米諸国に見ることができる。アメリカやイギリスの初等教育ではムーブメントエデュケーションが盛んに行われている。ドイツでNRW州スポーツ科指導要領改訂に向けての提案に「身体の経験」が明確に位置づけられた。またオーストリアの初等中等の教科名が今年「動作教育」（Bewegungserziehung）になった。種目を超えて身体や動作を捉え直す各国の作業は体育の教科としての存在基盤を確かめることにほかならない。

体ほぐしの導入が一九九八年十二月に告示される前後から体育関連の雑誌はこの特集を頻繁に組んできた。それだけ大きな転換であったと考えられるが、現場の教師は予想もつかない活動を前にして指導に不安を抱いている。私たちの「からだ気づきの授業実践」が連載されたこともあり（『体育科教育』・一九九八年四月〜二〇〇〇年三月）、先日もある附属中学の先生から「連載の実習のようなゆったりしたものでは中学生の運動欲求に応えられない」と言われた。今次の「体ほぐしの解説書」に動的な例示が出されていることを見れば、体育が暗黙のうちにどんな運動を期待しているか頷ける。一方で、教師自らが「からだ気づき」実習を体験し、小中高生に静かでゆっくりした実習をと願う先生方もある。あの「……子どもたちには受け入れられており、〈気持ちいい！〉を連発し、〈またあれやって！〉とせがまれる。あの授業では子どもは優しい顔としなやかなからだになれるんです……」

まずは先生自らが体験し、実践してみることが先決のように思う。いかがなものだろうか。

二　体ほぐしのねらい・気付き・調整・交流

ここで、学習指導要領に掲げられた三つのねらい「気付き・調整・交流」について少し考えてみたい。どれも奥深く、単に二人組で行ったから「交流」できるという安易なものではない。結論から言えば、気付くための教材（内容と方法）、調整するための教材、交流するための教材というような、ねらいに応じた教材を設定する是非を問う必要がある。また、それらのねらいを達成できたら良しとする性格のものでもない、と私は考えている。何をもって達成できたとするかが難しく、一元的な価値ではこれらのねらいは測れないのである。

このことを「からだ気づき」の典型的な実習「目隠し歩き」を例にして説明してみたい。

「……男女二人組になり片方が目をつぶります。目を開いている人はつぶった人を言葉を使わず安全に三十分間戸外に連れて行き、いろいろなものに触れさせたり匂いをかがせたりします。三十分後役を交代します……」

と、このような言葉かけで実習は始まる。そして、実習後どうなったかをペアやみなで振り返る。

「……男女になれない・怖かっただけ・言葉を使ってしまった・目を開いてしまった……」

「……信頼し相手にすべてを任せられた・言葉や視覚をシャットアウトすると土や新芽のやわらかさ、光の陰影、鳥の囀り、自然の豊かさを感じた……」

と、振り返りでは、組分けできてしまう。この二組をどのように評価するのか。今までの尺度では、おそらく後者に「いい評価」がつくが、はたしてそれでいいのであろうか。

さて、「目隠し歩き」は感覚の覚醒や相手を信頼するとはどういうことかを体験しやすい実習である。ところで、「信頼しなければならない」とするか否かで評価は変わってくる。そこが今までの教材とは大きく違う点だと思っている。他者とかかわれない、怖くて信頼なんかできないという子どももいるし、感覚がとても敏感になったと感じる子どももいる。「いま・ここ」で何を感じたか、どんなことに気づいたか、その経緯自体が大事にされるべきで、「気づき」は、ある一方向の尺度（感覚が豊かになった・相手を信頼できた）で測れるものではなく、操作して気づかせることもできないことなのである。何も感じない、何も気づかないことに気づくことも許されなければならない。だから、「評定」もできないと考えている。ここでは経験そのものが目的なのである。「経験を生かして」「経験をとおして」というように経験は知識の源泉や獲得手段と見做されているが、経験のなかで気づいたことは子どもがある事象（自然や他者や事柄や動きとのかかわり）との今までの関係を大きく変える力になると思っている。

体ほぐしの「気付き」も、私がここで使っている「気づき」（アウェアネス・awareness）も同じ言葉であるが、アウェアネスは学習を成立させるもっとも根元的なものである（藤岡完治「知力を育むとは」・『教育と医学』四七―三・一九九八）。このアウェアネスは自分のなかに起こることであって、自他が外から観察して分かるものではない。アウェアネス（気づき）が起こると行動の変容が生まれる。その気づきは言葉で表現できるような意識的なものもあるが、からだの違和感や快感覚として非言語的に感じられるものもあるのであって、いずれの場合にも「変容」の契機になるのである。

もちろん、体ほぐしにおける「体への気付き」の場合、たとえば、歪んでいる体に気付いてそれを調えようとする、緊張している体に気付いて脱力することを覚える、ギクシャクした関係に気付いて呼吸を意識し動いてみると、えも言われぬ二人の関係が好転する、などと「体」への「気付き」そのものが対象となることも多くあって効果も生まれてこよう。しかし、ねらいで指摘されている「気付き」「調整」「交流」とは、モノ化した身体を操作して、気付かせ、調えさせ、交流させることを意図しているはずでもないと思えるし、さらにそれぞれのねらいに対応した教材で、個別に「ねらい」が充足されるものでもないはずである。モノ化する身体そのものの再生のためには、大仕掛けで、大きな構えで、かつ繊細に対処する慎重さがなくてはならない。「気付き」「調整」「交流」という要素に分解して整理することも必要だが、それらをトータルに包み込む「リアリティのある世界」や「教材」を探し当てる地道な努力が教育現場や個々の教師に要請されていることを忘れてはならない。

染織家の志村ふくみさんが謂う（『母なる色』・一九九九）。

「……頭で考えるより先に手が色を選ぶ。リズムをつかむ。そういうとき、思いがけない音色が生まれる……」

のであれば、この炯眼に倣うとき、動きの専門家である私たちは、子どものからだのなかに心地よい動きが生まれてくるのを助ける産婆さんのようなものだと思っている。

井伏鱒二（一八九八―一九九三）

山椒魚《さんしょううお》は悲しんだ。

彼は彼の棲家《すみか》である岩屋から外に出てみようとしたのであるが、頭が出口につかえて外に出ることができなかったのである。

……。

「ああ神様！　あなたはなさけないことをなさいます。たった二年間ほど私がうっかりしていたのに（その間に体が発育してしまった）、その罰として、一生涯この窖《あなぐら》に私を閉じこめてしまうとは横暴であります。私は今にも気が狂いそうです」

……。

「ああ寒いほど独《ひと》りぼっちだ！」

……山椒魚はよくない性質を帯びて来たらしかった。そしてある日のこと、岩屋の窓からまぎれこんだ一ぴきの蛙を外に出ることができないようにした。……自分と同じ状態に置くことのできるのが痛快であったのだ。

「一生涯ここに閉じ込めてやる！」

……蛙は注意深い足どりで凹みにはいった。……凹みから顔だけ現して次のように言った。

「俺は平気だ」

「出て来い！」

山椒魚は呶鳴《どな》った。そうして彼等は激しい口論をはじめたのである。

「出て行こうと行くまいと、こちらの勝手だ」

「よろしい、いつまでも勝手にしてろ」

「お前は莫迦だ」

「お前は莫迦だ」

……翌日も、その翌日も、同じ言葉で自分を主張し通していたわけである。一年の月日が過ぎた。

……更に一年の月日が過ぎた。二個の鉱物は、再び二個の生物に変化した。けれど彼等は……互いに自分の歎息が相手に聞こえないように注意していたのである。ところが山椒魚よりも先に、岩の凹の相手は、不注意にも深い歎息をもらしてしまった。それは「ああああ」という最も小さい風の音であった。……。

山椒魚がこれを聞きのがす道理はなかった。彼は上の方を見上げ、かつ友情を瞳に罩《こ》めてたずねた。

「お前は、さっき大きな息をしたろう？」

相手は自分を鞭撻《べんたつ》して答えた。

「それがどうした？」

「そんな返辞をするな。もう、そこから降りて来てもよろしい」

「空腹で動けない」

「それでは、もう駄目なようか？」

相手は答えた。

「もう駄目なようだ」

よほど暫くしてから山椒魚はたずねた。

「お前は今どういうことを考えているようなのだろうか？」

相手は極めて遠慮がちに答えた。

「今でもべつにお前のことをおこってはいないんだ」

一九一九年・『山椒魚』・括弧内補注引用者・「……」部中略

ムーブメント教育　オハイオ州立大学にて

二十章　からだのある風景

（『神奈川県教育文化研究所所報』・一九九九年六号）

ルソー（一七一二―七八）

人間の休息を敵視するある神が学問を発明したというのは、エジプトからギリシアに伝わった古い伝説でした。では、学問の生みの親であるエジプト人自身が、学問についてもっていたにちがいない見解は、どんなものだったのでしょうか。エジプト人こそ学問を生みだした源を身近にみていたのですから。実際、世界の年表をひもといても、また不確かな年代記を哲学的探究によって補うにしても、人間の知識について、われわれが好んで作りたがる考え方に適合した、（知識の）起源などは、見出されないでしょう。天文学は迷信から生まれ、雄弁術は野心、憎悪、お世辞、虚偽から生まれ、幾何学は貪欲から、物理学は無益な好奇心から生まれました。これらすべて、道徳でさえ、人間の傲慢さから生まれたのです。それゆえ、学問と芸術とが生まれたのは、われわれの悪のせいなのであって、もし、徳のおかげで生まれたのでしたら、われわれが、学問芸術の利益について疑うことは、もっとすくないことでしょう。

一七五〇年・『学問芸術論』・前川貞次郎訳

これほどまでに多くの日本人が黒髪を茶髪に染めたことはない。これほどまでに特異な、携帯電話を耳にあてて大声で話す光景を、街なかでしゃがみこむ若者を、ゲーム機器に興じる子どもたちを、「だんご・だんご・だんご」とタンゴのリズムを口ずさむ人びとを見たことがない。世紀末、わけもわからない大きな潮流のなかに、多くの人間が浮遊する感覚のままに呑み込まれていく気がする。

今回は、「からだ」[*]を手がかりにして、いくつかの風景を紹介しながら、若者の姿に迫ってみようと思う。

＊　本論考に書く「からだ」は、心と体とに分けて捉えるのではなく、身心一如を意味する。また「身体」は、体を意味する。

一　立つこと

重力にさからうこと

三年ぶりに来日したある研究者が言う。

「……僕がいないあいだに、日本人は変わった。街を歩いていると座り込む若者をよく見かけるようになったし、マナーが悪くなったようだ……」

たしかに、「疲れる・かったるい・うざったい」などの言葉を発するのも、人目を憚らずにしゃがみこむのも、老人よりは若者に多い。なるほど、しゃがみこむことを称して「ジベタリアン」という言葉さえ生まれたのであるから、こうした日本人の「生き方」の変化は社会現象として捉えなければならない。

二足歩行と手の操作のできることがヒトたるゆえんであるのだが、「一歳」で立って歩くことを獲得したのも束の間に、極端な話、「成年期」を迎える前に立つ機能さえ減退すると考えれば大変なことである。立つことは重力に逆らって我が身を保たせることであって、立てなければ歩くこともできない。そのためには抗重力筋と呼ばれる腹筋、背筋、脚筋などが充分に備わっていなければならない。しゃがみこむ理由の一つにこれらの筋力の低下が考えられる。

平成十年度の文部省学校保健統計（一九九八年十二月発表）によると、身長、体重、座高は男女の「十～十三歳」で過去最高値になっていて図体は大きくなっている。一方、健康状態を視力、肥満傾向、ぜん息などの指標からみると、むし歯の被患率が低下した以外は、それらの割合は特に中学生で過去最高値を示していて、多くが半健康状態にあると言える。

また、一九六四年に開催された東京オリンピックを契機にして始まった文部省「体力・運動能力調査」においても、一九九七年度の調査結果（『教育家庭新聞』・一九九八年十月二十四日）では、小、中、高校生の体力と運動能力の低下傾向が依然として続いていて、特に柔軟性（伏臥上体そらし・立位体前屈）と筋力（握力・背筋力）はほとんどの年齢で「十年前」を下回っており、身体のいろいろな力が減少していることを物語っている。

これらの体力低下には、次のような要因が考えられる（平成八年度東京都児童生徒の体力運動能力調査）。

① ＴＶゲームなどの影響もあって、子どもの日常生活のなかから遊びや適切な運動を経験する場や機会が減少している。

② 生活の利便化によって生活のなかで体力の必要性が希薄化している。

③ 食生活が豊かになって、体格は向上したものの、生活のリズムの乱れから「運動・栄養・休養」のアンバランスが生じてきている。

その対応策として文部省は「外で身体を使って遊ぶことの奨励や体育授業の充実」などを強調しているのだが、多くの子どもは塾通いのため外で一緒に遊ぶ仲間もいないし暇もなく、そこに加えて、二〇〇二年発足の新学習指導要領では「体育時間が一〇五時間から九〇時間」になって、「週二～三回・一回四十五分の授業」では、減退しつつある筋力を復活させることも到底難しい課題となっている。

図体が巨大化するのに反比例して機能の減退傾向が続くとすれば、ますます動く生き物としてのヒトの特徴を失いつつあることを暗示することになってしまう。あたかも小さなエンジンで大きな車を走らせるようなものである。無理がたたろうというものではないか。自らの力で立ち上がることは、移動する事、動くことを意味するわけであるから、ならば、もっとも原初的な「生の根幹」が危機に瀕していると考えるのは極論であろうか。大方に、尋ねてみたい。

不安という心象

ここまでは生物学的な視点から考えてきた。しかし、いくら筋力が落ちたからといって、立てなくなるほどに筋力が低下したと捉えることは妥当でない。なぜなら彼らを見かけるのは街なかやコンビニ前や学校の廊下のことであって、そこまでとにかく足を運んできているからである。ジベタリアンは、わざわざそこまで来て、「立っていたくない姿」「クタッとした姿」を見せたいのかもしれない。彼らの姿は水やりを忘れて光のあたらない場所に放置された鉢植えの草木を思い出させる。

ところで、クタッとなって土に横たわっている「花」も水を得ると、驚くようにシャンと茎が伸びてくる。植物は光を求めて「上に伸びよう」とする生命力をもっているのだ。たとえ斜面に生えている若木であっても、幹をくねらせて、上に伸びていく。光や水を必要ともせずに横になっている姿を若者にたとえてみれば、彼らにとって、上に伸び、前に進み、頑張る必然性などないとみることもできようか。つまり、若者たちにとって、それだけいまの世の中に魅力がないのかもしれない。不確実で不安定で何がいつ起こっても不思議でない。不安という心象が若者に巣くっているのである。それは、阪神大震災やオウム真理教事件、神戸小六殺害事件やインターネット殺人幇助などを思い起こせば納得できるし、世界的に見渡しても絶対的価値の喪失、カルト宗教、ボスニア紛争、マスメディアの病理など枚挙にいとまがない。

この不安や空虚さを埋めるために、若者は、身体にさまざまな加工を施して、辛うじて生きている実感を確かめているように思える。ブランドファッション、ルーズソックス、ピアス、タトゥ、茶髪、ドラッグ、拒食、過食、援助交際、いじめなどの話題には事欠かない。一方では、自らの身体に穴を開けて色を塗り流行の衣服をまとうことで、あるいは、他者との身体接触やいじめをとおして、「本当の私」をつかみとろうとし、「自分という個性」を探し求めているのかもしれない。

他者の視線に劣等感を覚えながら、「見られる私」と、他者の視線を支配して卓越性を誇示する「見せる私」のなかを、若者たちは振り子のように彷徨っている（岩見和彦「消費社会の中の青少年」・『体育科教育』四六―一七・一九九八）。こうしてみてくると、ジベタリアンは、通行人の送る視線に自らの姿態を晒して「見られる私」と「見せる私」を同時に感じているようにも思われる。あるいは「身体のリアリティ」を、地べたと接触することによって、仲間とじゃれあうことによって、実感してみたいと苦悩しているのかもしれない。

さて、「坐る」ことが大地との一体化を示し、日本文化の中枢であると説明したのは民俗・宗教学者の山折哲雄である。古代人の習性が私たちのからだに記憶として残っているとしたら、ジベタリアンの言い訳もわかるような気さえする。だが、そうであろうか。山折説を追ってみたい。

靴をはいて地面に直立したポーズは、大地を対象化し、自然を観察し、そして人間を凝視するまなざしを生み出すだろう。だが、これに対して、地面にひざまずき、腰を低くおろす坐のポーズは、むしろ大地と一体化し、自然と交感し、人間を直覚しようとする態度と結びついているのである。言ってみれば、《立》の姿勢は、われわれのものの見方や感じ方を、どちらかというと視覚的な方向へといざなうのに対して、もう一方の《坐》の姿勢は、むしろ触覚的な方向へと導く機能を果しているのではないであろうか。（山折哲雄・『「坐」の文化論』・一九八四）

この山折説に早計に倣えば、ジベタリアンは大地（今ではコンクリートだが）と一体化する触覚をとおして自らの人間存在を確認しているのであろうと思えないこともない。そして、明治以来日本では西欧文化の影響を多分に受けて教育システムや考え方も西欧化したのだが、穿って言えば、ジベタリアンは日本人の特性を色濃く残しているとの珍説も生まれかねない。しかし、である。

「……仏像をモデルとした芸術表現を素材としており、……仏像、神像から坐禅にいたるまで、精緻に組みあげられた坐法……」（樺山紘一『歴史のなかのからだ』・一九九三）

を山折説は対象にしているのであって、それらに見られる坐の姿勢は、丹田（臍の下）や背中も重力に逆らって上の方にすうっと広がり伸びているのに対して、ジベタリアンはみぞおちのところが落ち込み顎もあがって重力にすべて打ち負かされている。おなじ「坐」であっても、両者のみせる生きる姿は、えらく異なっているのである。

触覚に関連させて考えることもできる。人間の成長過程では触覚が視覚や聴覚に優先される。赤ちゃんがおっぱいに吸いつき、なんでも手でつかみ、寝返りやハイハイや伝い歩きによって動くことは、絶えず人やものに触れることを意味している。そのことによって自分の身体を徐々に認識し自他の区別を探り当てていく。そののちに、視覚や聴覚が優位になるにしたがって、触れて確かめる行為は減少し、移動の仕方も立って歩くようになる。

ジベタリアンは、触れる感覚で自分の身体（自己）を認識したがっていると仮定すれば、子どものままでいたいのかもしれないし、それほどまでに、からだの実感がないのかもしれない。また、身体を折り畳み狭いところにいることを不安の現れと捉えることもできそうである。不安は英語で「angst」ともいうが、その語源はギリシア語の「angor」であって狭くなることを意味している。その語源に着目する作家辺見庸が語る。

……自己が外界に圧迫されて、狭く、窮屈になり、息苦しくなる。それがどうやら、不安という心象の原型であると推測される。……私とはいったい何者であるのか。これからどこに赴こうとしているのか。私は眼前の世界に受け容れられ、そこに所属しているのだろうか。私が生きている意義、目的とはいったい何なのか……。この種の、いわば〈実存不安〉も、過去のどの時期よりも蔓延して……（いる）。（辺見庸・『不安の世紀から』・一九九八）

世紀末における全般的心象を、ジベタリアンは、顎を突き出し内臓を落とし込み背中をまるくすることによって、まさしく「angor」の意味する「狭く窮屈にした」我が身でもって、表明しようとしているのではないのか。

コンビニの前にしゃがみこみ、路上で車に轢かれそうな距離にもかかわらず胡座をかいて漫画本に読みふけり、校庭や廊下で寝ころぶ子どもたちは、たいてい何人かでたむろしている。一日のわずかなひととき、仲間との触れあいを求めて、たわいない場所にやってくる。それは、自分の居場所を求めて彷徨う迷える羊たちのようにも見える。

二　ことばと踊り・ブーム？

ＤＤＲ

ゲーム機器メーカーコナミが一九九八年秋にＤＤＲ（Dance Dance Revolution）という装置を開発した。すでに三千台が売れてゲームセンターに設置されている。ＤＤＲはいままでのようにスイッチを握りしめてバーチャルリアリティの世界に遊ぶ代物ではない。画面上に照らされる場所と対応する足元のマットの上を正確に踏むことが要求される。目で見た刺激を足に瞬時に通わせる反射神経が必要であって、足を踏む速度が早くなるとリズムにのって踊っているように見える。コンテストも企画され、恰好いい衣装に身を固めた若者たちが足を踏みならすだけでなく、上体の動きやステップも工夫して、表現の要素も重視している。開発者が言う。

「……殺伐としたゲームセンターで、身体を使って、何かできないかと考えたのです。子どもは動くのが好きなのです……」

ＤＤＲは列ができるほどに人気がある。前の人がやっているうしろで、順番を待ちながら練習する姿も見られる。自分の番になるとＴシャツも汗ばむほどの運動量になる。ネーミングに「革命」が使われたことからして、指先と視覚だけのゲームに変わって、全身を使うことを考えだしたことは画期的であると言わねばなるまい。

しかし、画面を見ながら必死で足を動かす子どもの姿に、私は殺伐としたものを感じた。それは、二十年ほど前に日本へ上陸したエアロビクスブームを思い起こさせる。鏡張りの美しいスタジオに身の引き締まった身体のインストラクターが立っている。彼女はリズミカルな音楽を流し英語のカウントを声高に数える。受講者は小一時間を、スペース一平方メートルのなかで、彼女の動き（歩き走りジャンプする）を真似する。受講者同士のかかわりは一切ない。私も経験してみた。私の身体はみなと一緒のインストラクターの動きを真似しているのだが、頭の中では、「私は何をやっているの？」「ここは動く機械の身体製造工場？」などの疑問がつぎつぎに駆け回る。そののちは、スタジオを訪れたことがない。

このシステムはそのものずばりアメリカ的である。自分の空き時間を利用して誰とも煩わしい関係をもつことなく成人病の予防にもなる。しかし、大人が健康や美を獲得するためにこの機械的なエアロビの虜になったころ、子どもたちは生まれ落ちた瞬間から刺激的なテレビゲームの虜になっていた。そのころから、個別的で、効率的で、合理的な資本主義という「旗」があちこちであまりにも大きく振りかざされて目立ってきている。

二十年経った現在、私たちのからだはモノ化し操作される対象としての様相をことさらに色濃く映しだしてきていて、実感のないからだが、かかわることのできないからだが、あちこちに彷徨い歩いている（門脇厚司「現代っ子におけるリアリティ形成」・羽根木プレーパークの会『遊びのヒミツ』・一九九九）。そこで、教育が、「生きる力」の育成を標榜しなければならないことになってしまった。巷では多くの人間が「ひと・もの・こと」との直接的な相互作用の可能な場を、と機会の提供を訴えだしている。教育の場がまさしくこうした時代状況に応えていかなければ、二十一世紀の子どもたちは、さらに危険な環境のもとに暮らさなければならなくなる。状況は深刻である。「からだの危機」の時代なのだ。

だが、手立てはある。たとえば、ビニールの衣装を身にまとって「変身ごっこ」をしてみたり、手を取り合って「かごめかごめ」を歌ってみたりするだけで、楽しいかかわりの時空間が出現する。あるいは、校庭を裸足で駆け回ったり、木登り遊びに興じたり、どろんこ遊びをするだけでもいい。子どもの感受性はそんなちょっとしたことをまともに受けとめて豊かな感覚を呼び覚ます。さて、どうしたものか。

かごのなかの鳥は
いついつ出やる

夜明けのばんに
つるとかめがすべった
後ろの正面だあれ

ほんの数十年前、まちかどで、頻繁に見ることのできた鬼遊びの一種の囃し歌である。この元歌はすでに古く江戸時代の子どもたちにさかんに囃されていたらしい。もちろん遊び方も変わってきてはいる。文献を調べればわかることだが、ここにも「からだ気づき」を読みとることができて考えさせられる。さて、どうしたものか。

ルーシーの食卓

化石にちなんで名づけられた「ルーシーの食卓」* は、若い舞踊振付家の作品創造の場であり、今年で三回目を迎えている。二十四作品が上演されていた。ダンスの稽古場でレッスンに励む若者が、師事する「先生」から解放されて、自分のやりたいことを踊っているという印象が強かった。

「untitled・SOLO・inOUT・HEAR HERE・as for as・tRace・ds silentplace・Chemical Garden・In your body・CONTACT・ソフトマシーン・……」

と続くのは作品名である。なかには「凹状―凸状5・0・5」というのもあるのだが、総じて英語名が多く、機械的な動きや自己の内面を象徴するような作品が多かった。踊り手の「身体」は訓練されていて、しかも「動きのレベル」は高かった。だが、「作品」にはなっていない。ダンスコンクールと違って、「先生」の手が加わらない分だけ、踊りに夢中である若者の思いに直に触れることのできたことだけは幸いであった。

「……こんなに身体も動けるようになったので、見てほしい……」

というメッセージだけは伝わってくる。しかし、どのように見せたいのか、どのように見せているのか、という格闘の片鱗すらも見えてこない。言葉は悪いが、垂れ流しのようであって、私はかなりのショックを受けることとなった。あまりにも機械的な動きや身体だけが前面に出てきていて、「表現したいこと」や「からだ」が見えてこないのである。

＊一九七四年エチオピア北部で発掘された古いヒト科の化石骨は「ルーシー」と命名された。この名に因んで「ルーシーの食卓」が命名されている。

誤解を解くために断っておきたい。私はことさらな表現至上主義者ではなくて、思想や感情を表すだけがダンスとは考えていない。アメリカのM・カニングハムの「身体をある種の機械」として組み立てるダンスや、「ダンスの未来表現」と評されるフォーサイス・バレエ団も好きである。だが、「ルーシーの食卓」では、異《い》なるものを、見つけた思いがしてならなかった。

若者たちが、いま、感じて、悩んで、そして志向していることは、寄る辺のない自己、他者とかかわれない自分、機械的に自由自在に操られる身体からの脱却のはずである。だが作品では、それらの悩みは、まるでボディビルのような身体を誇示したり習得した動きを意味とは関係なくただ羅列するかのように、表層的に単に忠実に、動きや作舞に現れているだけだった。ついぞ、群舞も生かされていなくバラバラに踊っていることも手伝ってのことか、「志向」そのものは、あまりにも機械的に動く「身体」に打ち消されてしまい、舞台上でのさまざまなすれ違いによって浮かび上がってくることもなかった。

としか、私には、見えなかった。モノ化する身体（身心の分離）からの脱却をダンスによって実現できると願っている私にとって、今回のダンスでは、失望させられることだけが残ってしまった。さらによくよく考えてみれば、彼らの思いはダンスに結実していたわけで、モノ化する「身心」として、彼らの「身心」はある意味で分離しておらず機械的に統合されていたのではないか、とみることもできる。私の目には太古の昔からの「からだ」が本来の力を回復する可能性を遠のかせつつあるように見えていた。皮肉にもこのダンス・パフォーマンスの場所は国技館のある両国であった。ちょうど同年令の若者たちが、かたや裸と丁髷《ちょんまげ》で「心・技・体」を唱えながら、体当たりしていたのである。

「だんご三兄弟」

ミュージック全盛時代に、新星のごとく颯爽と「光るソング」が登場した。一九九九年一月四日、「だんご三兄弟」がNHKの子ども番組「おかあさんといっしょ」にデビューしたのである。あまりの反響に応えて三月三日にCDが発売されている。ちょうど発売前日に鹿児島市内のアーケード街を歩いていて私の耳にとまった。

「……♪だんご、だんご、だんご……」

と、タンゴのリズムが小気味よくとびこんでくる。「歌」はレコード店からだった。幟も立っている。ハッピ姿の店員が大声を張り上げている。

「……明日発売です。大変お待たせしました。すぐ売り切れますので、今日中に予約しておいてください……」

と、威勢がいい。とにかく「黒猫のタンゴ」（一九七〇）や「およげ！　たいやきくん」（一九七五）を彷彿とさせてくれる光景だった。哀愁を帯びたメロディーと耳に残る歌詞だった。

三月三日発売、NHKへの問い合わせ電話が「四二八件」もあったそうだ。翌日は「七二三件」にのぼっている。四月五日発売の音楽情報誌「オリジナルコンフィデンス」によると、推定売上実数は累計約「二六三万枚」、シングル歴代第六位。朝日新聞が採り上げた関連記事は、四月七日までに、一〇〇件を超えている。お相伴を得て、「歌」と「だんご屋」と「タンゴ教室」が三点セットのようにテレビの情報番組で紹介されている。一気にブームになったのは、テレビ、新聞、雑誌、業界紙などのあらゆるメディアが一斉に飛びついて、高度な情報網ができあがってしまったためと関係者は分析している（朝日新聞・一九九九年四月八日）。

しかし、「歌」がよくなければメガヒットは生まれない。しかも「だんご三兄弟」には老いも若きも全世代が反応したということで、「九〇」年代の珍しい現象だと言われている。このヒット曲の秘密に作詞家の阿久悠などが迫った。彼らが明らかにした次なる三点（ＮＨＫ番組「読む・だんご三兄弟」・一九九九年四月八日二十三時三十五分―同四十五分放送）に、幼児から大人に至るまでの「からだ」の問題をとりまく、現代という時代状況を垣間見ることができた。

①「三兄弟」という歌詞に大衆が反応した。三人兄弟とは、教育費暴騰の煽りを受けて今や郷愁の彼方へ追いやられ、子どもや大人にとっても、実現できぬ憧れとしての言葉となっている。

②「串」という歌詞に刺激された。個性を求めれば求めるほど、何が個性か分からない。居場所を求めて彷徨う人びとにとって、「串にささってだんご」「三つならんでだんご」は、絆や確かな居場所へかろうじて串でつなぎ止めてくれる力を感じさせる。

③「達成感」を味わわせてくれる。歌い終わりは「だんご・だんご・だんご・だんご！」で終わり「やった！」という達成感を子どもが身近に味わうことができる。

一九九〇年代はミュージック全盛時代で、ソングで受け入れられたのは「川の流れのように」（一九八九）や「いい日旅立ち」（一九七八）などわずかである。「ミュージック」では、メロディやサウンドやリズム、そしてミュージシャンの身体や衣装や動きが重要な要素を占めている。そのような状況下にあって、「ソング」がブームになったのには、魅力と魔力とを兼ね備えた「ことば」があったからこそであると、専門家は言う。氾濫する「リズム」や「動き」や、溢れるばかりの「意味不明なことば」のなかで、「だんご」という米の粉《こな》からできた日本の伝統的な食べ物の醸しだす詩情が歌いつがれている。その「だんご三兄弟」が二十一世紀のために残したい曲として認知されるのだから、まんざら暗い世紀末ではないかもしれない。

しかし、である。ブームは、俄に流行りだす。そして、去ることもはやい。猫も杓子もタマゴッチ*だったのが、いまや倉庫は在庫で満杯である。今回とりあげた「ことば」や「踊り」にも、はやりすたりのあるものから、世代をこえて受け継がれるものまである。けれども、こうした文化を産み出している人間は、いまだに二足歩行をしなければ生きていけない。その「からだ」の本質は、ヒトが発生した太古から、ほとんど変わっていないはずである。一方、「からだ」にまとわる立ち居振る舞いや身振り、身体にまとう衣服や、生命をつなぐ食事、生活習慣や、学校や社会という制度などは、家庭や地域や国や宗教によって異なる。そうした意味において、「からだ」は、文化的なかつ社会的な「制約という衣服」を生まれたときからまとっている。

＊　たまごっち　仮想体験を遊ぶゲーム機器。インプットされているプログラムを操って、「たまご」を育てていく過程を遊ぶ。途中で失敗すれば、たまごは、育たずに死ぬ。失敗すれば、スイッチを押して、はじめからやりなおしが効く。このゲームが爆発的に出回って、なんでもスイッチ一つでやりなおせるという風潮が広まり「リセット時代」という流行語も産まれた。一九九七年がブームのピークだった。

ジベタリアンを立たせるために学校で筋力アップのトレーニングを課す。子どもがゲームセンターに行かないように学校が禁止条例を施行する。校長が日の丸掲揚・君が代斉唱を徹底しないと教育委員会が減給に処す。国民が残忍な殺人を犯すと裁判所は死刑を決めるが、政府が「日米防衛協定」で戦争に加担し大量殺戮をしても罰とならない。こうした矛盾はいつも身のまわりに生起する可能性がある。

だが、よく考えてみてほしい。私たちが文化的で社会的な彩りのある人間「からだ」であることを。

教育が人間（からだ）形成のために期待されているのであれば、この期待に応えて、われわれの「からだ」が森羅万象の「ひと・もの・こと」と直《じか》に触れ合うためにどうすればいいのだろうか。よく、考えてみてほしい。子どもたちの「からだ」が自らの足でちゃんと立てる「場」を保障しなければならない。身近な「からだのある風景」に触れてみて、そう思わざるをえないでいる。

藤岡完治（一九四五―二〇〇三）

今日の学校教育の危機の根源は「知」の存在論的基礎づけを欠いていることにある。それは今日の社会が陥っている「知」の危機の反映にほかならない。本書（注・藤岡本）は教育における経験の意味を再検討する中で、「知」の存在論的基盤としのアウェアネスの重要性を確認し、学ぶということはその人のひと・もの・ことの全体、すなわち「世界」と境界を接してあることの覚知に他ならないことを論じた。学ぶということはこの意味で世界を知ることであり、同時に世界と境界を接して存在している自己を知ることなのである。

二〇〇〇年・『関わることへの意志・教育の根源』

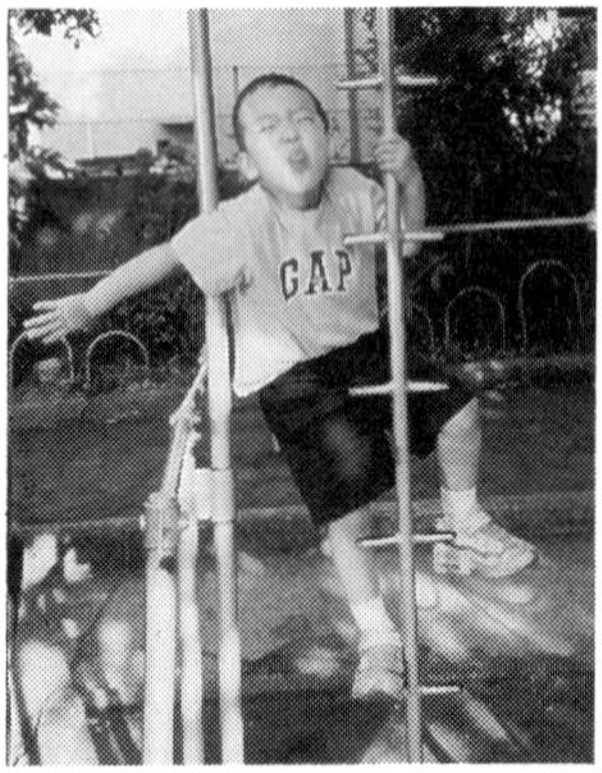

神奈川県立看護教育大学校「人間関係論」
前列中央　藤岡完治．上智大学セミナーハウスにて．
看護のリカレント教育の一部として２泊３日の体験学習が20年以上前から藤岡らによって導入された．秦野のこの地はその思い出の場所．藤岡は「与える・受けとる」実習をかかわりの原点と捉え，看護研修では必ず行った．

二十一章　「いま・ここ」で感じるままに

（『道徳と特別活動』・一九九九年三月号）

ルイス・フロイス（一五三二―九七）

「われらの劇《アウト》は詩である。彼らのは散文である。」「われらの（舞踊者）は、鈴を手にして、まっすぐに進む。日本の（舞踊者）は、手に扇を持ち、つねにあたかも〔?〕のように、あるいは地面を見つめながら、しきりに紛失物を捜す人のように歩む。」「ヨーロッパの舞踊は、激しい両脚の動作を伴う。日本の（舞踊）は、より重々しく、両脚の動作は大部分両手と調子を合わせておこなう。」「われわれにおいては、フォリアで鈴付小鼓の鳴らされるとき、よく空《くう》へぴょんと跳びはねる。彼らはこれを非常に奇異なこととし、狂気じみて野蛮な行為とみなす。」

一五八五年・『フロイスの日本覚書』・松田毅一

三宅一生デザインの黒いロングドレスに身を包み、舞台の上手《かみて》にうずくまる。下手《しもて》には等身大のマネキンのトルソーが置いてある。ジャズボーカリストのかすれ声が静かに聞こえてくる。

♪風が吹く港の方から
　焼け跡を包むように脅《おど》す風
　悲しくて全《すべ》てを笑う乾く冬の夕べ……
　ヤサホーヤ　うたが聞こえる
　眠らずに朝まで踊る

解き放ていのちで笑え満月の夕べ……

多くの制約を自らに課したダンス作品「いま　ここに」の出だしである。跳んだり足を上げたり、自由にからだを動かすことができない衣装。見えるのは顔と手足のみ。あえて練習はせず即興で演じる。今までの作品は何度も練習を繰り返し、納得したところで舞台に立ってきた。今回は違う。なぜ？　いまここで感じるままに踊りたかったから……。

そうは決めたものの練習をしないで舞台に立つ勇気はなく、講習会などの機会を見つけては、なり振り構わず人前で踊った。場所は体育館や畳の上であり、マネキンや衣装や照明もなかったが、いつも本番だった。二、三メートル前にはモダンダンスを初めて見る観客がおり、その観客からマネキン役を募った。

目を閉じてすべてを忘れ大きな呼吸をし心の赴くままからだが感じるままに踊ろうとした。曲が流れ始めてもからだが「いいよ！」と言うまでは始めなかった。踊る時空間に酔いしれながら観客の息づかいや視線を感じ陶酔と覚醒の世界が同時に展開した。踊り終わっても私と観客は温かい空間に包まれ声にならない不思議な余韻を残していた。

この感触を味わいつつも本番が近づくにつれて不安はつのり、リハーサルで舞台に置かれたマネキンを見たときにその不安は膨張しきっていた。無機質で何の飾りもないモノが異様な存在感を放って立っている。マネキンに勝てない恐怖から逃れるために、何度も曲を聞き踊る姿を思い浮かべてみた。救いはにわか観客の温かなまなざしと、リハーサルを見てわけもなく涙がでたという教え子の言葉だった。神戸の被災を歌った曲に私の生き様を重ね合わせたこの作品は「創《つく》っては壊し、壊しては創る。出会っては別れ、別れては出会う」ことを意味していた。

公演本番中、不思議なことに、多くの人が私の脳裏に浮かんでは消えた。作品のテーマを暗示するかのような経験は初めてであった。公演後も機会があると踊った。「いま・ここ」で感じたままを踊る醍醐味《だいごみ》や緊張感の虜《とりこ》になってしまったらしい。

踊りは生身のからだが表現の素材であり、観客との無言の対話のなかで踊り手のからだも変化していく。舞台に立つということは、生身のからだが何を感じるかが、おおげさに言うといままでどのような生を営んできたかが、現れ出る

舞踊作品「いま　ここに」(1998) 高橋和子作
――創っては壊し，壊しては創る．出会っては別れ，別れては出会う――

ことである。舞台を見ることは演じる者との共振の世界を味わうことである。舞台は自分が予想もしない怖さや驚きや想像の世界のなかで、「いま・ここ」を生きることである。

別の舞台であるが、第四九回NHK紅白歌合戦では、一年ぶりに復帰を飾った安室奈美恵と、「今あなたにうたいたい」を無伴奏の肉声で絶唱した和田アキ子が圧巻であった。プロである彼女らにとって舞台は日常茶飯事なわけだが、紅白は特別らしく、生き様がからだをとおして現れ出た。復活ステージに立った安室は、間奏のたびに胸の鼓動や舞台の怖さを抑えるかのように胸に手を当てて、感涙にむせぶ姿を見せていた。ライトアップ前の和田の肩は大きく上下し、ズームアップされると、目を閉じて何かの決意を耐え忍ぶ表情が映し出された。この歌を観客の一人ひとりに肉声で直接とどけたいという想《おも》いであろう。単なる感傷とは違う感動の波がリアルタイムに伝わって、観客もそれに呼応していた。なかなか見られない光景を前にして、日頃の舞台もこうだといいなと思った。

ふと授業のことが思い浮かんだ。授業とて、教師と子どもが教材を前にして格闘し、そこで起こることに繊細に大胆に互いが自分をさらけ出すことであるはずである。予定された反応や受け答えに依存してしまえば、新しい発見や気づきは起こりにくい。毎日繰り返される授業には新しさも奇抜さも感じられないかもしれないが、同じ授業は二度とない。教師も子どももからだの赴くままに授業のなかにいられたらいいなと思う。そこには居心地のいい空間があるにちがいない。居心地とは単にゆったりしているだけでなく、ときには身震いするような思いも含んでいる。授業は舞台と同じだ。「いま・ここ」で心の赴くまま、からだが感じるままに、「ひと・もの・こと」のなかで生きていきたいと、あらためて思っている。

世阿弥（一三六三―一四四三）

そもそも花といふに、万木千草《ばんぼくせんそう》において、四季折節《をりふし》に咲くものなれば、その時を得て珍しきゆゑに、もてあそぶなり。申楽も、人の心に珍しきと知るところ、すなわち面白き心なり。花と面白きと珍しきと、これ三つは同じ心なり。いづれの花か散らで残るべき。散るゆゑによりて咲くころあれば、珍しきなり。能も、住するところなきを、まづ花と知るべし。住せずして余《よ》の風体《ふうてい》に移れば、珍しきなり。ただし様《やう》あり。珍しきといへばとて、世になき風体を為出《しだ》すにてはあるべからず。

一四〇〇年頃・『風姿花伝』・田中　裕校注

二十二章　センサリー・アウェアネス
——感覚の覚醒——

（『女子体育』・二〇〇〇年六月号）

本章の原題は「こころとからだをほぐすボディーワーク＝センサリー・アウェアネス（感覚の覚醒）」であったが、本書に収録するにあたって、表題のように改めた。

ラ・ロシュフコー（一六一三―八〇）

ほんものである、ということは、それがいかなる人や物の中のほんものでも、他のほんものとの比較によって影が薄くなることはない。二つの主体がたとえどれほど違うものでも、一方における真正さは他方の真正さを少しも消しはしない。両者のあいだには、広汎であるかないか、華々しいかそうでないかの相違はあり得るとしても、ほんものだということにおいて両者は常に等しく、そもそも真正さが最大のものにおいては最小のものにおける以上に真正だということはないのである。

一六七八年・『ラ・ロシュフコー箴言集』・ほんものについて・二宮フサ訳

一　なぜ、センサリー・アウェアネスか

私は「からだ気づき」を始めておよそ二十年ちかくになるのだが、最初のころは「ニュー・カウンセリング」（元横浜国立大学の伊東博教授が開発・伊東博著『身心一如のニュー・カウンセリング』・一九九九）という名称を使っていた。ともに、

シャーロット・セルヴァー（Charlotte Selver 一九〇七―二〇〇三）のセンサリー・アウェアネス（sensory awareness）をその出発点としている。「からだ気づき」*は、「体ほぐしの運動」（二〇〇二年度から始まる新指導要領における現「体操領域」）の導入にともなって、にわかに注目されたが、ハウツウ感覚で実習が広まっている観がある。そこでここでは、実習にこめられた本質的な意味をセンサリー・アウェアネスを紹介することによって正しく伝えたいと思う。本質を理解すれば、実習のやり方が異なっても、なんのためにするのか、なにを願っているのか、そのねらいを見失わないでもらえると思うからである。

＊　高橋和子「からだ気づき」の「からだ」は身心一如を意味する。セルヴァーは、本来人間（体や頭や意識の統合体）は身体と精神の切り離せない「有機体」と考えて、彼女のワークを「ボディワーク」とか「ボディアウェアネス」と言われることを嫌った。

二　センサリー・アウェアネスとは

〔創始〕　ドイツ生まれのセルヴァーは、ミュンヘンでダンスを教えていたが、元体育教師のエルザ・ギンドラー（一九〇七―六一）のもとで十一年間の勉強ののち、ナチスに追われてアメリカに渡る。一九三八年からワークを続け人気を得るにつれ、実存分析学者のエーリッヒ・フロムやゲシュタルト療法のフレデリック・パールズらが興味を持ちはじめる。「センサリー・アウェアネス」の言葉は一九五〇年頃にセルヴァーがネーミングし、一九六三年には東洋学者のアラン・ワッツの紹介でヒューマン・ポテンシャル運動（意識改革の運動）のメッカといわれるエスリン研究所で言葉を使わない体験学習によるワークショップを行って急速にアメリカ中に普及する（W・アンダーソン著『エスリンとアメリカの覚醒』・伊東博訳・一九八八）。

〔特徴〕　このワークはアラン・ワッツが禅仏教の本質をついていると言うように大いに東洋的である。『センサリー・アウェアネス』の著者ブルックス（セルヴァーの夫）はワークの特徴を次のように述べる（C・ブルックス著『センサリー・アウェアネス』・伊東博訳・一九八六）。

「……禅の瞑想と同様、言葉で教えられものでなく、やってみるものなのである。人間（有機体）の機能や成長には秩序を保とうとする自然の傾向がある。このワークは体験に頼っており、技術や技能を身につけるものではない。豊かな感性をもって探究し、その探究をとおして自由に学ぶのである。実習を提案し、体験していることについて質問してみることだけなのである……」（引用者要約）

実習は速さや努力を要するものではなく、静かでやさしいものであり、ゆったりした「からだ」の動きに細心の注意を払いながら、身についた習慣的パターンや緊張に気づくならば、それを意識的に緩めるようなアプローチがとられる。受講者は、感覚にオープンになるように、また静かに感じるように促される。実習後に何を経験したかを話す時間をとって、互いの経験を共有するのだが、そこには正しい答えや間違った答えはないとされ、そのうえで、考えたこと（思考・イメージなど）とを区別してみることが大事にされる。セルヴァーは臨機応変にその場で思いついた（即興的）やり方をするのだが、実践者は固定した技術にしがみつかずにその場に敏感であることを、彼女の姿から教えられる。さて、どのようなワークなのか。私の実践例「立つ」ことで紹介してみたい。

〔実習〕　それは次のような言葉かけで始まる。

「……立ってみてくださいますか*（提案）。いまどんな感じがしますか。いまどんなふうに立っていますか。足の裏は何をしていますか。膝は、腿は、腰は、胸は、頚は、頭は、……どうですか。力は入っていますか。呼吸はどうですか。いまはどんな感じがしますか（質問）……」

などと、授業者は間合いを充分にとりながら受講者へ語りかける。受講者はこれらの質問に答えなくてもよい。まわりをキョロキョロする人、自分の足を見る人、目をつぶる人、呼吸という言葉かけを聞いた途端に息をつめる人。十分間くらいのあいだに受講者はさまざまな光景を見せてくれる。終わってから質問してみる。

「……緊張した・肩が凝った・右足は太くて頼もしいが左足の膝から先は透明・大地にすくっと立っている感じ・生きているって感じ……」

と、同じことをしても、感じたことや表現はさまざまである。なかには、「これをして、どうなればいいのですか」と逆に質問する人もいる。

センサリー・アウェアネスとは、このようにもっとも単純な動き「坐る・立つ・ねる・歩く＝行住坐臥」や働き「感覚・呼吸」をあるがままの形でじっくり行うなかで、「いま・ここ」で起こっていることに気づくこと「awareness」にそのねらいがある。大袈裟に言えば、人間が生きるうえでのもろもろの「基盤」を探究することにほかならない。人間存在を確かめることなのである。「立つ」*ことを重視するのも、人間が生きているかぎり、逃れられない「重力」とのかかわりに気づくためであって、このあたりはアレクサンダー・テクニークとも類似している。

＊ セルヴァーの「立つ」は、「Would you now come to standing?」（立つという状態になってくださいませんか？）という言葉かけで始まる。この実習では、「立っている状態」とはどんなものなのかがテーマである。その指示のあと、長時間をかけて、次のような指示がなされる。

「……自分がまわりのスペースのなかに立っていると感じることができましたか？　……」

「……両手の指が立つことにかかわっていますか？　……」

「……頚は、肩は、立つことを許していますか？　……」

「……腿のつけ根は、頭は、呼吸は、どうですか？　……」

と質問するのだが、そののちに長い時間の沈黙がある。この沈黙は受講者が指示されたことに集中する時間なのである。

生きているもの
両手のなかに何か生きているものを感じますか.
（横浜国立大学大学院授業）

三　実習紹介

『センサリー・アウェアネス』には、前述の行住坐臥の実習のほかにも、十八の実習が紹介されている。その一つである「簡単な接触」と、セルヴァー「実習」にはないのだが、私がよくおこなう「目隠し歩き」の実習をここではとりあげてみたい。*

＊　ここに紹介する二つの実習以外の「からだ気づきの授業実践」実習は雑誌『体育科教育』（一九九八〜二〇〇〇）参照。

「簡単な接触」

〔やり方〕　次のような手順で行う。

① 実習を始める前に少しのあいだ立って、身心を静める。二人組をつくる。

② パートナーは相手の横に立つ。相手が「近づいてもよい」という合図をしたら、パートナーは、自分の両手を相手の胸の上部とその真うしろ（肩甲骨の間）に当てる。

「……両手でつつみこんだあいだに何を感じますか、なにか変化するものはありますか、なにか生きているものを感じますか、生きているものを妨げずにかかわれますか……」

などと言葉かけをする。

③ しばらくしたら、横隔膜のあたり、頭の両側、おなかの前後や両側に触れてみる。

④ 充分にかかわったら、役を交代する。

さて、異性同士でも試みたいが、嫌な人は無理することもない。パートナーは相手に手を当てるだけで、撫でまわしたりマッサージしたりするのではなく、静かにそのままにしておく。やっているあいだに、手が疲れたり、立つのが苦痛になった人はやすんだり、坐って行ってもよい。お互いが、一つひとつの経験に、新鮮に向かい合ってほしい。

〔願い〕　群れ遊びの経験が少ない子どもには全身でかかわる「じゃれつき遊び・人間トロッコ」などを経験してほしく思っている。相次ぐ少年犯罪を目の当たりにするたびに、若者が他者の「からだ」に静かに触れることをとおして、相手のかけがえのない「生」を実感してほしいと思う。私の「願い」である。

〔反応〕　簡単な接触を許すだけで、お互いに、相手の生き生きとした状態を察知する感覚にあらためて気づくことができるようである。そして、次のような感想が多く述べられる。

「……大事にされた・押しつけられて息苦しかった・緊張した・生きていると思った・呼吸を感じた・自分の脈か相手の脈かわからなくなった……」

「目隠し歩き」

〔やり方〕　次のような手順で行う。

① 二人組になり、両方とも言葉を使わずに、目をつぶった相手を「三十分間」、安全に快適に誘導する。できれば自然豊かな戸外で行う。連れていく人は目をつぶった相手にいろいろなものを触らせたり、匂いをかがせたり、見せたいものを三十分間に一回だけ見せてあげる。目をつぶった人は、触った感じ（冷たい・柔らかいなど）や匂いを味わうことに集中して、それらが何であるのか頭で考えようとはしない。

② 「三十分」たったところで、役を交代する。

③ 終了後、二人で感想を述べ合ったり、感じたままを絵に描いてみたりする。

このワークは小学生から実践可能だが、対象に応じて、言葉かけや安全面の配慮が必要である。大学生でも不安や防衛本能のために話してしまうこともあるのだが、そのことが悪いのではなくて、本人がそのことに気づければよい。

「……相手を信頼しなさい……」

「……目が見えない人の身になってみて……」

「……怖いと感じるときはどういうときか予測がつくよね……」

などと、実習前に受講者へ話したりすれば、受講者は実践者のその言葉に合うように自分の経験を狭める枠付けをしてしまうことになる。その結果、プロセス全体を、頭で考えてしまうことが多くなる。慎んでほしいことである。

〔願い〕　いろいろな感覚（視覚・聴覚・触覚・皮膚感覚・平衡感覚など）の覚醒が期待できる。また、日常生活で、いかに視覚や言葉に頼っているかがよくわかる。さらに、信頼することとはどういうことなのかを経験できる。

〔反応〕　誘導する側の感想には次のようなものがある。

「……相手の身になって誘導した……」

「……信頼されてうれしい……」

「……大変だったので、疲れた……」

「……どのように伝えたらいいのか、戸惑った……」

目をつぶる側の感想もさまざまである。

「……怖かった……」

「……ぬくもりを感じた……」

「……大胆に、自由になれた……」

「……触覚や聴覚に敏感になった……」

「……楽しいひととき、相手がどんな人なのかよくわかった……」

写真上　　目隠し歩きの1時間のなかでゆっくりと佇む二人組．たまたま遊びに来た子どもは無心に噴水の水をさわっている．
写真下　　1時間後，自由に振り返りをしている．

二つの実習でプロセスに共通してあるのは「触れる」ことだった。英語にいう「touched」には、「さわられる」のほかに「感動させられる」という意味がある。二つともとてもシンプルな実習である。しかしながら、ゆったりとした時間のなかで、相手「ひと」や自然「もの」に触れることで、生「こと」そのものに触れる瞬間を味わえることが多い。感動が生まれる瞬間である。このようなひとときを、子どもたちへ、ぜひ与えてあげてほしい。

高村光太郎（一八八三―一九五六）

をんなが附属品をだんだん棄てると
どうしてこんなにきれいになるのか。
年で洗われたあなたのからだは
無辺際を飛ぶ天の金属。
見えも外聞もてんで歯のたたない
中身ばかりの清冽《せいれつ》な生きものが
生きて動いてさつさつと意慾する。
をんながをんなを取りもどすのは
かうした世紀の修業によるのか。
あなたが黙つて立つてゐると
まことに神の造りしものだ。
時時内心おどろくほど
あなたはだんだんきれいになる。

一九二七年・『智恵子抄』・あなたはだんだんきれいになる

目をつぶったまま「ひと」に触れる感じを味わう.

二十三章　ダンス学習

（『女子体育』・二〇〇一年一月号）

本章の原題は「かかわりと気づきのダンス学習」であったが、本書に収録するにあたって、表題のように改めた。

アイスキュロス（前五二五―四五六）

おお輝《て》りわたる大空、翼も速い風の息吹《いぶき》よ、また河々の、もとの泉、また大海原の数知れぬ波の秀《ほ》の笑いざわめき、万物の母なる大地、さらにまた世界を見渡す日輪を呼び訴える、見てくれ私を、神々からどんな仕打ちを受けているか、同じ神であるのに。「よく見ておいておくれ、どのような辱めに身を切り苛《さいな》まれつ、永劫《えいごう》の歳月を私がこれから苦悩にすごすか。かくも無慚な縛《いまし》めを、私に対して、あの新しい神々の頭目は、工夫し出したのだ、ああ、ああ、今もまた襲ってくるこの苦しみに呻吟するばかり、この苦悩はいったいいつ、どのようにして、終わりをつげるはずなのかと。」……。（引用者注・プロメーテウスが人間を作ったという伝説もある。その彼は天界から火を盗んで人間に与えた。そのことに怒るゼウスは「……お前は火を盗み私の心をだまくらかしていい気になっているが、お前自身にも、将来の人間どもにもそれはたいした禍いとなるであろう」と予言したとヘーシオドス『神統記』に記されている。）

前四六二年頃・『縛られたプロメーテウス』・呉　茂一訳

一　一体になること

雪が舞いおわるころ桜の花びらが舞いはじめ、眩い光の踊りのおわるころ枯れ葉の舞い散る季節が訪れる。風がときに哀しい踊りもみせてくれたりする。

季節の移りかわりを舞や踊りにたとえて表す術《すべ》を私たちは知っている。擬人法的なことばに託す想いは、冬であるならば雪のように軽やかに美しく舞えたらという願いかもしれない。それは、からだが冷たくなって身が引き締まる緊張感を抱かせる季節だからであろう。日本人は古来から自然を対象としてみるよりも、自分のからだやことばを自然と同調させるように捉えて一体感をもつような文化を生み出してきた。この一体感という意識は他者との関係においても同様である。

たとえば、親子が川の字になって寝ることや、おんぶやだっこのように、肌と肌との接触をたもつこと、そして近所つきあいにも現れている。また、新学習指導要領「体育科」(二〇〇二年度から実施)で強調されている「心と体を一体としてとらえる」身体観にも反映されている。まして、かかわれない子どもが増えている現状にあっては、他者との違いを違いとして認めたうえで、他者とのかかわりをどのように教育の場に用意するのかが問われている。

今回は、かかわりのなかで学習が展開するダンス学習について、特に「からだ」「こころ」「ことば」「もの」「他者」とのかかわりに気づくことを中心にして考察を進めてみたい。そして、この気づきこそが、「生きる力」につながればと思っている。ここで、気づきを強調するのは、気づきこそが学習を成立させるもっとも根源的な契機であると捉えているからである。

二　からだとのかかわり

〔からだ（心体《しんたい》）は動く〕　人間の誕生は精子と卵子が出会うことから始まる。精子は卵子に向かって動く。卵子はひたすらに待って受精するのだが、その瞬間に、その他の精子の侵入をすべてシャットアウトしてしまう精緻な安全防御ネット装置を稼働させる。この精子と卵子とが動く待つ働く力をもつように、からだは、はじめから「動く」「待つ」「働く」ようにできている。ここで注目すべきことは、動かされるのではなく動くのであり、働かされるのではなく働くのであり、それが「生きる力」の証とも言える。しかし、動くからだも間違った動きを続けていると障害をまねくこともある。たとえば猫背の人は胸や胃が圧迫されぎみで、呼吸は浅く消化機能の不全につながりやすい。その仕組みに気づかないかぎり、自分では治せないものだし、治そうとしてもこんどは胸を張りすぎて腰を痛めたりもする。

ダンスではからだのいろいろな動きを学習するのだが、日頃の猫背とは別の身体感覚をつかんだり、鏡に映る自分のからだを客観視できたりして、自分の癖に直面することもできる。スポーツはある動きをパターン化し自分のからだを自動的に動くようにする作業だとすれば、ダンスは、その要素をも含みながら、からだに染みついた動きの解体作業や多種多様な動きを入力する作業とも言える。このようにダンスは、動くからだを実感できて、動きの可能性を広げるのに適した領域である。

〔リズミカルに動く〕　脈拍は規則正しくリズムを奏で、赤ちゃんは横揺れのスウィングで眠りにつく。からだのなかのリズムにしたがって動くことは心地よく、その証拠に多くの人びとが日常生活のさまざまな場面でリズムに親しんでいる。電車のなかでも、若者はまわりの喧騒が大きいほどウォークマンから流れる音楽に没入する。テレビで観る歌手に直立不動の姿はもはやない。路上やゲームセンターでダブダブの洋服を着た若者は自分の内側に視線を向けてステップを踏む。女性たちがこのごろ嵌まっているパラパラでは「みなさんご一緒に」と同じ手踊りを繰り返す。派手な衣装に身を包み全国各地でよさこいソーランを踊る人びとは増加傾向にある。自他のからだやリズムとの交流を求めてダンスが年がら年中踊られているのをみると、リズミカルに動くからだがたしかに存在し、ダンスがその場を提供していることもわかる。

学校の外でこれほどまでに「外なるリズム」に没頭する現状があるのであれば、学校教育では、どのような質のリズムに出会わせたらいいのだろうか。私は自分のからだの「内なるリズム」をゆっくり探る体験を与えてあげたい。「いま・ここ」で生きているからだに、どのような内なるリズムがあるのか、そのことを発見することは、自らがリズミカルに動くからだであることに気づけることでもある。

三　ことば（イメージ）とのかかわり

季節のうつろいにわが身の想いを重ねるように、また、日本の伝統的な舞踊が謡《うたい》とともに演じられるように、日本のダンス学習の特徴は、ことばやイメージとの融合を大事にする点にある。表現内容をことばで吟味することや、鑑賞者が「このダンスは何を言っているのか分からない」という評にも、その一端をみることができる。ことばに誘われてダンスを理解し、その意味世界に感情同化しやすいことも同様の現れであって、ダンスにおいてはことばの造詣の深まりや豊かな人間形成も期待できるのである。しかしながら、ことばでは説明できないこともあるからこそ、ダンスの存在することを忘れてはならない。

英米では、ラバンの影響もあって、「動きそのものが感情をつくる」といわれるように、動きの質感が大事にされる。独欧では体操の発展系にダンスがあるように、動きのフォルムやリズムや流れが追求される。松本千代栄らが開発した舞踊課題学習は従来の「イメージから動きを創る」学習法に加え、「動きからイメージを創る」学習法を加えたことが画期的であった。この両者のほどよいバランスが大事なのである。

からだが動きたいから動く、リズムにのって踊りたいから踊る、動きを追求したいから創る、他者と感じあいたいから踊る。このようなダンスの根源的な要素が充分に保障されるところで、表現の意味内容の追求は生きてくる。

四　もの（こと）とのかかわり

作品を創るときは何かに触発される場合が多い。その何かは、自然のなかのものや、環境破壊や戦争のように人間がしでかしてしまった事柄や、あるいは身近な音楽や絵や詩であったり、人やリズムや動きであったりもする。ダンスは、自分と何かがかかわりあってはじめて、そこに内なる「創りたい」「踊りたい」衝動が喚起されて始まるものである。この熟成のあればこそ、ダンスが自他とのかかわりや個性や創造性の育成へと、ひいては「生きる力」の覚醒へとつながるのではないか。

しかし私をふくめて多くの教師は、「創ることは価値がある」「単元の最後は作品発表」などの目標を優先させ、子どもの表現欲求を問うこともなく、活動させてこなかっただろうか。このことに気づくならば、教師は、子どもたちがダンスの世界にくいつく時間を確保すべきことに意を配らねばならない。この時間は物理的な時間だけを意味しない。上手な教師は何気ない導入で、子どもを、人攫《ひとさら》いのようにその世界に連れて行ってしまう。子どもは、その気になれば、身も心も抵抗することなくその世界に遊ぶ。わずかに五分間であっても、この遊ぶ時間の創出は可能なのである。

私の尊敬する長津芳、山田敦子、相場了らの方々はその達人であった。彼女らは、ダンスを愛するその意気を全身に漂わせながら、レッスンのそのたびに踊り手を誘う工夫を惜しみなくなげかける。換言するならば、間断のない「素材探し」「教材探し」を存分に行っているのである。探す場所はどこにでもある。おもちゃ売り場、野原、路上、美術館、酒場、台所……。教師自身の心に響かないものは教材に決してなるものでない。大事なことである。私たちも、子どもたちを踊りたい創りたい気持ちにさせる工夫を、真摯に学ばなければならない。「誘い」を、である。

五　他者とのかかわり

一人で月に誘われて踊るときもある。だが、多くは、何人かで踊ったり創ったり観る人のいるなかで活動する。つまり、ダンスはひととのかかわりのなかで成立するのである。とりわけ私は、ひととかかわる場を教育のなかで意図的に仕組んできたし、まるごとのからだで他者とかかわるダンスの教育的価値を信じて実践してきた。

授業とて教師と学習者とのかかわりのなかで展開する。私が横浜国立大学でダンスの男女共習を始めた二十年前は、男子の踊ることは当たり前のことでなかった。笛ふけど踊らぬ学生を前にして、指導法や教材の妥当性を問われたし、彼らとの格闘が私を育ててくれたりしながら、「学びとは何か」を再考するきっかけとなった。教師が学習者を操作して何かを習得させるのではなく、学びは主体的な活動であるのだから、学習者の動きたい、学びたい欲求を引き出す必要のあることに遅まきながら気がついた。

しかし、子どもの欲求の度合いや興味の範囲は個々によって異なる。運動する子どもとしない子どもが二極化している現状では、動機づけはますます難しくなっている。また、運動会でのリズムダンスや民舞を行う学校もある反面、表現運動や創作ダンスの皆無の学校も多く、子どもたちの経験の差もダンス指導の困難さを助長している。幸いにダンスでは、戦後すぐにグループ学習を取り入れて、教師の力だけに頼らなくても、子ども同士の学びあいが定着している。子どもが自らの力で問題を解決することが「生きる力」の一つであるならば、ダンス学習では相当の積み重ねがあって、指導要領改訂で強調される「学び方を学ぶ」ことも取り立てて言うことではなさそうである。

それよりも、今後のダンス学習で大事にしたいことは、動きたいように動くことや、内なるリズムにのって踊る心地よさをどう見積もるかにある。自分を思いをこめて表現することを忘れてしまっている「からだ」から、自由に動ける「からだ」をどのように回復させるのか、ここに「大事」は凝縮している。もっとも簡単な手立ては教師自身がそのような「からだ」を獲得することである。そして、目の前の「いま・ここ」をキャッチする術や、子どもと教師の願いを合致させる術をつかみとる努力であろうか。そのためには、子どもや教師の「からだ」に起こっていることに敏感になる(気づく)ことを忘れてはならない。さて、かつての日本人は風とともに遊んだりして日常を暮らしていたのであるから、さほどに難しいことでないとも思えるのだが……。

荘　子(前四世紀後半・宋の人)

恵子《けいし》が荘子にむかっていった、「人はもともと情のないものであろうか。」荘子は「そうだ」と答えた。恵子はいう「人でありながら情を持たなければ、どうしてそれを人といえようか。」荘子は答えた「自然の道理によって容貌が与えられ、自然の働きによって体の形が与えられているのに、どうして人といわないでおれようか。」恵子はいう、「それを人というからにはどうして情を持たないでおれようか。」荘子はいう、「それは、わたしのいっている情ではない。わたしが情を持たないというのは、人がその好悪の情によって自分の身の内を傷つけるようなことをせず、いつも自然なあるがままにまかせて、ことさらに生命を助長するようなことをしないことをいうのだ。」恵子はいう、「生命を助長しなければ、どうしてその身を維持していけようか。」荘子は答えた、「自然の道理によって容貌が与えられ、自然の働きによって体の形が与えられているのだ。好悪の情によって自分の身の内を傷つけることがないようにする。いま君は自分の心を外に向け、自分の精根を疲れさせ、樹にもたれてはうめき声をあげ、小机によりかかっては居眠りをしている。自然の働きが君の形をととのえてくれてあるのに、君はつまらない弁論でわめきたてているのだ。」

中国古典『荘子』・「徳充符篇」第五・金谷　治訳注

自然と一体
生きとし生けるものは自然とともに在る．（撮影：江藤友里恵，ケニアにて）

二十四章　コミュニケーションと身体文化

（『女子体育』・二〇〇一年四月号）

ゲーテ（一七四九―一八三二）
ギリシア語で書かれた聖書を繙き、
真心篭めて、
一度この神聖な原典を
母国のドイツの言葉に訳してみたくなった。
（一巻の書を開き、翻訳し始める）
「太初《はじめ》に言《ことば》ありき」と書いてある。
ここでもうつかえてしまう。さてどうしたものか。
己は「言《ことば》」というものをそれほど尊重する気になれぬ。
己の精神が正しく活動しているとしたら、
ここでは別の語を選ばずばなるまいな。
「太初《はじめ》に意《こころ》ありき」ではどうであろうか。
筆が滑《すべ》りすぎぬように、
第一行をじっくりと考えねばなるまい。
森羅《しんら》万象を創り出すものは「意《こころ》」であろうか。

舞踊作品「ゼリーフィッシュの詩《うた》」（1997）
横浜国立大学モダンダンス部

いや「太初《はじめ》に力ありき」としなければなるまい。
だがそう書きながら、すでに何者かが
それでは不十分だと己の耳に囁《ささや》く。
ああ、どうにかならないか、そうだ、うまい言葉に思いついた。
こうすればいい、「太初《はじめ》に行《おこない》ありき」

一七七三年頃初稿・『ファウスト』・高橋義孝訳

一　息が合う：人と人とのかかわりの根源

ラグビー部主将の齋藤真弘さんは、人数不足で困っているダンス部の助っ人として、ADF神戸*の舞台に立った。彼は動きの呑み込みが早く、複雑な動きやリズムの習得にそれほどの大変さはなかったが、即興的な動きが苦手だった。決められた動きはラグビー同様、練習を積めば何とかなった。だが、即興シーンは出番を待つあいだですら不安であった。その動きは、パラシュートを海月《くらげ》に見立てて空気を孕《はら》ませ空高く舞わせたり、音もなく海の底へ消えていくように操りながら人のあいだを縫ってうごくもので、作品の山場でもあった。

しかし、本番では想像もしない感覚を味わうことになる。青い照明を浴びて天井高くあがるパラシュートを見ているうちに、自分も海を漂っている感じがしてきて、すれ違う仲間とも柔らかく息が合っている感じがした。その途端、悲しいわけでもないのに涙が頬を伝わってきたと言う。即興は決められた動きに縛られず自由であるので、観客や踊り手の息づかいを感じながら踊れたのかもしれない。

この不思議な「からだの感覚」を味わった彼は、その後も、体育科の仲間と何度かダンスの舞台に立つことになる。スポーツに熟練した者が、ダンスの自由性や変身世界の虜になってしまったのである。競技スポーツは高度なテクニックを効率的に獲得し、勝負という比較の世界で、「規律・訓練」的特質を身体に刻み込むとすれば、ダンスは遊戯的で官能的、祝祭的でコスモロジカル（宇宙論的）な身体の経験と言える。

＊　ＡＤＦ神戸は「全日本高校・大学ダンスフェスティバル（神戸）」の略称。前身は日本女子体育連盟の松本千代栄現会長が「神戸市学校ダンス講習会」を四十年にわたる指導にあたった経緯にかかわっている。一九六五年には第一回「全国女子体育研究大会」を神戸市で開催。一九八八年に第一回ＡＤＦ神戸を創設。二〇〇三年度には十六回目を数えて総勢三七〇〇名が大会へ参加する大盛況を見せている。ダンスの夏の甲子園大会との異名もとっている。二〇〇一年度に松本会長は「神戸の表現文化の向上と教育に貢献」と讃えられて神戸市文化賞を受賞。

ダンスにおける踊り手同士の「息が合う」状態は、互いの身体の共振を生み出す基盤になる。それが観客の共感を呼び、舞台空間をも包み込み、大袈裟に言うと宇宙的な交信をも可能にすると考えている。ダンスでは「息が合う」体験をふんだんに提供することができる。私は、コミュニケーションの根源は、この「息が合う」というからだの感覚そのものにあると考えている。そして、日常生活においても、同じような場面を垣間見ることができる。

たとえば、老夫婦は、同じような歩調で散歩をしている。二人で荷物を運ぶときには、「セーノ」と声をかける。子どもが早口で出来事を伝えると親も早口で応答するし、子どもが落ちついてくれば親の口調もゆったりとしてくる。逆に、息の合わない場合には、阿吽の呼吸や以心伝心とはほどとおいギクシャクした関係になってしまい、お互いのからだに違和感が残る。歴史家の立川昭二によれば、「息が合う」は「からだごとその人とこころが合っている」ことを指すのだそうだ。また、「息子《むすこ》」や「息女《むすめ》」の「息《むす》」は、生まれるという意味をもち、親から子へと息がつながっていくいのちの連続感を、息子や息女という語句に託しているのだと教えてくれる。その一方で立川は、「息」の字の使用頻度の様相とともに、相手と息を合わせて一体感を味わう機会の激減している状況を嘆いてみせる（立川昭二著『からだことば』・二〇〇〇）。

二　関係を取り結ぶ核としての身体

この「人とかかわれない」現象に対して、多くの分野の人びとが「身体」に問題解決の糸口を見いだそうとしている。それを裏付けるように、身体に関する本が続々と出版され、そのうちの一冊である『からだブックナビゲーション』（佐藤真・一九九八）には身体を知るための二千冊を紹介して、それぞれを「免疫、脳、病い、進化、食べる、セックス、スポーツ、聴く」の項目に分類している。このうちの特に一九九〇年代以降に書かれた本では身体のコミュニケーション機能に着目しているものが多い。たとえば「食べること」を、外界とからだを取り結ぶコミュニケーション活動の一部と捉えている本もある。そこでは、身体は、口と肛門からできている一種の大きなチューブとして考えられている。セックスは自己と他者とが身体を媒介に対峙することと説くものもある。

スポーツ現場では、快楽や陶酔、美や野性にかかわる感覚が混沌としながらからだのなかで行き交っている。つまり、自他との関係を取り結ぶ核として「身体」があるからにほかならない。そうだと考えれば、拒食や過食、セックスレスの夫婦、サッカー場での暴動、あるいはまた自己喪失やキレる子や引きこもり、脳死などの事柄さえも身体を核にして読み解くことが可能になる。ここで言う「身体」とは、物理的な肉体と同時に心的な存在であって、社会的なあるいは文化的な存在でもある。そして、それらのもろもろが統合されて一個の「人間」を構成しているはずなのだが、矛盾をはらみながら身体は存在していることもたしかである。

三　身体文化を問う・子どもの変身世界から

私は本論考（『女子体育』・社団法人日本女子体育連盟編集）で、その年間テーマ「二十一世紀の身体文化を問う」に、なんとか応えてみたいと思っている。しかし、身体（人間）が生み出した文化の総称を「身体文化*」と捉えれば、その範疇は膨大なものになってしまう。身体を手段として成立するスポーツや舞踊や演劇に限定しても、私の力量では「身体文化を問う」に応えることは難しい。その一方で、二十世紀末のいまスポーツや舞踊などの隆盛には目を見張るものがあって、教育関係者は、これらの身体文化が現代の抱える問題に応えてくれる可能性の高いことを嗅ぎわけながら期待を寄せている。私も、そのひとりではある。

＊「身体文化」は一般的に「人間の身体に関する諸々の文化の総称」を指しているが、時代や領域で定義が異なっている。一九五〇年代の東独やソ連では「人間らしい身体をつくりあげる社会的営み」の意味をもつ。最近のスポーツ社会学では、「近代スポーツ」に対する「新しい波」（伝統スポーツや舞踊など）として身体文化の語を使っている（アイヒベルグ著・清水諭訳『身体文化のイマジネーション』）。

そこで、多くが、全身での遊びや自然体験、あるいは身体表現の活動などを薦めることとなる。身体の直接体験では自他のリアリティ溢れる世界を描くことができて、不確かな身体や透明な自己へ、手応えのある存在感を与えることができる。だからこそ、お手盛りのごとくに推奨があるのだろう。しかし、である。子どもは風の子といわれた時代は遠のいてしまっているし、子どもが群れ遊びや変身世界で戯れようとしても相当な仕掛けを必要とする時代状況に、私たちは生活している。こうした事情も念頭におきながら、ここでは、私のささやかな取り組みについて述べてみることで、「身体文化を問う」ことの一端に応えてみたい。

私は、毎週五歳児と、表現遊びに戯れている。からだで図形を真似て作ったり、じゃれつき遊びをしたり、鬼ごっこをしたり、フープを使った遊びを考えたり、いろいろな跳び方に挑戦してみたり、色から思い浮かぶものへ変身したり、落ち葉を風にとばしてそのとおりに動いてみたり、歌いながら踊ってみる遊びもある。季節や子どもの興味に合わせて、楽しいひとときを一緒に過ごすのである。教材は主にムーブメント教育や表現運動を中心に組み立てている。

「……今日は、なにをやるの……」

私が差し出すこれらの遊びに、子どもたちは、目を輝かせて集まってくる。

表現遊びでは体験それ自体や創造力が大事にされる。一般的な体育プログラムでは到達目標が明示されるので、子どもながらに、「できる・できない」を気にするのだが、表現遊びになると、他者と比較されることもなくのびのびとしている。

ところが、昨年は、変身系の遊びになると、腕を組んで突っ立ったまま混ざろうとしない子が二名現れた。私も、考えさせられることになってしまった。

「……先生、見て！　見て！　……」

と変身した姿をアピールして、対照的に、その他の子は鳴き声や表情まで真似したりして遊びの世界に陶酔している。この遊びの定番は、「知っている動物になろう」や「好きな乗物に乗って、ドコソコへ行こう」などである。その二人の子は他の子に比べて、動物や乗り物の名前は数多く知っているのに、変身する気になれないのである。たしかに四月のころは、手遊びや動物の模倣に幼稚園で馴れていても、自由な表現は初めてのことなので戸惑う子どもも多い。しかし、夏を過ぎるころともなれば、思い思いの表現が見られるようになる。これが、二十年間をかかわってきた私の印象である。けれども、あの二人は、十二月になっても遠巻きのままで、変身する仲間を見ている。

「……ボクニハデキナイ！　……」

と、いくら誘ってみても、言い放つ。表現あそびのなかでも、たとえば「バナナ」と言ったら、三人組になって身体で三角形を作る＊などの目標が明確な遊びは、素早くイキイキと行う二人である。

＊　「カキ」と言ったら、二文字なので、二人組という具合に「文字数」で人数を決める。

この二極化した風景を前にして、私は考え込んでしまった。あの「二人の子」なりの価値観では、「ナニナニになる」

ことは馬鹿げていて、そんな幼稚なことはできないのかもしれない。五歳児が、である。この小さな子どもにおいてすら、正解の見えないものに対してはかえって不安となってしまい、身構え硬くなるからだが現れ出る。まるごとのからだで自分を投げ出してみることができない。自由という不自由なのであろう。子どもが、「ゴッコ遊び」に全身で興じたり変身を楽しむことは、ごく自然に起こることと思っていたのは幻想にすぎなかったのか。カイヨワが指摘した遊びの四要素の一つ「模倣」は、二人の遊びの要素にはないようにも思えてくる。

「……学びには正解がある……」

「……遊びは自由なものであるが、学校ではやらない……」

という了解が、二人には暗黙のうちにあるのかもしれない。

私には小さな大人を見たような気がした。「変身世界を遊ぶ」ことにかげりを感じた出来事だった。自他のからだとのコミュニケーションを豊かに展開するためには、学校という「規律・訓練を基盤とした身体運動」を行ってきた世界から、身体表現がもつ自由で遊戯的な身体文化への転換に、鍵があるように思える。

鈴木大拙（一八七〇―一九六六）

我らは花を紅《くれない》と見る、柳を緑と見る、水を冷たく、湯を熱いと感ずる。これは我らの感性のはたらきである。人間はこれだけではすまないで、紅《あか》い花は美しいと言う、冷たい水は清々《せいせい》すると言う。これは人間の情性である。感性の世界がそれぞれに価値づけられる。またその上に美しいものが欲しい、清々するが好ましいということがある。客観的に、そのものから我が身を離して、それを価値づけるのではなく、それを我が手に収めようとするのである。これは意欲である。さきの価値づける意欲の故であるということもできるが、とにかく情性と意欲とを分けて考えておくと便利なことがある。それからこんなにさまざまなはたらきを分けて話すはたらきを知性と言っておく。……霊性は、上記四種の心的作用だけでは説明できぬはたらきにつける名である。水の冷たさや花の紅さやを、その真実性において感受させるはたらきがそれである。紅さは美しい。冷たさは清々しいと言う。その純真のところにおいて、その価値を認めるはたらきがそれである。美しいものが欲しい、清々しいものが好ましいという意欲を、個己の上に動かさないで、かえってこれを超個己の一人の上に帰せしめるはたらきがそれである。このはたらきは知性の能くすることであると考えるものもあろうが、知性は意欲に働きかける力をもたぬ。知性はかえって意欲の奴隷に甘んずるものである。……とにかく知性は、それ自身で意欲の桎梏から離脱し能わぬ。それが可能になるのは霊性の効能である。これが出現することによりて、知性は個己を超越することができる。無分別の分別はこんなあんばいにしてはたらくのである。

一九四四年・『日本的霊性』・「……」部中略

無踊作品「コトノハ」(2002) やまと歌は，人の心を種として，よろづの言の葉とぞなれりける．
横浜国立大学モダンダンス部．第15回全日本高校・大学ダンスフェスティバル．神戸市長賞受賞

二十五章　光る泥団子の魅力

――創造性の開発――

（『女子体育』・二〇〇一年九月号）

ヘミングウェイ（一八九八―一九六一）

「鼻の先から尻尾まで十八フィートある」魚（巨大カジキマグロ）の長さをはかっていた漁師がいった。「あたりまえさ」と少年（老人の信奉者）はいった。……少年は熱いコーヒーのはいった鑵を持って、老人の小屋へはいっていく。起きるまで、そのそばにじっと坐っていた。老人は一度起きそうな気配を見せたが、またもや重い眠りに落ちこんでいた。……とうとう老人は目をさました。「起きあがらないほうがいいよ」と少年はいった、「これをお飲み」コップにコーヒーをついでやった。老人はそれを受けとって飲んだ。「すっかりやられたよ。マノーリン、かたなしだ」「お爺さんはやられたんじゃないよ。魚（獲物）にやられたんじゃないよ」「うん。そうだ。それからあとのこったな（鮫だったな……）」「ペドリコが舟と道具のしまつをしているよ。頭はどうするつもり？」「ペドリコに切ってもらってな、わなにでも使ってもらったらいい」「くちばしは？」「ほしけりゃ、お前のものにするさ」「ぼく、ほしいな」と少年はいった、……。水面を見おろしていたひとりの（アメリカからの観光客の）女が、そこに大きな尻尾をつけた巨大な白い背骨がゆらゆら揺れているのを見つけた。……「あれ、なんでしょう？」女はかたわらの給仕にたずねながら、大魚の長い背骨を指さした。その骨はいまや潮とともに港のそとへ吐きだされるのを待っている屑としか見えなかった。「ティブロン（八日も続く不漁にもめげず出漁した老人は一人で小舟よりも二フィートも長いカジキマグロを四日間の死闘の末に倒した。余りにも巨大だったので獲物を小舟の舟腹に縛りつけて帰港する途中、鮫の襲撃に遭遇して、一切れのこらず身を喰いちぎられた残骸の……）」給仕はそういって、今度は訛りのある英語でいいなおした。「さめが（襲ったので）……」かれは一所懸命顚末を説明しようとする。……「あら、鮫って、あんな見事な、形のいい尻尾を持っているとは思わなかった」「うん、そうだね」連れの男がいった。道の向こうの小屋では、老人がふたたび眠りに落ちていた。依然として俯伏せのままだった。少年がかたわらに坐って、その寝姿をじっと見まもっている。老人はライオンの夢を見ていた。

一九五二年・『老人と海』・福田恆存訳・括弧内補注と傍点引用者・「……」部中略

一　自分で創ったものが最高！

泥をまるめて固くしていき、こまかい砂をまぶす。最後の仕上げはその表面を布で磨く。するとその泥団子は漆喰のような光を放ちはじめる。京都のある保育園では日がな一日、泥団子の魅力にとりつかれた子どもたちが泥と格闘している。なかにはオムツをした子どもも交じっている。手が器用に使えないとすぐ壊れてしまう。四歳ぐらいになると、力の入れ具合やまるめていくコツもつかめるらしく、だんだん丸い形が見えてくる。しかし一カ月かけても光る泥団子にはなかなか変身しない。どうやらこまかい砂をまぶす際に、砂の種類の吟味が成功の鍵を握っているらしい。ようやく到達した最後の段階で、泥団子が無残にも壊れることもある。そうなっても子どもはまた、一からやり直す。

その姿はフンコロガシが大切なモノをせっせとまるめながら運ぶ姿にどこか似ている。フンコロガシにとって、まるめる作業は、生きるための営みである。子どもにとって、この作業は、しないからといって死に至るという大袈裟なものでない。では、この光る団子制作はどのような意味を持っているのだろうか。光る泥団子（教材）には、少なくとも子どもを夢中にさせる力がある。自分の手のなかでできあがるたしかな手応えや、形作られては壊れていくことを何度も経験できる。ときには熟練者の手さばきや材料調達の術を観察したり、人に尋ねる必要も出てくる。このように光る泥団子は「体験―集中―試行錯誤―観察―知識」の統合の所産と言ってよい。つまり光る泥団子制作は、根源的な人間の力を身につける作業のひとつであると言える。

この話はＮＨＫで放映された。圧巻は泥団子先生が大事に創った自分の光る玉を、子どもに手渡す場面である。その玉はピカピカ輝いている。先生は子どもの反応を見たくて差し出す。子どもは光る玉を一応は受け取る。しかし、どの子もすぐ先生へ返してしまう。光る泥団子の一番の虜になっている男の子は、光る玉を片方の掌にのせ、反対の掌には自分の泥団子をのせたまま立ち尽くしている。それぞれの玉を困った表情で数分間見比べたのち、何事もなかったかのように光る玉を返す。

「……おじさんの宝物をほしがってもいいんだぞ！　……」

と先生は言いたげでもあり、チラッとのぞける寂しそうな表情を隠しているようでもあるのだが、子どものこの「返す」という行動に納得しているようなのである。

子どもにとっては、ピカピカでなくても、たとえいびつでちいさくとも、自分が手がけた泥団子が最高なのであろう。手塩にかけて育てた子どもが、親にとっては、一番可愛いようにである。圧巻はそこのところの機微をあますことなく見せてくれたのであった。子どもは創る過程のなかで全身を使って、多くのことを学んでいく。完成品を与えられたのでは、子どもの豊かな学びは期待できない。このことは、いずれの指導者も、充分に心得ておかなければいけないことなのである。

二　学びを引き出すこと

この保育園では「ダメ！」という言葉を聞くことが少ない。子どもは、歯で嚙んで、鼻で嗅いで、目で見て、耳で聞いて、手で触って、全身で感じて、外界のものにかかわろうとする。いわば直感の世界に遊ぶのである。この直感が創造性を開発するためには不可欠なのである。創造性は抑圧された状況下ではうまく引き出すことができない。先生は黙って見守りながらも、うまい具合に言葉をかけて手助けする。この保育園のように安全で自由な雰囲気が用意されているのならば、子どもは、のびのびと活動を展開する。このことは、子どもにかぎらず、大人にあっても同様である。もともと人間は創造性に富んだ個性的な生き物のはずではなかったか。その特性を充分に引き出すことが教育であって、そうしてこそ子どもの学びが深くなるのである。

しかし、このような教育活動を実践するのは大変である。つい引っ張りすぎたり、教えこんだり、画一的な一斉授業に陥りやすい。あるいは、動機づけと称して競わせたり、技能習得に躍起となったり、到達目標に邁進したりしてしまう。これらが双方向（指導者―受講者）のなかに生まれているのならばさして問題もないのだが、指導者が一方的に押しつけるとなると創造性の芽を摘んでしまうことになってしまう。

ここで、カルチャーセンターの風景を思い出してみよう。エアロビクス教室では、インストラクターが前に立って、受講者は一平方メートル四方のなかで他者と交わることもなく黙々と動きを真似している。そして、ワンレッスンが終わると会話もなく帰っていく。一方、社交ダンスやフォークダンス教室では、指導の仕方はどうであれ他者との身体接触があるために、一曲踊り終わるたびになにがしかの会話に花が咲く。ここでは典型的な二例をあげてあるのだが、それぞれの運動特性に応じた指導法やマニュアルの在り方が、こうした両極端な風景を生み出すと考えている。この「風景」に、いかに彩りをつけたらいいのか。この問題が、すなわち今回の講習会*での提案となっている。

「……いまのやり方が一番……」

と指導者は思っているのかもしれないが、初心者であっても「動きの工夫」などは簡単にできるものなのである。子どもが泥団子に夢中になったように、目前の受講者に、自分らしさを発揮しながら「ダンスムーブメント」の虜となってもらうためには教材はもとより指導方法の研究を怠ってはならないのである。

* 社団法人日本女子体育連盟が主催する「ダンスムーブメント指導員検定講習会」のこと。一九九七年からスタート。二〇〇一年

度の講習会では、「三十歳から六十七歳まで、人生のキャリアは違っても、みなさんが地域の方々と共にあゆむ熱き心にあふれ、真摯に研鑽の時を過ごされた三日間。……講義は和やかに、実技・指導実習はひとりひとりにアドバイスと、充実した研修であった」と報告されている。「緊張した三日間でしたが、流される毎日を、少し立ち止まって自分を見つめ直せたように思う……」と受講者の一人で新指導者に認定されたIさんが言う。

それでは、ダンスムーブメントの具体的な指導場面を考えてみたい。まずは指導者側の振り返ってみるべき視点についてである。どこに立って、指導しているのかを反省してみたい。

「……発問はどのような種類が多いのか……」

「……指示や命令が多すぎないか……」

「……レッスンで何人の受講者に直接言葉をかけているか……」

「……教材や音楽や指導方法がマンネリ化していないか……」

「……発表会の是非を含めて、そのやり方はどうなのか……」

次は受講者側である。

「……指導者の動きを模倣するだけに終わっていないか……」

「……受講者は自分の動きを創ったり振り返る場はあるか……」

「……毎回、感動し、精一杯動き、分かり、できるようになり、楽しいと思うことがあるか……」

「……受講者同士の教え合いや見せ合いはあるのか……」

これらの受講者側の視点は当然のことに指導方法に左右されやすい。

また、発問の仕方についても指導者が配慮するならば、受講者の主体的な姿勢を促すことができる。生涯学習を支援する教育システムは、学校教育が柔軟になったように、変容してほしい。そのヒントの一つとして、「創造的思考力を

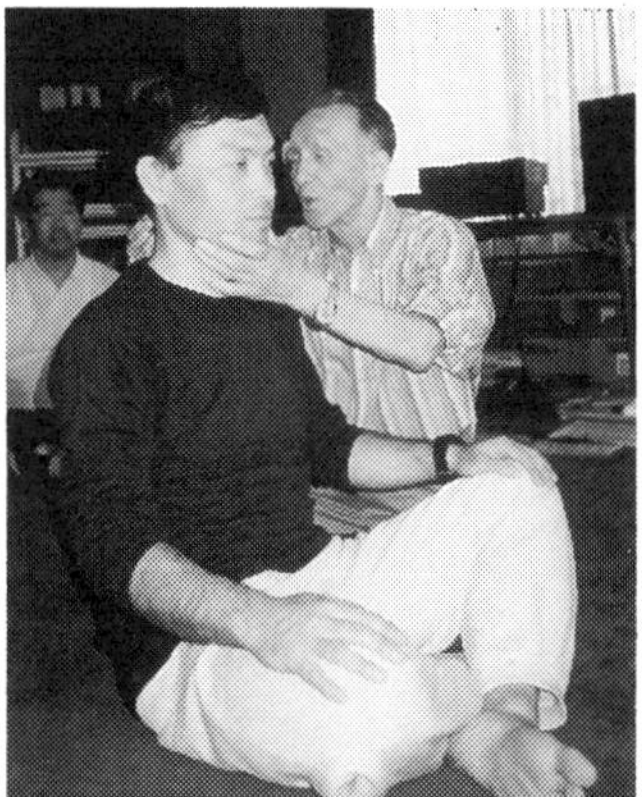

坐る　ニュー・カウンセリングワークショップでの伊東博先生

促す発問」[*]を紹介しておきたい。たとえば、である。

「……いまの動きの大きさを変えてみたら、どうなるのか（変換）……」

と、受講者に問いかけてみよう。動きを、大きくする人も、小さくする人もでてくるだろう。さらに、つづけてみる。

「……最初の動きに大きな動きと小さな動きをつけ加えたら、どうなるのか（加法）……」

と問いかけてみて、受講者同士で工夫させる。指導者は受講者の様子や経験を踏まえて、よい頃合いでこのように発問してみる。受講者が自分で動きを工夫することになれば、創造性開発や他者とのコミュニケーションにつながってくる。加えて、各自の身体に無理のない動きができる。このことは、「怪我をしない・無理をしない・長く続けられる」ことにもつながる。また、この発問パターンの活用は、指導者自身の発想や動きを広げることにも役立つのである。

＊　江川玟成『最新教育キーワード137』（時事通信社・二〇〇一）で、「創造的思考力を促す発問パターン」を次のように分類している。

①　方法の拡張　⇩　「……その他のやり方はないかな……」
②　適用範囲の拡張　⇩　「……～の場合はどうなるかな……」
③　加法　⇩　「……～に～をつけ加えたら、どうなるかな……」
④　減法　⇩　「…～から～を取り除いたら、どうなるかな……」
⑤　逆発想　⇩　「……～ではなく、その逆だったらどうかな……」
⑥　変換　⇩　「……大きさ（色・形・配列……）を変えたら？　……」
⑦　観点変更　⇩　「……～について、色々な観点から考えよう……」
⑧　結合　⇩　「……～と～を結びつけたら、どうなると思う……」

ところで、である。実に、泥団子つくりに興じている子どもたちは、壊しては創り、創っては壊すという遊びのうちに、この発問パターンを無心のままに時機即応の自問自答パターンへとモード変換しているのであって、そしてそこに無理のない学びを引き出す秘訣のあることを教えてくれる。子どもは、たとえば先生の差し出すピカピカの光る玉と見比べたりしながら、すべてを直感的にやってのけるのである。どうしたことか、大人になるにしたがって、理論的に学びの様式を学ばなければならなくなってしまう。蛇足だが、ここにも、課題のあることを見逃してはならない。

三　風船遊びからの発展

ついでに、仲間との「風船遊び」から、いろいろな動きの展開する事例を紹介しておきたい。この教材は、初めて出会う人びとの緊張を解いたり、遊びながらウォームアップをしたり、仲間同士の関係性を高めたりすることを意図して開発したものである。指導者は最低限の課題のみを提示し、あとの活動をそれぞれの「グループ」に任せると、さまざまな様相が展開してくる。

①　課題　膨らませた風船の口を閉じずに、空に向かい放す。風船のとぶ行方を予測し、床に落ちないうちにキャッチする。⇩　チームワークを発揮して人の配置を広げる班、風船の口を少しひねってゆっくりとぶようにする知能犯も現れる。

②　課題　班のみんなで手をつなぎ、つないだままの手や腕で風船をうつ。⇩　疲れてやる気の失せている仲間を庇って優しく風船をつく班、数をかぞえはじめる班、バスケットのゴールに風船が偶然に入ったのをきっかけにして何度もシュートに挑戦する班も現れる。

これらの様相は「いま・ここ」で偶然に生まれたものである。まさに一期一会の経験と言ってよい。課題の枠内でグループが自由に創意工夫できるのは、指導者が受講者の創造性を信じているからにほかならない。人間は時機相応に驚くようなことも考えだす。学びが創意を引き出し、創意が学びを引き出すのである。西田幾多郎に倣えば、「学び即創意」「創意即学び」と言うべきか。その特性を摘み取ることのないように、開発する場を提供することが指導者の役割であろうか。ピカピカに光る泥団子と子どもたちの目の輝きを見ていて、その思いを強めている私がいた。

金子みすゞ（一九〇三―三〇）

青いお空の底ふかく、
海の小石のそのように、
夜がくるまで沈んでる、
昼のお星は眼にみえぬ。
　見えぬけれどもあるんだよ、
　見えぬものでもあるんだよ。
散ってすがれたたんぽぽの、
瓦《かわら》のすきに、だァまって、
春のくるまでかくれてる、
つよいその根は眼にみえぬ。
　見えぬけれどもあるんだよ、
　見えぬものでもあるんだよ。

「星とたんぽぽ」

即興表現「今日もうさぎは跳びはねる」（2002）
横浜国立大学モダンダンス部 OG.

二十六章　空間からの教育改革

――講義棟改造ことはじめ――

（『FD活動報告書』・二〇〇二年一月号）

本章は横浜国立大学教育人間科学部FD（ファカルティ・ディベロップメント）委員会発行の「平成十三年度・FD報告書」へ委員の務めとして寄稿したものである。

マルサス（一七六六―一八三四）

現在、つぎのようなおおきな問題が論争中である、といわれてきている。人間はこれから加速度的に、無限の、これまで考えられたことのないほどの改善にむかって、前進を開始するであろうか、あるいは、幸福と不幸とのあいだの永遠の往復運動を運命づけられており、あらゆる努力にもかかわらず、念願する目標からはなおはかりしれないほどの距離にとどまっているであろうかという問題である。……人口（増加力）と土地の生産（力＝地球の食糧総生産力）との、二つの力のこの自然的不平等、およびそれらの結果をつねにひとしくたもたずにおかない、われわれの自然のあの偉大な法則は、社会の完成の途上において、わたくしには克服不可能だとおもわれるおおきな困難をなすものである。その他のすべての論点は、これと比較すれば、些細な副次的な問題である。すべての生命あるものを支配しているこの法則のおもみから、人間がのがれることができる道を、わたくしはしらない。

一七九八年・『人口論』・永井義雄訳・傍点箇所引用者挿入・「……」部中略

一　鋳型化した教育空間からの脱却

「……学校建築は教育思想を反映したものである……」

と謳ったのは福島県三春町の元教育委員長であった。

学校の建物はこの町の教育改革の目玉の一つであって、老朽化した学校を建て替えるにあたって、持論の教育思想が学校全体や細部にわたる設計に現れていた。たとえば中学校では、各クラスの教室に先生が入れ替わりやってくるのではなく、各教科の教室に子どもたちがくるのであるから、そこには教科に特有の空間が保障されていった。また、木をふんだんに使った空間は暖かみを帯びていた。オープンスペースはゆとりを与えてくれた。生徒が集うスペースには、冬になると炬燵が置かれ、踊り場や隠れ家的発想を学校空間に持ち込むことによって、学校は居心地のよい場になりえたのである。学校や教育に対する明確なコンセプトが、建物に反映した例である。このような取り組みは神奈川県でも見ることができる。横浜市立本町小学校のオープンスクールは教育理念に基づいた空間を用意しているし、鎌倉市立御成小学校の木造建築は伝統と現代の融合を図ったものである。その他にも、新築される学校の多くは地域に開かれたコンセプトを実現するために玄関を二つ用意したり、さまざまな試みがなされている。

では、本学の教育空間には教育理念に基づいた空間が用意されているのであろうか。講義棟に注目してみると、ほとんどの教室は、いまだに固定机と椅子が黒板に向かって配列されている。この構図は、教官の一方的な講義形式に適している。本学の保土ヶ谷キャンパス講義棟は建てられてすでに二十年以上経過しているが、建築当時は、教育思想や教育方法を建物に反映する考え方はなかったと思われる。いや、日本全国、学校と病院はどこから見ても見分けがつくと言われるように、とても画一的である。学校は低コストで建てられ、教育は効率的に営まれることが優先されてきた。学校が快適である必要はなかったのであって、訓練的思考が根強く、その証拠に、いまだに学校のなかの快適空間は、冷暖房完備のパソコンルームと絨毯敷きでソファーが置かれたカウンセリングルームだけなのである。機械や心は優先されても、身体は固い椅子や机に合わすという考え方が、無意識のうちに取られているのではないだろうか。

もちろんこのような固定的な空間においても、教官は「教授（教え授ける）や授業（授ける）から対話型教育」を実施することも可能である。しかし、学生の身体は固定されているため、学生間の対話やグループ討議、演習、実習には不適切きわまりない。かつて「体育座り」（床に尻をついて座り、両膝を両腕で抱えて動かないように固定する）は鋳型化する身体を造ってしまうと言われたが、固定机は鋳型化した身体のみならず、画一化した授業方法を植えつけているとも考えられる。ちなみに、初等教育機関での「学校建築」はまだまだ画一的な箱型であるものの、教室空間においては黒板にむかう机の配列もほとんど見受けられず、子ども同士の顔の見えるような机の配置が多い。それが、中学、高校になるにしたがい、生徒が黒板をみる配置になり、大学では固定机とマスプロ授業が増えてくる。このように、机の配置を見るだけでも、高等教育になるにしたがって、一方通行からの知識注入型授業が展開されるのはどういうことなのか。

大学審議会は、とりわけ学部段階の教育について、現状における問題点を指摘している（『二十一世紀の大学像と今後の改革方策について』・大学審議会答申・一九九八）。

「……一般に教員は研究重視の意識が強いが教育活動に対する責任意識が十分でない。授業では教員から学生への一方通行型の講義が行われている。……教育内容と教育方法の両面にわたり、多くの問題点が厳しく指摘されている……」

また、医学教育においては、近年の科学技術の進歩と社会や時代のニーズの要請に合わせて、医学生の履修すべき必須の学習内容の精選を図り、併せて、知識を詰め込む教育方法から、問題解決能力を身につけるような学生主体の学習方法に積極的に転換することを謳っている（『医学教育モデル・コア・カリキュラム』・医学における教育プログラム研究開発事業委員会・二〇〇一）。これらの指摘や問題意識をもとに、本学ＦＤ部会では、学部教官に対して教室改善の調査を実施し、具体的な改善案を提示した（『魅力ある大学教育をめざして』・平成十二年度横浜国立大学ＦＤ活動報告書・二〇〇一）。これに基づく改築作業は二〇〇一年度に開始され、本学の「創造的教育空間に向けて」のささやかな第一歩が踏み出されたのである。

二　魅力ある教育空間の創造

講義棟改造の「ことはじめ」は七号館三階の講義棟であった。ここでは「固定机と椅子の撤去」「閉ざされた空間から開放的な空間へ」という二つのコンセプトのもとに教室空間が改造された。具体的には次のような項目である。

移動可能な机と椅子の設置

これにより、多様な授業形態に対処できるようにした。ただし、予算がなかったために、今回は中古の机や椅子で間に合わせている。

狭い二教室間の壁を撤去し倍の広さを確保

従来の一教室は、二十名が座る机と椅子、そして、教壇が置かれるといっぱいであった。また、三面が壁に囲まれていたために密室的であった。そこで、二つの教室の間の壁を取り払い、二倍の広さを確保することによって、広く明るい空間に生まれ変わった。

廊下側の壁を撤去し、大きめのガラス戸を設置

これには二つの意味が込められている。

一つ目は、二方向に窓ができたため、風通しが良くなり、充分な採光が期待できる。この明かりについては日頃から思っていることがある。多くの教官は講義棟も研究室も、とにかく電灯をつける。朝や昼で明るいにもかかわらず電灯をつける習癖がある。エコロジーなどと叫ぶ前に、自然の光を味わう繊細さがほしいものである。もちろん、講義棟によっては午前中においても充分な採光の確保できない場所があるので、今後の改築にあたっては、採光も考慮に入れる必要があるのではないか。

二つ目は、教室内の様子を廊下からも窺えるようにしたかったためである。大袈裟に言えば、「教師の絶対権力が支配する密室からの解放」とでもいおうか。それはまた、日常における大学の授業公開も意図することにつながる。とりわけ、幼稚園から小学校において「授業公開」は年中行事化しているが、大学では、一度たりともその機会を持たない教官もおられるのではないだろうか。茅ヶ崎市立浜之郷小学校では年間百以上の授業公開がなされているらしいが、他者の授業を見たり、他者に授業を見られることによって、自分の授業を振り返ることができ、良い授業を創る契機になっているという。本学においては、ようやく「授業公開の取り組み」がなされ、その模様が本報告書にも掲載されているという。しかし、すでに先駆的に実施している大学においては、「公開授業」を企画しても、「参観者ゼロ」という現実があるという。今回の廊下側に設置した広い窓は、教室を密室化せず、「授業を垣間見る・見られる」効果をも期待している。それこそ、肩肘を張る必要のない柔構造環境整備としての、お手軽な授業公開と言えるのではないか。

フローリングの教室

大学では靴を脱ぐ教室はほとんどなく、さしずめ体育館くらいであろうか。日本人は靴を脱ぐことが習慣化しているのだが、大学にはそのような場がない。

「……足の解放が開放的な空間を生む……」

と考え、フローリングの床を改築した。そのことによって、床に座り込んで討議をしたり、広い平面で何かを作成したりというように、さまざまな授業形態に対応しうる空間を用意することができた。

当初は、ねころぶこともできる絨毯敷きの教室を希望したが、絨毯は改築費用の費目には該当しないため、今回はフローリングになった。また、広い教室空間を確保するために、履物と荷物を収納できる木製の作りつけの棚を設置した。スチールではなく木製にこだわったのは、暖かみのある空間を願ってのことである。さらに、フローリングの床は教室の出入りのたびに、靴の脱ぎ履きを要する。遅刻や抜け出し防止にも一役買いそうな気がする。

冷暖房・パソコン使用可

季節や時間に左右されず、快適な空間を創出するために、エアコンを設置した。また、多くのパソコンの使用を可能にする工夫も取られている。

三　魅力ある授業の創造

二〇〇二年度はさらに多くの教室の改造に取り組む計画である。そうなれば、多くの教室の固定机は撤去される。しかし、教室改造はあくまでもハード面の改革であって、その教室を彩るものは授業というソフト面にほかならない。この両者が融合されてはじめて、良い授業が創出されるのである。魅力ある大学教育は、教官と学生の相互作用によって生み出されるのは当然であるが、私たち教官側の授業への創意工夫や熱意が大きく影響を与えることも確かである。教育と研究とを世間から負託されている大学であればこそ、モノとしての「身体」をだけでなく、生身の「からだ」を包み込んでくれる柔構造環境の在り方について、生活の間尺で、あらためて「気づき」を促すための指針を提示する義務があるのではなかろうか。

今回の「空間からの教育改革」の報告事例は、初等教育や中等教育、あるいは私立大学においては当たり前のこととして実現していることかもしれない。

ところで、「こういう授業をしたからこのような教室空間を作ってほしい」というささやかな私たちの願いの集積によって、今回の教育空間が生み出されたのであった。となれば、授業が変わりうることを期待しておきたい。

このような教官側の教育空間への希望と、大学本部の計画する施設改築や新築などの情報交換が、今後は密接に行われる必要がある。「FD」とは、組織的な改善努力として結実するときに、その本領を発揮することになるのではないか。であるならば、今回のこのささやかな「ことはじめ」がいかに進化することになるのか、その点検を忘れてはならないだろう。

最後に、講義棟改造に対してご協力いただいた方々に、この場を借りて御礼を申しあげたい。

著者不詳（表章は宋代の程朱《ていしゅ》が有力）

小人閑居《しょうじんかんきょ》して不善《ふぜん》を為《な》す。至《いた》らざる所《ところ》なし。君子《くんし》を見《み》て后厭然《のちえんぜん》として、その不善《ふぜん》を揜《おお》いてその善《ぜん》を著《あらわ》す。人《ひと》の己《おのれ》を視《み》ること、その肺肝《はいかん》を見《み》るがごとく然《しか》り。則《すなわ》ち何《なん》の益《えき》かあらん。これを中《うち》に誠《まこと》あれば外《ほか》に形《あらわ》るという。故《ゆえ》に君子《くんし》は必《かなら》ずその独《ひと》りを慎《つつし》むなり。

宋代・『大学』・宇野哲人全訳注

写真上　大学講義棟の固定机と椅子．討論には不向き．授業改善のための懇談会．

写真下　茅ケ崎市立浜之郷小学校ランチルームの移動式机．「机がいいわよね」「部屋も明るいなあ」横浜国立大学教育人間科学部「基礎演習」（教育現場見学後）のディスカッション

舞踊作品「沈黙を聞く」（2000）宮本舞

二十七章　小さな少女が大きく見えたとき

（『女子体育』・二〇〇一年一月号）

マーク・トウェイン（一八三五－一九一〇）

（はたしてトムは学校をずるけて、思うぞんぶん遊びまわった。トムは村の〔青白い〕模範少年ではなかった。〔冒険家〕だった。）……その新しい興味というのは、黒人から教わったばかりの奇妙な口笛《くちぶえ》の吹《ふ》きかたで、誰にも邪魔《じゃま》されずに練習しようと、トムはいま夢中《むちゅう》だったのだ。これは口笛を吹くとき、すこしずつ間をおいて上顎《うわあご》に舌をつけ、そうすることで一種独特の小鳥のさえずるような顫音《せんおん》を出すのである。少年時代をすごしたことのある読者ならたぶんおぼえがあるだろう。一生懸命《いっしょうけんめい》に練習したので、トムは、すぐにそのこつをおぼえた。そこで彼は、せいいっぱい口笛を吹き鳴らしながら、満足した気持ちで大股《おおまた》に通りを歩いて行った。まるで新しい惑星《わくせい》を発見した天文学者のような気持ちだった。しかし、強く、深く、純粋《じゅんすい》なよろこびという点では、トムのほうが、明らかに天文学者よりもまさっていた。

一八七六年・『トム・ソーヤーの冒険』・大久保康雄訳

ひらがなの「からだ」に託して「体」と「心」とを一如に含意する表記法が近年とみに多くなった。体と心がバラバラな御時世（臓器移植・援助交際・幼児虐待・戦争など）に対しての警鐘であろうか。それはともかく、子どもにも、分かりやすい言葉は悪くない。その子どもの体が危ない。警告が発せられてからもう二十数年も経つ。だが、体にとどまることなく、心の問題もますます深刻になっている。文字どおりの「からだ」が問題視されているのである。この問題に応え得るのが、ダンスやボディーワークや体育などの、まるごとのからだを育てる、身体文化であろう。そう、自負していいのではないか。

私は、この夏、からだをとおした体験を重視する「開発的カウンセリング（ニュー・カウンセリング）ワークショップ」をある地方都市で行った。このワークショップは二十年来行っている。ところで保健室登校の女子中学生二名がはじめて養護教諭とともに参加してくれた。少女らはそれぞれ悩みを抱えているようだった。表情も体もこわばっているし、他者とかかわることが苦手という共通点をもっている。ワークでは、感覚の覚醒や、バランスのとれた動作法や呼吸法や、「ひと・もの・こと」とかかわりながら社会や文化や自然をかえりみることや、音や動きや言葉で自分を豊かに表現してみることなどが、ゆったりとした時空間の中で繰り広げられた。

とりわけ一人の少女を変えたワークがある。それは「群像」というダンスでよく使う教材であり、班でテーマに基づいたポーズを創るものである。このワークでの願いは、「考え込まずに瞬時に創る・発想の豊かさや自由さ・他者との共同作業」である。少女は大人に混じって臆することなくポーズをとりはじめていた。表情がやわらぐ。笑顔もみえる。最後は、班でテーマを決めてポーズをとり、他の班に当ててもらうワークだった。少女は率先して「スマップ」というテーマを出し、メンバーに役割を指示すると、それぞれが応じてポーズをとる。題材が分かりやすいことも手伝って、うまく当ててもらうと、少女は仲間と小躍りする姿も見せてくれた。

このようなワークでは、自分にとって、どんな体験であったのかをグループで話し合う（通称「振り返り」）ことを大切にする。そこで、大人でも口の重いところ、少女が発言しはじめたのである。みんなが頷いてくれる暖かい雰囲気を感じ取って居心地がよかったのだろうか。少女の提案が採用されてそのうえ鑑賞者にうまく伝わった喜びのゆえであろうか。抑えがたい思いがからだから滲み出ていた。この変化を皮切りにして多くのワークでも少女の声が聞かれるようになった。あとで尋ねてみた。

「……自分でも、口数の多いことにびっくりしている。気がつけば、手が挙がったり口が動いていたの……」

と、少女は語ってくれた。一五〇センチにも満たない少女が大きく見えた瞬間だった。二学期が始まっても、少女は、相変わらず保健室登校をしているそうである。だが、養護教諭は、少女のことを、自信がついたように思えると観ている。中学校のなかでも、保健室だけでなく、教室や体育館のなかでも、居心地のよい空間が見つかればと願っている。私は思う。この少女のように、すべてが、自らの「からだ」をとおして、「ひと・もの・こと」とのかかわりに「気づき」はじめてくれれば、教育も学校も変わるのだが、と。

人は誰でも、他者に受け入れられていると実感するとき、居場所を見つけて自信をもつことができる。こうした相互作用の機会が、教育現場では、いま求められている。人間関係などで傷ついている子どもたちは自他の言動に敏感になる。そのような子どもたちを支援するとき、自由で安全な雰囲気の確保が欠かせない。この柔構造環境整備の問題は、表現世界に遊ぶためにも、教育現場においても大切な要素になる。

からだに馴染むこうした柔構造環境は、競争や特定の目的意識を排したところで生成されやすく、ダンスやボディワークの実践現場に多く顕現する。「強制・合理・画一」から脱皮して、からだが「自由・しなやか・闊達」であるとき、すこやかに育つ「からだ」が保障されるのではないだろうか。そのようなからだを育てる身体文化に、二十一世紀の子どもたちは、たくさん出会ってほしいものである。そこでは、「みんなちがって、みんないい」世界と、「みんなで共感しあえる」世界との共存が必要条件になるだろう。

金子みすゞ（一九〇三―三〇）

私が両手をひろげても、
お空はちっとも飛べないが、
飛べる小鳥は私のように、
地面《じべた》を速《はや》く走れない。
私がからだをゆすっても、

きれいな音は出せないけど、
あの鳴る鈴は私のように、
たくさんな唄は知らないよ。

鈴と、小鳥と、それから私、
みんなちがって、みんないい。

「私と小鳥と鈴と」

舞踊作品「ガールトーク」(1997) 浅見飛鳥作．高橋幸子，増田佳奈子出演．

二十八章　手を伸ばしてみて
――身体の叫びを解き放つために――

（『女子体育』・二〇〇二年五月号）

アンネ・フランク（一九二九―四五）
〈キティ様　1942・7・8〈水〉　日曜日から今日まで、何年も過ぎたような気がします。まるで世界じゅうがひっくり返ったように。いろいろなことが起こりました。でも、わたしはまだ生きています。お父さんはそれが大切なことだと言いました。そうです。わたしはまだ生きています。しかし、どこで、どうして暮らしているかなんてきかないで下さい、あなたにはわからないでしょうから。……わたしたちはただ、ここを逃れて安全な場所へ行きたいだけです。明日このつづきを書きます。（アンネより）

一九四二年（アンネ十三歳）・『アンネの日記』・皆藤幸蔵訳・「……」部中略

失恋した女子学生がいた。死んでしまいたいほど落ち込んでいる。からだは重い。授業どころではない。足が勝手に右手方の校門へと向いてしまう。左手側にはダンスの授業に向かう集団が足早に通りすぎて行く。仲間の姿が目に映った途端、からだが無意識に集団とともにダンス場に吸い込まれていた。「身体の叫び」が導いてくれたのだった。そうだと、女子学生はのちほど振り返っている。

そのときのダンスは床に寝てゆっくり深い呼吸をすることから始まった。そこでは息を吐くことが大事にされる。それまでの女子学生は息を吸うことに執着していた。吐くたびにモヤモヤするものが身体から放出された。新鮮な空気が胸いっぱいに入ってくる。次は頭のなかの作業である。自分の身体が猫や米粒ほどの大きさになることを思い浮かべてみることだった。想像するだけで小さくなった身体は宙を浮遊するように軽く感じられる。こんどは小さな身体が恐龍や太陽のように大きくなることを想ってみた。大きくなった身体は自信に満ちてきて何でもできそうに思えてきた。不思議だった。

女子学生は我に返った。

「……自分の身体に聴きながら、実際に大きくなったり、小さくなったりしてみよう……」

という声にハッとしたのである。女子学生は耳を傾けた。身体が小さくなりたがっている。右手の親指からゆっくり少しずつ丸く折り曲げてみた。もうそれよりも小さくならなくなったときに、女子学生は、田舎に住む母親の子宮のなかにいるような気がしてきた。暗くても温かい安堵の世界にしばらく落ち着くことができた。やがて、「伸びたい」「大きくなりたい」という叫びが聴こえてきた。女子学生は朝顔の蔓が光を求めるようにしなやかに伸びてみた。いのちの輝きが感じられた。

インストラクションは佳境に入る。

「……一瞬で小さくなって！　……」

「……さあ、一転して大きくだよ……もう五センチは伸びるよねッ……」

と張りのある声が空気を震わせる。考えるいとまもなく、女子学生の身体は蠢きだした。もう五センチだけ左右に手を伸ばしてみた。そのときである。横に開いた左右の腕から胸にかけて、何かがガタガタとバラバラと崩れ落ちたのである。身体を縛っていた固くて重い鎧のパーツだった。女子学生はそう実感していた。足はしっかり大地に立っていて、身体を支えてくれている。このときの暗示が舞踊作品「手を伸ばしてみて……」のヒントとなっている。

女子学生は外に出た。若葉の瑞々しさが目に飛び込んでくる。つい九十分前にはこんな美しい風景でなかった。景色なんか目に入ってこなかった。だが、「いま・ここ」で気持ちも身体もすっかり変わっている。体育館を背に女子学生は大きく一歩を踏み出してみた。スキップがひとりでに弾みだした。からだは軽く空まで翔べそうな気になった。大地を蹴る足も力強い。エネルギーが全身から湧き出てくる。

私は、表現派の父といわれるムンクの石版画「叫び」（一八九三）に接するたびに、二十年前のこの女子学生を思い出す。未熟だった私は授業中の女子学生の叫びに気づいていなかった。数日後のレポートで知ったのである。女子学生は言葉で伝えてくれた。からだが平安なとき、言葉も心身に馴染む。この経験は、心と身体は分けて捉えられないことや、自己喪失感に陥りやすい青年期に、ダンスなどの競争をともなわない身体運動が「いのち」を育んでくれることを気づかせてくれた。

病弱で死への恐怖に悩まされてきたムンクは、自らの身体の「叫び」を表現することで、無意識のうちにからだの平安を取り戻そうとしたのではなかったのか。当時のヨーロッパは第一次世界大戦の兆しをみせながら不安と危機の時代へと突入しつつあった。ムンクも不安に怯えていたはずである。それから一世紀後の日本では、子どもも巻き込んで、いたるところから「身体の叫び」が聞こえてきている。はて、どうすればいいのか。

それにしても、言葉にならない身体からの発信を受け止めるためには、「いま・ここ」で起きていることに注意深く「共にいる」ことが大事になる。そんな人間になりたいものだ。

司馬遼太郎（一九二三—九六）

「人間は自分で生きているのではなく、大きな存在によって生かされている」と、中世の人々は、ヨーロッパにおいても東洋においても、そのようにへりくだって考えていた。この考えは、近代に入ってゆらいだとはいえ、右に述べたように、近ごろ再び、人間たちはこのよき思想を取りもどしつつあるように思われる。この自然へのすなおな態度こそ、二十一世紀への希望であり、君たちへの期待である。そういうすなおさを君たちが持ち、その気分をひろめてほしいのである。

一九九九年・「二十一世紀に生きる君たちへ」

舞踊作品「沈黙を聞く」(2000) 宮本舞

二十九章　からだの触れあい

（『教文研だより』・二〇〇二年七月号）

ショーペンハウエル（一七八八―一八六〇）

あらゆる精神活動のうちで最低のものは、算術的な精神活動である。その証拠は、それだけが、機械によってもなしとげられる唯一のものである、ということである。そういうわけで、今日イギリスでは、そういう計算機が便利なためにすでにしきりに利用されている。

一八五一年・『知性について』・細谷貞雄訳

一　身体のブーム

大阪で「新・人体の不思議展」が開催されている。解剖学用の死体標本展示会であるが、体液が抜かれ特殊樹脂で処理された人体は清潔でプラスチックのようであるという。私は一九九六年に横浜でこの展示会を見たが、女性の来場者は脳味噌を触ったりして強い関心を示したのに比べて、男性は青ざめた表情で出口に急ぐ姿が印象的であった。皮膚が剝がされ肉を切り取られた人体は骨格や筋肉、内臓や血管などテーマごとに陳列されている。体育を専門とする私にとって人の動きや仕組みを知る絶好の機会であった。全国七都市を巡回したこの展示会の来場者はすでに二八五万人にのぼり、その多くはごく普通の若い女性であるという。なぜ女性は死体標本に引きつけられ、しかもクールな観客でいられるのか。これについては、「女性は大人になるに従い自分のボディーイメージを修正しなければならず」「自分の体を知っておきたいから」という見方がなされている。また、予想を上回る来場者については、性差にかかわらず「身体の現実感を失いかけているから」とか「おどろおどろしくない抽象的な身体だから」という解釈もある（朝日新聞・二〇〇二年七月三日）。

話変わって、最近、身体にかかわる本がよく売れている。その一冊は、教育学者の齋藤孝さんの『声に出して読みたい日本語』（二〇〇一）であり、一〇〇万部を突破している。著者は、「国語は体育だ」「読書はスポーツだ」などのキャッチフレーズを巧みに使いながら、「声を腹からしっかり出し、息づかいの技をこらすこと」を主張していて、そこには、身体感覚を言語とともに取り戻したい願いが感じられる。このブームに対して「日本への意識が希薄化すると日本語に関する本が売れる」という人もいる。そう言えば、二〇〇二年六月の日本ではワールドカップ一色になり、にわかサッカーファンが急増して「ニッポン・チャチャチャ」のエールも轟き、若者は臆せずに国旗を振り回していた。観客は、選手の身体の妙技に接するだけでなく、共同体意識を共有したいと願っていたのではないか。ブームは、日本人としてのアイデンティティを、美しい日本語を朗誦したりサッカーの応援に興じることで確認したかった現象とも思える。しかし、日本近代文学者の坪井秀人さんが指摘するように、本が売れている背景に過剰な「体育会系的な明朗さと健康至上主義」とが渦巻いていて、「朗誦が心身鍛錬の技として教育政策に活用される」とき、この世相の動きには単純に喜べない危うさがつきまとう。なぜならば、第二次世界大戦下の日本において、「日本精神の詩的昂揚」を目的にした朗誦運動が進められた事実もあるからにほかならない（朝日新聞・二〇〇二年七月二十一日）。

戦前の体育においても同様のことが繰り広げられたように、かくも「身体」の問題には、共同体への恣意的な服属に利用されやすい一面があるのである。

さて、もう一冊は、劇作家の鴻上尚史さんの『発声と身体のレッスン』（二〇〇二）であろうか。豊かな表現力を身につけるために、誰にでもできるレッスン方法を解説した本である。著者は、正しい発声を「感情やイメージがちゃんと表現できる声を手に入れること」と定義して、身体と言語とが一体となった形でのコミュニケーションを目指す。

この二冊は、身体意識を根底にすえて表現活動を捉える点で類似している。ところで、見逃してならないことは、こうした身体のブームがなぜ起こっているのか、その一点にあるのでなかろうか。

二　「体ほぐしの運動」の導入とスローワーク

前述した死体標本や身体技法への興味は、身体への希薄感が強まっていることを暗示しており、この傾向は、「他者とかかわれず自己表現が苦手」という最近の子どもの特徴とも連動している。子どもをとりまくこれらの問題への対応として、二〇〇二年度実施の新学習指導要領では、体験活動などを重視する「総合的な学習」や体育領域に「体ほぐしの運動」（以下「体ほぐし」と略す）が新たに導入された。子ども自身が、まるごとの「からだ」で、自然や他者にじかにかかわることによって、自分自身の存在や世界との位相関係をも実感することを期待してのことである（ひらがなの「からだ」は、心と体を一体と捉える用語として、ここでは使用している）。しかし、教育現場からは、体ほぐしの実践（内容や方法）への戸惑いも聞こえる。そこで本論考では、ジェンダーとの関連も含めて、問題点や可能性についても述べてみたい。

体ほぐしは、「体への気付き」「体の調整」「仲間との交流」の三つをねらいとする運動とされている。これらのねらいは単独にあるわけではなく、互いに関連している。例えば、「いのちの旅」という実習がある（拙著『ゆったりイキイキからだきづき』・二〇〇二）。床に横たわった人を、数人で言葉を使わずに天高く支え上げ、そのまましばらく保ったあと、ゆっくり床に降ろす。この実習には、まるごとのからだ（いのち）を「あずける・うけとる」意味が込められている。やり方は、誰からも強制されることなく、あげてもらいたい人が自主的に横たわることから始まる。早くあげて降ろすという競争もない。その意味では、従前の体育とは趣を異にしている。子どもたちの感想「人に支えられて生きている実感・みんなが一体となった感覚・他者に身を委ねる怖さ・異性に対する意識」から察すれば、「仲間との交流」

が期待できる。加えて「床や人の手の感触の違い・体の重さや柔らかさ」など、「体への気付き」も同時に起こりやすい。しかし、強制したり、競争したり、機械的な男女合同のグループ編成で実践が展開するのであれば、「体ほぐしとは似ても非なり」となってしまう。

私が「体ほぐし」に期待しているのは、「いま・ここ」でからだに起こっていることに広く深く注意を促すことであって、「ひと・もの・こと」（人間関係・自然環境・世界）とのかかわりに気づいたり、バランスのとれたからだを育てることにある。活動をとおして、「できることに邁進する・他者との競争を好む・性的な関心を抱く・男らしさ女らしさを問う・体への嫌悪感をもつ」などへの葛藤に気づくこともある。その意味においては、従前の教育ではあまり触れてこなかった「ネガティブな事柄」にいかに対峙するのかという問題も含まれるのである。

では、自由な気づきを保障するには、どのようなことに留意すればいいのであろうか。ひとつ言えることは、効率的に合理的に進めてきた活動を、「スローワーク」に変えてみることだ。ちょうど、食文化の世界が、二十世紀に発展させてきた「ファーストフード」から、二十一世紀のいま「スローフード」（食の多様性と食のつなぐコミュニケションーンを取り戻す運動）を見直しているように、である。そうすれば、誰もが「いま・ここ」で起こっていることにゆっくりとかかわれることになる。また、モノや機械のように自他の身体を操作していたことから転換して、「内側から感じられるからだ」の声に耳を傾けさえすれば、誰にでも「心と体が一体となったからだ」を育成できると考えている。

三　実践上の問題点と課題

実践上、解決すべきいくつかの問題がある。

文部科学省の学習指導要領「中学校・高校」における体育分野の内容領域構成の変遷をみると、およそ三十年（一九五六～一九八八）にわたって、男子は武道、女子はダンスを履修するという別習が行われてきた。一九八九年になって選択制授業の導入の影響が生まれ、男女共習（男女が同じ学習内容を同じ学習の場で相互のコミュニケーションをとおして学習する方法・八代勉・一九九二）になったものの、いまだに違和感をもつ教師や子どもたちが多い。体ほぐしでは異性とのかかわりも学習内容として重要であるために男女共習で実施するほうがよいと考えている。しかし身体接触をともなう活動が多くなることもあって、異性同士のかかわりの場をどう仕組むのか、この問題については慎重さが必要になる。だがこのことは、体育の授業にかぎることではなく、日頃の学級経営についても同じことが言えるのではないか。

　戦後五十年以上にわたって、わが国の体育はスポーツ種目を中心に展開してきた。スポーツ種目は技の系統性やルールなどが明確であって、かつ指導者の経験も豊富である。それにくらべて、体ほぐしは「テーマ優先」の活動であって、かつ現時点ではアラカルト的に活動が紹介されているにすぎず指導経験も不足している。スポーツの特性に馴染んでいる指導者にとって、体ほぐしでは、学習内容や方法についても、さらに、達成目標がないことや評価についても戸惑いがある。しかし考えようによっては、これからじっくりと五十年をかけて、「からだの教育」を進めていけばよいのではないだろうか。まずは、指導者自身の体験にもとづいて、教材化できるものを選択し、同僚との情報交換を密に行って、試行錯誤を繰り返すほかなかろう。ということは、「総合的な学習」とも一緒であって、教師のカリキュラム開発が試されることになるのではないか。

　たしかに、問題点はある。しかし「体ほぐし」の登場とは、体育からの教育改革発信として、今後の展開に目を離せないほどの画期的な一大事なのである。そして、教育現場におけるこの柔構造環境変化をどう受けとめるのか、この問題が最大課題であることも間違いない。

夏目漱石（一八六七―一九一六）

日本ハ過去ニ於テ比較的ニ満足ナル歴史ヲ有シタリ。比較的ニ満足ナル現在ヲ有シツ、アリ。未来ハ如何《イカガ》アルベキカ。
自ラ得意ニナル勿《ナカ》レ。自ラ棄《スツ》ル勿《ナカ》レ。黙々トシテ牛ノ如クセヨ。孜々《シシ》トシテ鶏ノ如くセヨ。内ヲ虚ニシテ大呼スル勿《ナカ》レ。

真面目ニ考エヨ。誠実ニ語レ。摯実ニ行《オコナ》ヘ。汝ノ現今ニ播《マ》く種ハヤガテ汝ノ収《ヲサ》ムベキ未来トナッテ現《アラ》ハルベシ。

一九〇一年・「滞英国日記」(三月二十一日)

くっつけよう「ほっぺた」「背中」「あご」

三十章　光と闇

——しなやかな存在を願って——

（人体科学会HP・二〇〇一年十二月）

本章の元原稿はのちに人体科学会関西ワーキンググループ編『触覚の復権——こころ・からだ・いのちの危機を問う——』（人体科学会第十一回大会報告書・二〇〇二年十一月二十三日）にも載った。

ブルックス（一九一二—九一）

私たちのアウェアネスのワークショップというのは、この世界——私たちが知覚しており、自分もその一部なのですが——の中で、私たち自身が有機体全体として機能すること（our whole organismic functioning）を、つまりひとりひとりの個人的生態学《エコロジー》を、探究するものなのです。すなわち、活動するときにどのように動くか、人びとや、もろもろの状況や、対象物とどのようにかかわっていくか、ということを学ぶものなのです。この私どもの有機体の機能の中で、自然なものはどれか、条件づけられた（conditioned）ものはどれか、を見分けたいのです。

一九七二年・『センサリー・アウェアネス』・伊東　博訳

一　可能性が見えた三カ月

いま私は羽田へ飛び立つ飛行機の座席に腰を下ろしたところです。機内はみやげ袋をさげた人々でごった返しです。これらの人々が二〇〇一年十一月二十三日・二十四日の連休をどのように過ごしたかは分かりませんが、私の両隣の人はすでに眠り込んでいます。私にとって、この連休は大きな意味を持つものでした。いやこの数日に連なる三ケ月と言ったほうが当たっています。私のからだは、この意味の深さゆえに興奮に包まれ、疲れているものの眠ることもできません。その思いを吐き出さざるをえない状態です。

思い起こせば、九月、十月、十一月と毎月、連続ワークショップ「からだ気づき」*のために、巨大な空飛ぶ物体に身を任せました。一刻も速くこの身を運んでくれる手段を選んだのです。それとは反対に、ワークショップは「ゆったりゆっくり」をモットーに進んでいきました。人間とはなんと矛盾した生き物なのでしょうか。合理と非合理、客観と主観、科学と感性、精神と身体などのように二項対立的思考も、人間が見つけた考え方です。これらをどのようにつなぐかを追求することが人間の「生き方」の問題を命題とする「人体科学会」の存在理由のような気もします。なんと大変な命題を掲げたものかとも思いますが、ひょっとしたら、実に簡単なことかもしれません。その両方を上手い具合に受け入れることができるかが鍵であると、海や山や雲や富士山や太陽を見ては思いました。

＊　拙稿「人体科学エッセイ・しなやかな存在を願って」（『人体科学会第十一回大会号』所収）を引いておく。⇩「からだ気づき」教育は私の造語であり、伊東博の「ニュー・カウンセリング」（本文末尾所収の「伊東博」を参照）やシャーロット・セルヴァーの「センサリー・アウェアネス」（本文冒頭所収の「ブルックス」を参照。ブルックスのいう「私たち」の相方がシャーロット・セルヴァーである）に影響を受けています。「からだ気づき」の目標はアウェアネス（気づき）であり、「いま・ここ」で、からだ（自分）に起こっていることに、広く深く注意を向けることを大事にします。具体的には、もともと人間に備わっている感覚を覚醒させたり、バランスのとれた「からだ」の動きや深い呼吸により得られる生きる力を取り戻したり、「ひと・もの・こと」とかかわりながら社会や文化や自然をかえりみたり、音や動きや色や言葉で自分を豊かに表現してみることを、実習（やってみる）をとおして体験します。このことは、人間として、健康に生きることにもつながります。この夏、保健室登校の中学三年生が二泊三日の「からだ気づき」を体験しました。二人のうち一人は、やりたくないことを上手く表現できず、そのことを養護教諭に

とがめられ、泣きだしてしまいました。しかし、最後の日まで帰ることなく、傍らで見ていました。養護教諭はとがめた自分を責めていました。もう一人の中学生は自分のアイディアをみんなが受け入れてくれたことをきっかけに、どんどん発言するようになりました。このことに当の本人が一番驚いていましたし、表情も初めと終わりでは別人のようでした。中学校に戻り二人とも保健室登校は変わらないようですが、後者の子は、「少し自信を持って行動しているように見える」と養護の先生は言っていました。この中学生の有り様からも、他の参加者は多くのことを学びました。「からだ気づき」では、安全で自由な場を用意することを重視し、かかわりの中での成長を期待します。しかし、学校の中では、個々人の受け止め方や進み具合の違いは配慮されにくく、ある到達目標に向かって子どもも教師も邁進することが多いように思えます。このことは現代社会が抱える問題でもあります。「からだ気づき」では、このような自他の問題を、「からだ」と「ひと・もの・こと」とのかかわりをとおして、見つけようとしています。このことは、「生身のまるごとのからだ・主観と客観とに分けられない未分化のからだ」を実感することでもあります。子どもの生活や遊びに「感じる・動く・ひらく・かかわる・表す」生身の直接体験が潤沢であった時代、「からだ気づき」は必要なかったと思います。しかし、二十一世紀を迎えたいま、「かかわれない」「自分を表現できない」「生きている実感がない」子どもたちが増えているように思います。そのなかでも彼らは自分の居場所をなんとか確保しようとしています。その手がかりを私は「からだ気づき」に求めようとしています。「からだ」なくしては、「自分」は、しなやかに存在できないからです。

二　気づきの場

さて、九月は米国での同時多発テロをうけて、羽田空港では厳重な検査が行われていました。大阪に着くと真夏のような暑さと真っ青な空でした。昭和二十年の終戦の日も、あたり一面の焼け野原と真っ青な空が印象的だったという話が脳裏をかすめました。人間の愚かな行動を吹き飛ばしてくれる自然の力を感じました。

そんな思いを胸に、ワークショップ会場の関西大学中央体育館にどうにかして辿り着いたものの、広すぎる空間とさまざまな音が聞こえてくる空間に馴染めない私がいました。「からだ気づき」では、参加者にとって居心地のよい空間をどのように創るかが大事な要素になります。そこでは、集中できる静かな空間が最低限必要です。なぜなら、「からだ気づき」の目標はアウェアネス（気づき）であり、「いま・ここ」で、からだ（自分）に起こっていることに広く深く注意を向けることを大事にするからです。体育館はとても綺麗で立派にもかかわらず、その空間に不安を抱きながらワークショップは始まりました。

第一回目（九月二十一日）は、空間が拡散していたことと参加者へのオリエンテーション的意味合いを企図して、自分自身のからだに集中するよりも、グループワークをともなう実習で構成しました。各班ごとにはとても集中して行っていたのですが、その集中が一極に収斂することはなかったために、参加者全体から生まれてくる「息づかい」や「のり」はありませんでした。私はこの息づかいを大事にしてワークショップを創っています。別の言い方をすれば「流れ」を大事にして行っているのだと自らを振り返ることができます。これが集団で学ぶ意味を生成していきダイナミックな展開を引き起こすのだと思っています。

一方の参加者はと言えば、「からだ気づき」は「到達目標がない」「何を感じてもいい」という投げかけに対して、受け入れようとする意志が感じられました。ありがたいことです。ただし、参加者のからだは「ゆったり進むペース」に戸惑っているように思えましたし、「他者の目や行動」が気になっていて、自分のからだにはあまり注意が向いていない感じがしました。気持ちや思い（心）とからだの在り様が、噛み合っていない感じもしました。いま思えば、私の戸惑いが、参加者にも伝わっていたのでしょうね。

暑い大阪をノースリーブで過ごした私は横浜に帰ると秋風に身を震わせました。初回のワークショップの不都合さを気候の変化と共に肌で実感したことを覚えています。

大学に戻ると、人体科学会の宮本知次さん（中央大学・当時、北京に在外研究員として滞在中）から、ワークショップの模様を文章や写真で伝えてほしいというメールが入っていました。北京からです。文章にすることが苦手な私は「えっ、こんなこと聞いていない」と独り言を呟いていましたが、急を要する依頼に熟考することもなく、ことばをしたためました。ワークショップの写真はどなたも撮っていませんでしたから、いままでに行った同じ実習の写真を取り繕って送付しました。いま振り返れば、この作業が私のワークショップを肉付けし、そのことによって理論構築もなされたのだと思っています。人体科学会の今回のサブテーマ「《こころ・からだ・いのち》の危機と《触覚》の復権」を改めて考える機会になったのでした。それまでは学会の趣旨とワークショップをそれほど関連づけてはいませんでした。

三　種まき

ワークショップ第二回目である十月十九日の大阪も晴天に恵まれました。青空に誘われて、いつのまにか万博公園に降り立っていました。重い荷物（ワークショップのための着衣・人体骨格模型・音楽ＣＤ・資料が詰め込まれている）を担ぎ、広い園内を自分の二本足で何時間も歩きました。巨大な「太陽の塔」はその当時の姿を残したままです。

この塔は「人間も巨大なものを創れること」「人間は飛び跳ねた発想をも受け入れられること」の象徴のように思えました。パビリオンが建っていた広大な跡地は緑の木々に覆い尽くされ、コスモスの丘には園児や小学生、カップルや町内会の人々が戯れていました。緑地公園にしようとする企画は見事に実り人間の叡智を感じました。水辺の風景、鳥のさえずり、四季を彩る植物などさまざまな手入れが何気なく施されており、私は重い荷物のこともすっかり忘れていました。人工的な空間を自然豊かな空間に変えるためには、相当の年月が費やされたことと思います。「からだ気づき」は何十年たてば、種から芽を出し、花や木になるのでしょうか。

「からだ気づき」ワークショップは私にとってまさに「種まき作業」と言えるのです。いつ芽が出るともわからない、どのような植物に育つかもわからない作業です。けれども私はここ数年とり憑かれたように日本各地で種まき作業を行っています。そんな話を聞いたある方が、『木を植えた人』（ジャン・ジオン著・一九八三）という本を贈ってくれました。この本は、誰に認められることもないまま一生ドングリの実を植え続け、砂漠を森に変えた男の話です。私は、いつのまにか、「気づきの種」がワークショップ参加者のからだに根付くことを、万博公園の高く生い茂った木々に重ね合わせて見ていました。

種まきは能動的ですがどのように伸びるのかを見守ることは受動的な作業です。そんなことを日頃考えている私にとって、宗教学者である山折哲雄さんの「アジアの《こころ・からだ・いのち》」と題した大会特別講演には、勇気づけられました。日本人は「慈母の如きやさしい自然」や「厳父の如き猛威をふるう自然」から、天然の無常観を実感したのだそうです。「からだ気づき」は「慈悲に満ちた時空間を用意する」ことを願っています。しかし、現実生活は「競争原理や分析的観察的枠組み」という猛威にさらされ、それらに立ち向かう勇気は「気づきの種」がどのように成長するかにかかっています。促成栽培はできそうにありませんし、息の長い作業なのです。

十月はまた、私の所属する横浜国立大学教育人間科学部も小泉政権の「聖域なき改革」の影響を受けて。「教員養成に特化するか、止めるか」の選択に迫られ始めていました。私は将来構想委員として連日の会議に翻弄されておりました。そのような現実世界に埋没していますと、ワークショップは、ゆとりと安らぎと生きるエネルギーを与えてくれる場になっていました。そして、十月の参加者の様子も九月に比べると、ワークショップの雰囲気にも慣れてしっかりと実習を味わい居心地のよい時空間を自らが創っていたように思います。

四　いのち

ワークショップ第三回目（十一月九日）の前日は、時間を作って、京都の紅葉狩りに出かけました。高雄の山は肌寒く雨で湿った地面に色とりどりの紅葉が散らばっていました。一枚のあかく色づきはじめた落ち葉を拾い上げると、破れたとんぼの羽がくっついてきました。その羽を見ると、数年前の十一月に箱根でおこなった「目をつぶってみて」（二人組になり、言葉を使わずに目をつぶった人を安全に快適に三十分間誘導し、役を交代する。別名「目隠し歩き」）という実習が、突然よみがえりました。

私が目をつぶった女性を芦ノ湖の見える丘に連れて行き、一緒に草むらに腰を下ろした数分後でした。どこからともなくやってきた赤とんぼが私の左手にとまりました。右手側には女性が坐っていました。そのとんぼは羽が破れていましたもののかろうじて飛ぶこともできました。とんぼは隣の女性が動くのを察知して飛び立ったのも束の間、すぐに舞い戻り、また私の左手にとまりました。私はできるだけ左手を動かさずにしていると尻尾を丸くまげ始めました。尻尾の先から私の手にそれはそれは「小さな黒いもの」を落としました。とんぼがウンチをしたようなのです。私が自然と同化していたのかはわかりませんが、とんぼは安心しているようにも見えました。隣に坐った女性も安心しきったのか私にもたれて居眠りをし始めていました。私は、秋風が微かに吹く日溜まりのなかで両側に豊かな「生」を感じながら、なんとも言えない幸せを味わったのでした。

幸せとは決して大袈裟なことではないのです。まさか、その時のとんぼが京都に飛んでくることはないだろうしと、ふと思いました。次の瞬間、箱根のとんぼも京都のとんぼも「次のいのちの元になるんだ」と確信しました。そのような想いが強くあったものですから、明日は、ぜひ「いのちの旅」（ことばを使わずに十名くらいで、床か地面に仰向けに寝た人を天高く持ち上げ、そのまましばらく保った後に、ゆっくりと元に降ろす）という実習をやりたいと思ったのでした。この想いは見事に参加者に受け入れられました。

十一月のワークショップは、人とのかかわりを通して「ひらくからだ」「表すからだ」に迫りたいと考えていましたから、静的な実習では「いのちの旅」、動的な実習では「新聞紙」を設定していました。「新聞紙」は何人かで〈新聞紙の上にのる〉、二人組で〈新聞紙を手渡す〉〈身体部位で新聞紙をキャッチ〉〈新聞紙の動きを真似る〉ものです。からだが解放されるに従い、声や表情が豊かになり、いろいろな動きや発想も出てきて、面白く展開しました。

楽しかった二日間を過ごして横浜に戻ると冷たい雨が降っていました。「いのち」ということが気にかかっていた私はその夜『葉っぱのフレディー・いのちの旅』（レオ・バスカーリア著・一九八二）をじっくりと読み返してみました。

そして数日後、千葉の小学校教員を対象としたワークショップで「新聞紙」の実習をしたおりのことです。この新聞紙を「枯れ葉」や「いのち」や「試練」に例えて動いてみることを提案しました。「生きること」につながる実習に仕立て変えたのです。「新聞紙」実習は十年以上やり続けているのですが、そのたびに進化しています。しかしここ数年は同じやり方で行っていました。それが今回「いのち」というテーマでリメークされたのです。新聞紙を手渡すだけだった動きが、「いのちが受け渡される」という私の言葉かけに、参加者は実にやさしく相手に新聞紙を手渡し始めたのです。それぞれの立場で相手を思いやる姿がそこにはありました。受け渡すことに失敗しても「死んでいく者もいるよね」と言っていました。「まだまだ人間捨てたものではない」と思えた瞬間でした。ぜひ、この「いのちの新聞紙」を第四回目（十一月二十四日）のワークショップでやりたいものだと思いました。

千葉ワークショップの次の日に当たる十一月十九日未明はしし座流星群の「光の筆」を天空で見ることができました。私には九月以降の報復攻撃によって一般の人々が犠牲になることは許せないことでしたので、「すべてのひとが平和な人生を送っているのを想像してごらん」（ジョン・レノンの歌詞「イマジン」の一部）という願いを流れ星に託しました。

星一つ命燃えつつ流れけり

その流れ星は高浜虚子の右の名句のように受け取ることもできました。このところ「いのち」というすべてが気がかりなことばになっていました。

それにしても十一月二十四日の大会当日の計画はいままでのワークショップ参加者のどなたかが体験参加してくださる人を対象に実習を提供するというものでした。いままでの三回にわたる指導者養成の意味が検証されるのです。大会当日は何人参加するのかも見当がつかないなかで、どのように進行するのかの不安は増すばかりでした。

五　ふれる

この不安をよそに、大会初日の十一月二十三日は盛り沢山の催しがいたるところで展開していましたので、私は午前中、からだの赴くままに、広岡キミヱさんの講演「遊びという教育」を聞きに行きました。九十歳になろうとする先生は「いまだに試行錯誤の日々であること」「身振り表現が子どもの人間形成に多大な影響を与える可能性があること」を述べておられました。

私は二十年以上も幼児の表現運動にかかわっておりましたので、先生の話は実に興味深く共感を覚えるとともに勇気づけられました。それにしても先生の謙虚さと凛とした声や姿勢にふれたことは宝物になりましたし、良い年を重ねるとはこの先生のような人を言うのだと心から思いました。

午後は三上賀代&湘南舞踏派の「足裏の触覚・原初のいのち＝鵠褈考」の舞台空間に酔いしれたいと思っていました。東京で初演を見た私にとって、三上賀代さんの肉体が私のからだを別世界に連れ去ってくれると期待していたのです。また老若男女をしつらえて「原初のいのち」がどう現出するかは見所でした。しかし個々の肉体は物語を創出してはいるものの、舞台全体の時空間には夾雑物が蠢き続けていました。生身のからだは、舞踏手の想いを消し去る方向には作用せず、足裏の触覚から全身につながる途は舞台上に敷かれたのかもしれませんが、観客席の私のところまでは通じてこなかったように思います。残念ながら私には、「いのち」は共有できなかったのでした。

モダンダンスでは「わたしの想い」をいかに動きで表現するかが鍵になるのに比べ、舞踏は「わたしの想い」をいかに昇華させるかが重要になると思っています。ですから舞踏では、所有物としての「わたしの身体」という近代的思考はなく、つまり意識が身体を動かすのではなく、意識で操作できない肉体がいかに立ち現れてくるかに面白みがあると解釈しています。そのような世界が現出するところに舞台の醍醐味や魅力を感じていましたし、そうなったときに私のからだは別世界に連れ去られて行くのだと思いました。生身のからだが舞い、大地を踏む姿に、我を忘れて共感したかったのでした。ただし、大阪の地で多くの方が舞踏に触れる機会を創れたことは、とても刺激的なことでした。

大会二日目は朝から偶然の出会いが何度も訪れました。大阪のホテルでは大学の教え子にバッタリ会うし、関西大学の校内では卒業以来の大学の先輩にうしろから声をかけられたのです。大会会場の体育館では大学時代の同級生にも会いました。なんという日なのでしょうか。三十年ほど前にタイムスリップしたような思いを抱きながら、人にふれる喜びを噛みしめました。しかし私にはこの興奮状態を静める必要がありました。

「からだ気づき」では、世話人はできるだけニュートラル（自然）な状態でなければなりません。世話人の願いが強すぎて操作的な言動にならないように注意する必要があります。そうでないと、自由で安全な雰囲気は生まれにくく、「気づき」の場は保障しにくいのです。

「自然」ということばが「おのずからしかり」と読まれるように、「気づき」はあちらからやってくるのです。ちょうど舞踏が意識で操作しない肉体を現出させることにエネルギーを注ぐように、「からだ気づき」の世話人の「からだ」も、意識でコントロールされない「からだ」になる必要があるのです。この受動的な考え方はとても東洋的であると思っています。

そのために私自身は、ワークショップを始める前にはいつも床に横たわって深めの呼吸をしたりバランスよい「からだ」に整えたりしながら、いろいろなものや状況を受け入れられるような「からだ」にします。今回はどこの会場も盛況を呈していましたので、ゆったりとする場所を見つけられず、私は外に出て日当たりのいい場所に腰をおろしました。見上げると、秋晴れのそよ風を受けて木々の葉がメロディーを奏でるように揺れていました。『葉っぱのフレディ』の情景が目の前で展開しているのです。

六　やってみること

三カ月の集大成ともなる第四回目（十一月二十四日）のワークショップが、六千人も収容できるという広い体育館でいよいよ始まりました。参加者のなかには関西大学の二つの授業の学生さん約一〇〇名が動員されていましたし、「からだ気づき」目当てに遠くからも体験参加組の方々が来られていました。背広姿の方からジーパンを履いた若者や運動着を着た方までいろいろでした。さまざまな年齢と動機の方々がおられることは、「からだ気づき」を知ってもらうために好都合でしたが、ワークショップの流れを創るうえでは大変難しいことでもありました。

私は通常ワークショップの流れを、その場に集まった参加者の雰囲気を見て決めています。あらかじめ行いたい実習は決めていますが、場の雰囲気に合わないと判断するときは、その実習をやめて別の実習に変えることも多々あります。また同じ実習でも、振り返りの時間を三十分とったり一時間必要としたり、全然とらないときもあって、時間の制約からも解放されたいと思っています。

しかし今回は指導者養成の意味合いから、各世話人の時間を確保する必要がありましたので、次のように流れを決めていました。私が初めの三十分を行い、その後各世話人が四十分ほど行う。そして私が全員に対して最後の三十分を行うというものでした。実際には参加者に応じてその場で四班に分かれましたし、最後の実習も「風船」か「新聞紙」のいずれにするか迷っていましたが、最終的には次の実習が展開されることになりました。

世話人と実習名とその内容を簡単に紹介しておきます。なお「からだ気づき」では、指導者とは呼ばずに、お世話するという意味から「世話人」と呼んでいます。

全員（高橋和子）

〔身体と床の接地は？〕　床に横たわり、自分の身体が床にどのように接しているかを感じる。主に左右の違いを比べることにより、左右のバランスがわかる。

〔身体の中心意識や歪みの発見〕　床に仰向けになった人の身体を、もう一人の人が観察して気づいたことを伝える。自己の身体イメージと観察された身体の比較ができる。

班　別

〔自然探索・高橋和子〕　一人になり、言葉を使わずに自然豊かなところに行き約三十分間をゆったり過ごす。感覚の覚醒や自分との対話が期待できる。

〔背中あわせ・藤田美智子＝「ミッテ気づきの広場」主宰〕　背中の触れ合いを通して相手を感じる。身体意識や触れるとはどういうことかを、体験できる。

〔握手・鈴木学＝横浜市立上菅田中学校非常勤講師〕　目をつぶり握手した相手を言い当てる。感覚の覚醒や予測能力・問題解決の仕方の癖を知ることができる。

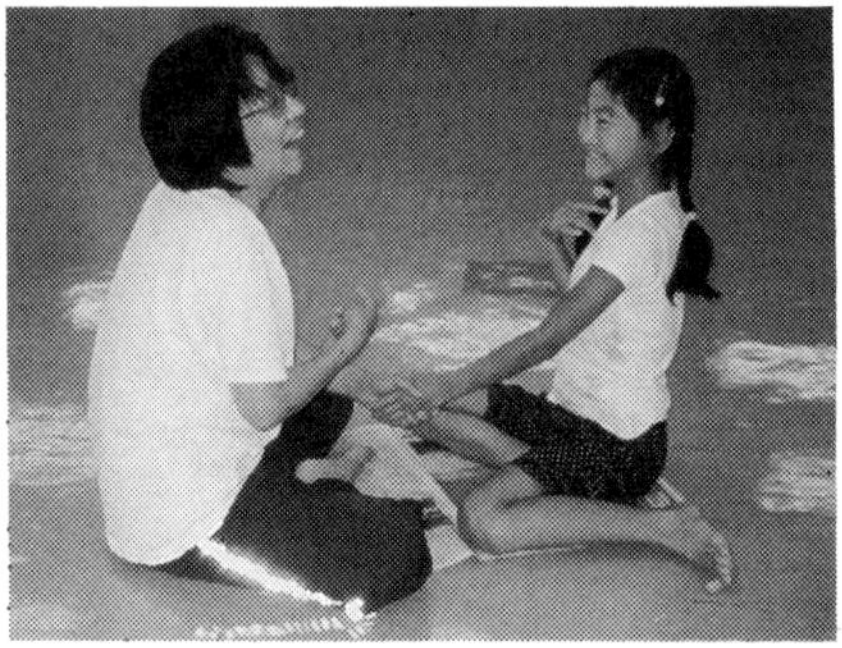

〔全力疾走・岩田家正＝関西大学〕　目をつぶって全力で走って物を掴む。感覚の覚醒や予測能力・問題解決の仕方の癖を知ることができる。

〔普段の歩き・同右〕　何気なくおこなっている歩きの癖を知る。身体意識や姿勢が意識できる。

全員（高橋和子）

関西大学の動員学生はこれに参加していない。

〔いのちの新聞紙〕　新聞紙を「枯れ葉」や「いのち」や「試練」に例えて、新聞紙を受け取ったり渡したり、新聞紙の動きをまねたりする。

〔手当て〕　横たわった人のからだに、もう一人の人がそっと静かに手を当てる。指圧したり「気」を送ったりすることもなく、ただ手を当てる。感覚の覚醒や他者に触れるとはどういうことかを体験できる。

最初の三十分は、一〇〇名以上の参加者がいたことや動機づけの難しさも加わり、よい雰囲気が生まれなかったように思えます。そのことを予想して、他者の目を意識しないように床に横になり自分の身体に意識を向けるような実習で構成しました。参加者は身体の不思議さや自分の癖などに興味を持ったようでしたが、「からだ」が解放されるには時間も足りず全体的にしっとりとは進みませんでした。各班に分かれた頃から少しは集中が見られたように思います。

連続ワークショップに参加した人たちでさえ、「からだ気づき」の「達成目標がない」という考え方や、「目をつぶったりことばを使わない」方法にようやく慣れてきたとの感想が聞かれたのですから、促成栽培の難しさを改めて感じました。

さて、各世話人はどうだったのでしょうか。短い時間的制約の中で「ゆったりゆっくり、操作せず、気づきの場を保障する」ことは大変だったと思われます。世話人の方々には事前にご自分がやりたい実習をやっていただくようにお願いしてありました。藤田さんは「背中あわせ」を、鈴木さんは「握手」を選び、お二人とも他者とからだをふれあう実習を選びました。また、岩田さんが選んだ「歩き」や「走り」は、足が床とどのようにふれているのかを探る実習とも言えます。そうしてみると三人の世話人とも期せずして、大会テーマに掲げた「触覚」を意識できる実習を選んだのでした。

最後の三十分は、学生さんが授業の関係で帰ったこともあって四十名ほどで展開しました。四班に分かれて違う体験をした人々を短時間のうちに凝縮させたいし、しかもからだが萎縮せずに遊び心をくすぐり創造的共感的世界に誘いたいという欲張った想いを実現できる最適な実習はなにか、私は迷っていました。このとき私の頭は高速度回転していましたが、身体はあくまでも悠然と装っていたかもしれません。

「……そうだ。私が惚れ込んでいる《いのちの新聞紙》をやろう……」

この実習では、さまざまなからだの表情が見られました。だんだん小さく折っていく新聞紙の上では、抱き合い、おんぶし、絡み合うからだが見られました。大学教員も主婦も学生も肩書など関係なく笑いころげ戯れる姿がありました。人はみんな平等なのだと思いました。新聞紙が床に舞い落ちるのを必死で身体で受け止めようする想いが溢れていました。新聞紙を受け渡すときも、時にはスピーディーに、時にはやさしくしっとりした時間が流れていました。新聞紙の動きをまねる場面では、厳父のような試練を執拗に与える人、それに負けじと応える人がいるかと思えば、慈母のごとくやさしく包み込むような動きをする人、恋人同士のように熱い視線が行き交うカップルもいました。子どもに返ったように楽しかったという人、息切れして自分の年齢をふと顧みた人、その場の雰囲気にのれなかった人もいたかもしれません。それぞれ二人組の間にどのようなドラマが展開したのかは分かりませんが、この二十分間は私にとって至福のときでした。

「新聞紙」で暖かくなったあとは、からだを横たえパートナーがその人に手を当てる「手当て」という実習で締め括りたいと、新聞紙を片付けながら考えていました。最後に二人で横たわりながら手を合わせたのち、その手をゆっくり離していきました。そのときのことを思い出しながらある男性が語ってくれました。彼は相手の女性を抱きしめたいと思ったのですが、それはかなわず、寂しくなって身を縮め孤独を味わったそうです。ある男性は、人間は温かい生き物であることを初めて実感し、アメリカのブッシュ大統領もこれを体験していたら報復はしなかっただろう、とおっしゃいました。

また、連続ワークショップの参加者は、一連の営みを通して、次のように語りました。

「……知らない者同士が、〈触れ〉〈語り〉〈かかわる〉という行為をとおすことで、互いを〈認め合う〉ようになります。はじめは、少しだけ〈心のエネルギー〉を使うのでしんどかった。でもこのしんどさを厭って〈楽〉とか

〈便利〉といった価値観を優先させてしまうと、人と人との間柄は無味乾燥なものになってしまうでしょう。いつもハートがほこほこするワークショップでした……」

七　光と闇

ちょうど一年前の二〇〇〇年十一月、私は大阪で開催された日本スポーツ教育学会において、「〈からだ気づき〉の立場から〈体ほぐし〉を考える」というテーマでプレゼンテーションしました。

「体ほぐし」は子どもたちの現状に体育の立場から応えようとして新たに導入された領域です。ここでは「心と体を一体」としてとらえる考え方がなされています。すでに先駆的な「体ほぐし」実践が始まっていましたが、実践の多くは「競争的・ゲーム的・操作的」なものでした。「体ほぐしの導入は二十一世紀の体育の切り札になる」と期待していた私は、これではいままでの体育と何も変わらないと愕然としました。

追い討ちをかけるように研究者たちは、「からだ気づき」について実習のやり方や評価の仕方のハウツー的なものに興味を示すものの、その根本原理には拒絶反応を示しているように思えました。「教育は効率的に明確な目的に導くものである」と考えている方には、「からだ気づき」の到達目標がなく、何に気づくかもさまざまであるという考え方は、受け入れがたいようです。効率的教育の指向性の弊害が長い期間をかけて、いま子どもたちのからだに現れ出ていると私は考えています。大阪からの帰り道、京都のライトアップされた清水寺の舞台に立ちながら、飛び降りたい気持ちになったほどであったことを思い出します。

ところで今日の最後の「ワークショップ」では、ある大学教授が言われました。

「……二十一世紀の新しい体育の在り方を示してくれた……」

たとえリップサービスであってもうれしい言葉として私のからだに響きました。この一年間に、「からだ」はさらに危機的状況になり、何とかしなければならない事態になっているのか、あるいは種をまく土壌が準備され始めたのかなどと思案しました。種まきは孤独な作業であるとともにその成長はすぐに現れません。しかし、種をまく人が少なからずいることや、花や木を育てたい人や眺めたい人が増えている実感をこのワークショップをとおして摑みました。

「からだ気づき」は月のような存在だと言った人がいます。太陽のように自ら輝くことはできないけれど、光を映すことができる月のようだと言うのです。日頃気づかなかったことが、「からだ気づき」の場で映し出されることを、月に例えたようです。光が当たらないところは闇となって現れます。

昼と夜があるように人間も光と闇の両面を抱えているのです。そのどちらも受け入れることができて初めて深みのある人間になるような気がします。私の好きな「目をつぶってみて」という実習では、多くの方が初めは闇の世界に閉じ込められたような恐怖感を味わうようです。それが誘導してくれる人のぬくもりや気遣いを感じ始めると、外界の豊かな音や足裏の微妙な感覚、瞼に差し込む多彩な光の色合いに気づき、興奮と喜びを感じるようです。からだが解き放たれるに従いさまざまな感覚が呼び覚まされ、豊かな生が展開するのです。

この三カ月間、大阪から帰るたびに、横浜はなぜか雨が降っていたり寒風が吹いていました。しかし今夜は特別汗ばむほどでした。玄関の外灯は温かい光で私を出迎えてくれました。これで、「からだの復権」を確かめるための、ながい三カ月が秋風とともにようやく過ぎていきました。

伊東　博（一九一九―二〇〇〇）

「ニュー・カウンセリング」の原点は、シャーロット・セルヴァーの「センサリー・アウェアネス」であった。それについての本が、彼女の弟子で、後にその夫となるチャールズ・ブルックスによって美しい英語で書かれて出版された。……この本をみて私はびっくりしてしまった。それはいわば、英語で書かれた禅の本であった。行住坐臥（坐る・立つ・ねる・歩く）は「人間の四威儀」であるとか、「経行《きんひん》」（坐禅で足が痛くなったとき、ゆっくり歩く）とか、生涯日

舞踊作品「光と闇のタペストリー」(2003) 高橋和子作．撮影：木村徹

本に生きてきた私が聞いたこともないような日本語がどんどん出てくるのである。恥ずかしいことだが、私はこの本によって、日本のこと、東洋のことを随分と教えられたのである。……シャーロットたちは、鈴木大拙や鈴木俊竜、アラン・ワッツなどの禅宗の老師たちと、長い親交を結び、密接な協力をつづけたので、「センサリー・アウェアネス」は、その協力から生まれた成果なのである。坐る・立つ・ねる・歩くを中心にして、文明生活のなかで人間の失ってきた自然を回復することが、その中心テーマであると思う。自然に手を加え（操作し）、自然を人間の利便のために破壊してきた西洋思想のなかで、これはまことに特異なものであった。「センサリー・アウェアネス」の原点に返ってみれば、それが、東洋で、二千五百年も前に生まれた、老子や荘子の自然観とまったく一致していることに、私は驚いてしまった。

一九九九年・『身心一如のニュー・カウンセリング』・「……」部中略

三十一章 「体ほぐしの運動」って、なんですか

（『体育科教育』・二〇〇一年四月号）

雑誌『体育科教育』（大修館書店）は、二〇〇一年四月号で、「『体ほぐしの運動』授業の確立をめざして」という特集を組んだ。その特集には、七篇の論文が収められている。正確には八篇と言うべきであろうか。そのうちの一篇は編集上の都合で、目次には「往復書簡・『体ほぐしの運動』って、なんですか」というタイトルが示されて、著者を「高橋和子・高橋健夫」の連名扱いにしている。だが、本文レイアウト上では、高橋和子「往信」のタイトルが「『体ほぐしの運動』って、なんですか」となっていて、高橋健夫「返信」のそれは「教材の一人歩きにならないようにすることが大切なのでは……」となっている。その二つを合わせて一篇と勘定するならば、高橋和子のタイトルも高橋健夫のタイトルもミダシということになる。理屈はともかく、本書に「『体ほぐしの運動』って、なんですか」を収めるにあたって、両高橋（たまたま同姓）の論文は二篇と勘定することにする。そこで、八篇という数字がでてきたのである。

さて、「往信」は「親愛なる健夫先生へ」というリードで始まるのだが、筑波大学の高橋健夫教授は今次の指導要領改訂に深くかかわってこられたので雑誌編集者の意図で返信執筆の役回りとなったのであろう。ところで、私「高橋和子」へ往信執筆の依頼のあったことは、このところ私の「からだ気づき」関連論考を当雑誌にもいくつか掲載していただいているからと承知しているのだが、そのうえで千載一遇の機会を与えていただいたことと感謝している。

私は、ときどき「大袈裟に言えば……」という俗っぽい書き出しを好んで使う。実を言えば、この往信も、「体ほぐしの運動」の登場によってその取り組み方次第では日本の「教育」が変わる、日本の「学校」が変わるという期待を託して書いたのであった。この場合も、日本の「教育」「学校」が変わるという表現の前に「大袈裟に言えば」を補語と

して挿入したいところであるのだが、私としては、この「大袈裟」表記は、荒唐無稽な事大主義的表現のつもりもなく、含意としてほんとうにささやかで真摯な願いを少しばかりはにかんで書いているつもりである。私のメッセージが、俗にいう大袈裟なことにならないためにも、新しい体育の出現を願って議論の発展することを期待しておきたい。

ところで、拙稿「『体ほぐしの運動』って、なんですか」の本文中にも、「……健夫先生に最初にお伺いしたいのは……」というように名指し記述も数カ所あるのだが、本書に掲載するにあたって、当該箇所を一般論に書き換えることにしたい。私としては、高橋健夫教授の「返信」を是非とも重ねて読んでいただきたいのであるが、その際には、特集論文の全部を通覧してほしいと思う。そうすれば、問題点の所在と、その解消のための糸口の輪郭がほぼ見えてくると確信している。さらに、本稿をここに掲載するにあたって、あらためて読者のみなさまから、私への「返信」をいただけるならば幸甚である。ここで、私としては、高橋健夫「返信」のなかから次の所論だけは是非とも抜き出しておきたい。

……体育の基本的性格をどのように考えるかはいまでも不安定です。世界にはいろいろな体育の考え方が存在します。しかし、少なくとも日本の学習指導要領を中心とした体育の考え方は、いまでも「大筋活動を中心とする運動文化（movement culture）を媒介とした教育」を基調としながら、生涯スポーツとの関係から運動文化を目的・内容とする教育に対しても理解を示すようになった段階にあるといえます。（高橋健夫・傍点引用者）

そして傍点箇所について、どのように理解すればいいのか、論議の余地があるのかないのか、という観点においてみなさんに検討してほしいと願うばかりである。私はこの高橋健夫「断定」に違和感を抱かざるを得ない。そしてこの「断定」が原因して体育の豊饒な可能性を引き出せないでいるのではないかとも考えている。ここではそのことだけを述べておく。ついでに書いておきたいのだが、この「高橋健夫所論」には次の「リード」がついている。

……和子先生が現在の「体ほぐしの運動」に違和感を感じたり、ご自身の「体気づき」の実践に対して拒絶する雰囲気を感じられているとすれば、それは今日の「体育」の考え方が、先生が標榜する「からだの教育」を包摂しきるものになっていないからだと考えます。……「座った状態での足から息を吸ったり、吐いたりする活動」は、「からだの教育」であっても、これらを「体育」として捉える考え方は、一般的な常識になっていないということです。（高橋健夫・傍点引用者）

まず高橋和子「からだ気づき」の表記は「体気づき」ではない。さらに、ひらがな表記「からだ」の意味は往信文中にも「体ほぐし」の「体」と対応させて説明してある。いま考えれば、同本文の「註」記へいつものように明確に「からだ」は身心一如を意味すると書くべきであったと反省している。この補記に関連して高橋健夫原文と本文とを参照してほしい。つづく議論は別途にまかせておきたい。ここでは弁明のひとつのみを述べておく。私は、新しい学びの様式としての「体ほぐしの運動」に期待しているのであって、その登場に違和感を少しも抱いていないし、「体ほぐし」が「からだ気づき」を拒絶しているとも微塵だに思ったこともない。

オーウェル（一九〇三—五〇）

……同志のみなさん、ここに、われわれのすべての問題に対する解答が存在するのであります。それは、ただの一語に要約できる——『人間』だ。『人間』こそ、われわれの唯一の、真の敵である。人間をこの農場より追放せよ。しからば、飢餓と過労の根源は、永久にとり除かれるであろう。『人間』は、生産せずに消費する唯一の動物である。ミルクも出さなければ、卵も生まない。力がなくて鋤《すき》も引けない。野ウサギを捕らえるほど早く走ることもできない。それにもかかわらず、彼らは動物たちに君臨している。動物を働かせ、動物には餓死すれすれの最低量を与えるだけで、あとは全部自分たちがひとりじめにしている。われわれの労力が土地を耕し、われわれの糞《ふん》が土地を肥やしている。それにもかかわらず、われわれのうちで、誰か、裸の皮膚以上の財産をもっているものがいるだろうか？……」

一九四四年・『動物農場』・高畠文夫訳

一　期待していたのに……

昨年（二〇〇〇年）から先駆的な「体ほぐし」授業を見る機会が増えています。「体ほぐし」の導入により、「からだ」そのものを目的にした実践が展開できれば、体育が大きく変わるかもしれないと期待した私は、正直なところ、がっかりしています。その期待とは次のようなものです。

① 子どもが自分や仲間の「からだ」（わたし＝全存在）とじっくり向かい合い、「いま・ここ」で「からだ」に起こっていることを味わう経験が保障される。

② 競争原理に縛られる「からだ」や、操作される対象としての「モノ化する身体」から脱却でき、心と体が分断されることなく、一体としての「からだ」の活動が企図される。

③ 目的達成のために系統的に積み上げていくエクササイズ（練習・トレーニング）ではなく、心と体を解放することをテーマにした第三の運動として、体験を織りなすプラクティス（実習・やってみる）の意味合いが強くなる。

④ 一元的な到達目標に向かって「引っ張り」「評価する」教師から、子どもなりの学びの立ち現れに「共にいる」教師に変容する。

これらの期待は「からだ気づき」*実践や「体ほぐし」導入の背景から生まれたものです。しかし私は、これらの期待を阻むものとして、機械の性能を高めるような身体観への志向や、スポーツ種目優先主義や、教科体育の縛りや制度としての学校の枠が、依然としてあることを感じていました。さらに、「からだ気づき」への批判**（「からだ気づき」の前提としているところの、非操作性や不明確な目標と達成基準の曖昧さ、教師の特殊指導技術、体育観や教育観への違和感などに対する批判）からも、私の期待は画餅に終わる予感を抱いておりました。一方で、体育が新たなる身体観を掲げ、他教科に先んじて、現代の子どもの問題を真摯に受けとめようとした気概には、拍手を送っていたのです。

＊　まず本論考にいう「からだ」とは身心一如の「生きて働く存在」を意味している。端的に一言で謂うならば、対象としての「モノ化する身体」や、ときに道具として扱う「体」などと一線を画す全存在としての、まるごとの「からだ」がひらがな書きの本意である。このひらがな書きの「からだ」は本書に一貫するキーワードとなっているので、本書所載の諸論考とも読み合わせて、この際、「からだ観」を整理していただけると幸甚である。（以上は今次挿入）。「からだ気づき」では、人間に備わっている感覚を覚醒させたり、バランスのとれた動きや深い呼吸によって得られる生きる力を取り戻したり、「ひと・もの・こと」とかかわりながら社会や文化や自然を省みたり、音や色や動きで自分を豊かに表現する体験のなかで、「からだ」（わたし）に起こっていることに気づくことが重視される。　＊＊　「からだ気づき」ではここに採り上げた「批判」の対象となっている特性を重視している。たとえば地球規模の生態系の問題からも「競争原理」から「共生原理」への転換を余儀なくされている時代相にあって、現代人にとって、これらの特性を無視することはもはやできない臨界点に達している。批判の出所となる立場とは近代科学主義のみに固執するところにあるのだが、教育（体育）こそは、この固執からの脱却が求められていることを自覚しなければならない。

二　これでは、子どもを苦しめないかしら

いま模索されている「体ほぐし」では、私の見聞するかぎりにおいて、むしろ子どもを苦しめないかと危惧さえしています。

もちろん、子どもたちは「体ほぐし」で真新しい教材に接し、「不思議な体育」「普段の体育より楽しい」と言いながら、仲間と一緒にはしゃぎ、真剣に班で挑戦課題に挑み、達成の喜びを感じてもいました。

「……私はここに居ていいんだ……」
「……あの人を初めて好きになれた……」

などというような、自他を受け入れる経験を味わった子どももいました。

しかし教材配列は、たとえば「ストレッチ」を五分、体力づくりとしての「縄跳び」を十分、「目隠し歩き」を二十分、「ごろにゃーん」を十分というように羅列的です。これでは、自分の「からだ」とじっくりかかわることも困難でしょうし、子どもにどんな体験をさせたいのかもわかりません。「丸太おくり」「風船ラリー」では、ゴールにたどり着く秒数を班で競争させたり、「お地蔵倒し」「トラスト・フォール」（教材については、『体ほぐしの運動』・『体育科教育』第四八巻第五号・二〇〇〇を参照）では怖がる子どもも全員やらされる光景もあって、相変わらず競争や強制を要求しているのだと思いました。

ネーチャーゲームは、自然と人間の共生の感触を味わうよりも、「木（の名前）当てクイズ」になってしまった感があります。「体ほぐし」全般でも同様の感が否めません。つまり、本来の教材の意図（ねがいや方法も含めて）は大事にされないままに、「やればいい」式に、目に見えるハウツーだけが伝達されています。

また現場では、「体ほぐしの運動」の目標としている三つのねらい「気付き」「調整」「交流」にそれぞれ対応できるような教材が用意されて、実践されているようです。私がよく行う「目隠し歩き」は、目をあいた人が目をつぶった相手を、言葉を使わずに安全に快適に三十分くらい屋外に連れて行くものです。ここでは、視覚や聴覚や触覚などの感覚の覚醒、バランスの取れた歩き、信頼するとはどういうことか、などの体験が期待できます。しかし現場では「（三つのうちの「調整」という）一つのねらいに直結していないから、体ほぐしでは扱いにくい」（前出の批判の一つ）と言います。指導要領の「活動例」では多くが三つのねらいのすべてに直結していないのですが……。

授業の終わりには教師が「気付けた人？」「かかわれた人？」と、子どもに挙手を促していました。「かかわれた人？」と質問された子どもは、「かかわれなかった自分が悪い」と思ってか、反省モードにシフトします。

「……今日の十分間ではかかわれなかった……」

「……誰それが相手だったからかしら……」

「……相手に触れようとしていてもからだが拒否していた……」

とか、からだに起こるさまざまなことを振り返ること（リフレクション）なく、徳目的に処理されているような気がしました。


私が中学校で「新聞紙」という実習を行ったときですが、二人組になれない子どもたちがいました。担任に聞くと小学生のときにいじめられたようです。彼らにこそ「操る―操られる」関係を味わってほしかったのですが、私にはやらせることはできませんでした。結局、彼らは遠巻きに活動を眺めていました。「心と体の一体*」を大事にすれば、このような場面にも出くわします。子どもが安心して自分の否定的な気持ちやドロドロした感情を出しはじめると、教師から「それは、ダメだ！」と言われる。無意識なからだの記憶が現れ出ても、一元的な評価システムにからめとられる。こうした危険性を「体ほぐし」実践は孕んでいます。私の目の前にいる「他者とかかわるのが苦手で硬直したからだ」の大学生を見るにつけ、感受性の豊かな子どもには、とりわけ「からだ」との出会いは慎重に、と思います。

＊「体ほぐしの運動」の導入の前提。「心と体を一体としてとらえる」ことを目標にして新指導要領の改訂がなされた。

さらに研究会などでは、「心の看取りはどうするんですか」という質問を受けることもあります。私には、この種の質問自体が「心と体は分断している」という宣言のように聞こえて、「からだ」の何を見ているのだろうかと哀しくなります。評定の問題にしても、そうです。


「……目をつぶって二十秒歩けたらAにするとか、わかりやすい評価基準を示してほしい……」

という注文が、日本体育学会での「からだ気づき」の研究発表のときにありました。こうした要望には、唖然として立ち竦むだけです。

どう考えても、「体ほぐし」に関連して示されている「心と体の一体」「気付き・調整・交流」「スイッチオン」などのキャッチフレーズだけが一人歩きしている観は、従来のカリキュラムがトップダウン式に与えられてきたことを彷彿とさせます。ボトムアップ式のカリキュラム創造が、一人ひとりの「先生」の、子ども（からだ）への、眼差しから起こらないかぎり、「体ほぐし」がかえって子どもたちを苦しめることになりかねません。

私の乏しい「体ほぐし」見聞ではありますが、私の期待することと現場での実践とでは、そのあいだに正直なところ大きな乖離を感じています。関係者（初出本文では「健夫先生」となっている）に最初にお伺いしたいのは、私の「体ほぐし」への期待と実践の捉え方は間違っているのでしょうか。そして、みなさま（初出本文では「先生」となっている）ご自身はどのように現状を読みとっているのかを伺いたいと思います。

三　教師が意識を変えなければ……

「体ほぐし」の理論と実践が統合する鍵は、極論すれば、教師の意識変容にあると考えています。その前提として、教材解釈や教授技術の問題もたしかにあることは言うまでもありません。私自身がそうであったように、「からだ気づき」を実践した教師の多くは、「自分自身が変わった」と言います。その契機は何でしょうか。教師が外から子どもを観察していたのでは、子どものなかに何が起こっているのかはわかりません。そのために教師は子どもの「からだ」に住み込み、同じ時空間を生きようと試みる必要があります。わかりえない他者にどうにかして接近しようとする意志が、つまり他者と「かかわろうとする」意志が、教師の「からだ」からも生まれる必要があるのです。そうすることにおいてのみ、おのずから自由な雰囲気が醸成され、気づきの場が提供されるのだと思います。「自由と気づきが手を携えてやってくる」（横浜国立大学の院生の浅川俊彦さんが「からだ気づき」を表した言葉）のです。このような場が生成されると、「子どもの学びと共に教師がいる」ことができます。そのためには、授業の雰囲気や子どもの様子を、読みとる教師の

「からだ」が問題になります。教師の意識変容は「からだ」の変容と言い換えてもよく、私が「身体観や体育観や教育観のパラダイムシフト」と呼んでる所以がそこにあります。

海老名小学校の奥泉憲先生は、昨年はじめて「体ほぐし」を五時間行いました（鷲野・奥泉・高橋『体ほぐしの運動』実践における教師の意識変容」・『学校体育』第五四巻第二号・二〇〇一）。実習の説明に耳を傾けて好奇の目を向ける子どもを前にしたとき、先生の胸はドキドキし、説明の言葉を必死で選んだと言います。体育にかぎらず他の授業でも忘れていた、いい意味での緊張感は、子どもと真剣に向かいあう「先生」の姿の現れです。かかわろうとする教師の意志に支えられた子どもは、「自由に表現し、他者との触れ合いが持てる」ようになったそうです。しかも、これを契機にして算数や国語、理科や家庭科や総合的な学習においても、子どもたちは「できない自分を肯定しそれを友の前で表現し」、「活動を人任せにせず、各自に参加する意欲が生まれた」と、奥泉先生は子どもの変化を読みとっています。何にもまして奥泉先生自身が「子どもがかわいくなった」「授業が楽しい」と言います。教師の変容が、子どもの変容を容易に引き起こした事例です。

でも「体ほぐし」を実践すれば教師が変容するのかというと、内実はそう簡単でないようです。奥泉先生は、教材の面白さに魅了され、子どもたちに是非体験させたいと思って授業を計画しました。しかし、実践のなかでは、無理に気づかせようとしたり、子どもの「からだ」を見ていなかったり、言葉かけが命令的であったりと、試行錯誤の連続だったようです。それをサポートしたのが、同僚の鷲野昭久*先生です（本論考を載せてある雑誌「体育科教育」の特集に鷲野論文も掲載されている）。教材選択や実践の振り返りを一緒に行うなかで、奥泉先生は、教授技術や子どもとのかかわりに気づけたそうです。先生自身が「自分ごと」として気づけたからこそ、授業の場での「居方《いかた》」が変わったのだと思います。もし、そのことを言語化できないとしても、からだが味わった感覚は、行動の変容の契機になると私は考えています。「体ほぐし」では、子どもたちが体験を対象化したり共有する意味からも振り返りの場は大事ですが、それは教師にとっても同じことなのです。気づきへの出合いが教師を変容させてくれるのです。

＊　海老名市立海老名小学校の教諭の鷲野昭久さんは、リカレント教育期間の適用を受けて横浜国立大学の院生として二〇〇〇年から二年間、私とともに研究を続けた。その間、学会で二回の研究発表を行い、修士論文では「《体ほぐしの運動》教材としての《からだ気づき》実習の可能性」を論じている。さらに本論考の載った特集に「子どもも教師も変わった『体ほぐし』の授業」を寄稿している。その結びを引いておく。「『からだ気づき』実習を行うことで、子どもは、からだを動かすことを通して、たしかに自他の内面に目を向けており、子どもの『心と体の一体』を具現化する上で有効な教材であると考えます。また、教師にとっても、実習の行い方を学ぶことで、教師主導から子ども主体の教育へと意識を転換することを可能にしてくれると実感しています」

以上のようなことを考えている私にとって、この新しい体育としての「体ほぐし」は、体育の一領域としての重要な役割を担うだけでなく、教員の資質向上のためのプログラムとして、さらに「気づき学び」として、学校を変える（カリキュラム創造の意味からも）大きな力になると期待しています。この点について、みなさん（初出本文では「健夫先生」となっている）のお考えをお聞かせいただけたら幸いです。あるいは、「体ほぐし」を実践するうえで、教師の意識変容などは必要ないとお考えでしょうか。みなさん（初出本文では「先生」となっている）の本音をお聞かせください。

福田恆存（一九一二―九四）

……現在の新劇は完全な自己喪失に陥つてゐる。自分の素性を知らないし、また知ろうともしてゐない。自分が何であり、何をもつてゐるか、それを自覺してゐないし、自覺しようともしてゐない。新劇の自覚は、ただ自分が何でないか、何をもつてゐないか、それのみにかかわる。いたづらに周圍を見まはし、他の類似藝術の存在が氣になつて仕方がないといふ状態である。それらの素性や前途に想ひをいたし、その財産目録を點檢して、それがいづれも何ものかであり、何ものかをもつてゐるにもかかわらず、自分だけが何ものでもなく、何ものをももつてゐないことに、大きな不安と劣等感をいだくのである。……新劇はこのやや自虐的な迷ひのうちに、結構、居心地のいい日だまりを見出してゐるのではないか。といふのは、一見、誠實、勤勉な動きのかげで、自分に有るものに、自分が本來さうあるべきものに、目をつむり、その追求と確立を怠けてゐられるといふごまかしに安住してゐはしないか。他人のうちには「有るもの」だけを、そして自分のうちには「無いもの」だけしか見ぬといふ、このネガティヴな自意識過剰は、いはば金持ちにたいする貧乏人の、そしてこの場合、より適切には先進國にたいする後進國の劣等感を想ひ起こさせる。

一九五八年・日本新劇史概観・『福田恆存全集』第四巻・「……」部中略

舞踊作品「あい」(2000) 高橋和子作

舞踊作品「お母さんの面影」(2011)
高橋和子作．撮影：田中哲男

あとがき

本書の上梓から十六年が過ぎました。すりあがったばかりの初版本（二〇〇四年）を私（からだ）がはじめて手にしたのは奈良県の明日香村でのことです。日本の古代文明は当地で開化したのでした。ちょうど私は関西大学体育学教室が主催する「からだ気づきワークショップ」の講師として明日香村を訪れていました。奥付では五月発行となっていますが、出版社のはからいで四月初旬に手元に届けられたのです。菜の花と桜とがその色香を競わせて里山は美しさを際立たせていました。そのような芽吹きの季節に、日本の原風景のなかで、私はページをめくったのです。その瞬間、大袈裟かもしれませんが「もう死んでもよい」と思えたくらいでした。他界されてしまった恩師のお二人伊東博先生と藤岡完治先生の「願い」や「思い」を少しでも実現できたように思えて感無量だったのです。こうして本書は「からだ気づき」の種まきを膨らませてくれる第一歩を踏み出しました。いわば本書にとっての「からだ開化」の始まりです。

それからも私は、からだの開化を期待して、各地でワークショップを数えきれないくらい行ってきています。新潟（二〇〇四年）では妊婦と夫とが一緒に参加してくれました。本書にも紹介されている「マイ・シルエット」という実習で、夫婦は相談することもなく、それぞれ二人の作品に偶然にも「ひかり」という同じ題名をつけていました。その二カ月後に「ひかりちゃん」と名付けられた赤ちゃんが誕生したのです。ひかりちゃんはあちこちのワークショップに連れられてきて人気者になり、舞台で光を浴びて踊るのが好きな女の子に成長しました。

北海道の当麻（二〇〇六年）では自然豊かな幼稚園で「目をつぶってみて」を行いました。まったく目の見えない女児がおばあちゃんに連れられた散歩中に実習へ飛び入りしてくれました。女児の感性の豊かさに実習中のみんなが驚いていました。おばあちゃんはみんなのバリアフリーな雰囲気に涙を流して感謝していました。このとき参加していた旭川の小学校教員は、女児やおばあちゃんから大いに気づき学びをもらって以来、本書がすっかり教育バイブルになっているると述懐しています。疲れたときなど本書をパラパラ開きに読んでから教室へ出向けば元気が出るのだそうです。この先生は、いまや何冊も教育書を発刊される著名人になっています。

神奈川県（二〇〇六年）の中学校の体育教員は、「体ほぐしの運動」で、新しい体育の創造を目指して本書の実習をたくさん実践してくれています。元々大声の号令を連発していた彼女もいまではやさしい言葉かけが得意だそうです。

がんと闘病中の老婦人がいました（二〇〇六年）。「自然探索」の実習中にひとりで長い間ブランコに揺られていて、「もう一回生きてみよう」と思えたそうです。振り返りの時間でそう語ってみんなに笑顔をみせてくれました。

東京（二〇〇七年）での「与えること・受けとること」という実習では、ひととのかかわり方の原点を感得できたと、みるからに実直そうな看護部長さんがしみじみと語っていました。患者の「からだ」のみならず、看護者がおのずから自分の「からだ」を感じてこそ、「共に生きている」ことが実感できるのだと「ハッ」と気づいたのだそうです。

こうして「からだ気づき」の「種まき」は着々と進んでいます。「からだ気づき教育研究会」のメンバーのそれぞれが各自の現場で地道な展開をしてくれています。実習を行うなかで、「緩むからだ」に出会うことができて、自己（からだ）を「ひらく」子どもが多いと聞かされます。自己表現が苦手で他者の評価ばかりを気にしている若者も「まるごとのからだ」で他者（ひと・もの・こと）とのコミュニケーション（かかわり）にだんだんと没入する姿を見せてくれたりします。実習参加者がこのような実感を「いま・ここ」で味わうことができるからこそ、「からだ気づき」を教育現場へ導入したいと思えるのだろうし、「気づき学び」こそが教育の原点であると確信できるのではないでしょうか。

しかしながら、私たちをとりまく環境は、あらゆる意味において悪化の一途をたどるばかりです。異常気象のために河川の氾濫が頻発し地球的規模での温暖化も進んでいます。いつもどこかで戦禍を被っている人びとがいます。政治や経済は一向に安定しません。何を信じてよいのか。何をよりどころにすればよいのか。大きな不安を抱きながら、子どももお年寄も、お父さんもお母さんも、若者も働き盛りも、みんなが日常の生活を凝視して生きていかなければなりません。こうしてみてくれば二十一世紀の最大課題は「生き方」の問題に凝縮されているといえます。

二〇〇六年には、アル・ゴア（一九四八年生まれ）の『不都合な真実』の映画が世界中に衝撃を与えました。さきにとりあげた地球温暖化の驚くべき現実を暴き出しているからです。アル・ゴアの警告は科学的に裏付けされていて、さらに目に見えて進行していますので、説得力があります。二〇一八年には、スウェーデンの環境活動家グレタ・トゥーンベリ（二〇〇三年生まれ）が、地球温暖化のリスクを訴えました。けれども私は、目に見えないところで、そしてもっとも身近なところで進行しているもうひとつの「不都合な真実」に注目しています。それこそは本書の主題である「からだの危機」の問題です。赤ちゃんは口にものをくわえてみて「何か」を確認します。子どもは手足を十分に動かして「世界」と触れていきます。若者は他者（ひと・もの・こと）とのかかわりにおいて「自己」を創造していきます。この「人間存在」の根本はいつの時代にも変わらないはずです。しかしこの「変わらないはず」のことがいまの日本では奇怪しいのです。だから私の近くにいる教師も親も看護者も、目の前の子どもや患者のことを思い悩み、そのひとたちと共に生きようとしています。

私もまたこの間、子どもたちに直接にかかわる「校長職」を兼任しました。鎌倉時代の面影が色濃くのこる神社に隣接し創立一三五年の伝統を誇る横浜国立大学附属鎌倉小学校です。ここには、元気な子どもがあふれています。自分の思いを伝えたい。自己実現に夢中になる。そして「のびのび」「すこやか」が校風です。教員も保護者も、子どものために、惜しみなく「教育力」を発揮しています。私には、毎週の朝礼で、七二〇名の子どもたちへ話す機会が与えられていました。そこではきまって「いのちの種まき」にまつわる話

もったいない運動のマータイさんを囲んで

をしました。話だけではありません。ピアノの演奏での即興ダンス。三宅一生のプリーツプリーズを子どもや先生方に着てもらってのファッションショー。花いっぱい「植えましょう」運動。どんぐりの森作り。親子で学ぶ土曜学校の定期開催。校庭キャンプ。快適トイレの改修。赤ちゃんが生まれる瞬間の話、などなど。

私は新しい学びの様式を創出する「からだ気づき」の考え方を携えて諸行事の協力者に呼びかけました。思いや夢が伝われば、子どものためだと多くの方々が納得してくれて、すべてが上首尾に「運ぶ」こともわかりました。ありがたいことです。校長職四年間での私の気づき学びです。みなさまのお蔭で、子どもたちは数々の貴重な体験をすることができました。ノーベル平和賞のワンガリ・マータイさんとの記念植樹。この植樹は植生学者の宮脇昭先生（横浜国立大学名誉教授）や前飯田嘉宏学長などのご尽力で実現しました。二〇〇六年に植えた苗木はすでに三メートルにも育っています。これを契機に附属小学校では「どんぐりの森作り」が始まろうとしています。国連平和大使で動物行動学者であるジェーン・グドール博士のチンパンジーの話から子どもたちは多くを学びました（二〇〇六年）。地球上の同じ仲間として「ボクもワタシも」「共に生きていくべきだ」といまだに口にしています。水泳の金メダリスト北島康介選手と一緒に泳ぐことのできた子どもたちは「練習こそが夢を実現してくれるのだ」と学んだようです（二〇〇七年）。

チンパンジーの研究者グドールさんとの交流
撮影：山元一郎 朝日新聞記者

さて、子どもの遊びに「感じる・動く・ひらく・かかわる・表す」生身の経験が潤沢であった時代、逆説的に言えば、「からだ気づき」も必要なかった。だが、現在ではどうなのか。「気づき」の場を保障するとすれば、いったい誰の責務なのだろうか。この「どうなのか」と「誰」の問題から逃避してはならない。体育も教育も学校も変わらなければいけないのである。（拙稿、体育における表現・コミュニケーション―からだ気づきからの発信―）

この「呼びかけ」は二〇〇一年に『新しい「学びの様式」と教科の役割』（日本学術会議教科教育学研究連絡委員会編）で書いたものです。ちょうど「ゆとり教育」と「総合的な学習」とが日本の教育界の最大課題となっていたころのことです。

それから一〇年がたち、私たちは未曽有な災害に見舞われました。二〇一一年三月一一日の東日本大震災です。多くのかけがえのない命が失われました。地震や津波の自然災害ばかりでなく、原発という人災を前にして、私たちは今後どのように生きるべきなのかを、改めて考えざるを得ません。効率や経済優先や便利さを求め過ぎたツケを反省すべき時です。世の中が、成果主義、競争社会に向かえば向かうほど、からだがゆったりとできる時間や空間が必要です。

私が専門にしている体育では、このところ、子どもの体力の二極化が問題になっています。運動する子としない子の体力の差が大きく出ているのです。このことは学力においても同じです。そのような現状への対応策として、一九九八年体育では「体ほぐしの運動」が学校教育の中に導入されました。二〇〇八年には中学一・二年生ではダンスが必修化されました。体ほぐしやダンスは、運動しない子も楽しく運動できる領域としてクローズアップされていますし、これらの領域は「できる・できない」というこ

第25回横浜国立大学モダンダンス部公演
『愛しきみへ　花は咲く』(2014)
高橋和子作．撮影：田中哲男

とよりも、自他のからだに気づいたり表現することが大事にされます。男性の教員にはダンスに初めて取り組んだ方も多く、「教育観や指導観が変わった。子どもの心が透けて見える」と言った感想も聞かれます。まさしく、本書で願っている、からだを通しての「気づき学びの教育学」が文字通り、展開しているようです。学校の場にも、時には心やからだが癒される時空間があってほしいと思います。これは学校だけではないでしょうね。

二〇一三年にはモザンビーク国から看護教員研修生が日本に一カ月滞在しました。私もからだ気づきのワークショップをやる機会がありました。卵を立てたり、相手のからだにゆったりふれることをしました。彼女らの自国には最新の医療機器も薬も医療従事者も十分ではないけれど、「看護の原点である相手に〝手を当てる〟ことは誰でもできる。その最も大事なことを日本で学ぶことができた」と言いました。

二〇一五年には国連サミットで「持続可能な開発のための2030アジェンダ」が採択され、「世界を変えるための17の目標」が掲げられました。その中には、「すべての人に健康と福祉を」「質の高い教育をみんなに」があります。それに応えるように教育界では、二〇一七年に告示された文部科学省学習指導要領において、「主体的・対話的で深い学び」の実現に向けた授業改善の推進が提言されました。二〇二〇年四月から小学校や中学校では、この教育指針に基づき授業が開始されるはずでした。二〇一九年に年号が「令和」（人々が美しく心を寄せ合う中で文化が生まれ育つ意味）に改号した矢先でした。

それが、二〇二〇年の新型コロナウイルスの蔓延により、二〇二三年二月の世界の感染者数は六億七五〇〇万人、日本は三三〇〇万人、世界の死者は六八六万人、日本は七万二〇〇〇人ほどになってしまいました。さらに、二〇二二年二月にはロシアのウクライナ侵攻が始まり、一年後の死者数は二〇万人を超えるとの推計もあり、ウクライナでは人口の三割にあたる一三〇〇万人が避難し、第二次大戦後の欧州で最大規模の戦争になりました。キリストもお釈迦様も「人を殺してはいけない」と言っているのに、人は愚かな生き物です。日本では少子高齢化、生成系ＡＩ、安保政策などの課題が山積みです。大勢の心身の健康が脅かされ、教育、経済も含め、世界中で測り知れない被害を被っています。

このような時であるからこそ、自身のからだを守るワークや、ひとがひととかかわるワークを、親子、家族、学校、社会、看護の場で、提供できるように、今後とも沢山用意したいと思います。

未来に生きる子どもたちのために、本書が少しでも役立つことになればこのうえない喜びとなります。二〇〇七年に第二刷を発刊した際に、晃洋書房社長（当時）の上田芳樹さんの絶大なご理解をいただいて、新たに綿密な「事項索引」「実習名索引」「写真・図索引」「文献索引」を加えました。これらの索引を併用することによって本書の活用範囲が広がっております。なお、追加索引は「からだ気づき教育研究会」における対話から生れたものです。ここにその経緯を記してすべての関係者のみなさまへの感謝の言葉とさせていただきます。

世界中にやすらぎが戻り、子どもも大人も青空のもと、笑いながらからだを動かせる日常が来ますように

二〇二三年三月十七日　古希の日に

高橋和子

舞踊作品「stand here」（2023）
高橋和子作

舞踊作品「追憶：愛しき人よ」(2018)
高橋和子作．撮影：田中哲男．照明：中村宏之

《著者紹介》

高橋 和子（たかはし・かずこ）

1953年山形市生まれ．
東京教育大学大学院体育学研究科修士課程修了
静岡産業大学教授，放送大学客員教授
専門は舞踊教育学，体育科教育学，人間関係論
教育学の伊東博，藤岡完治，松本千代栄，川口千代，現代舞踊家の正田千鶴に師事
横浜国立大学教授，附属鎌倉小学校長，学長補佐，副学部長，教育研究評議員，中央教育審議会委員，スポーツ審議会委員，JOC女性スポーツ専門部会部会員，文科省中学校・高等学校学習指導要領解説保健体育編作成協力者（2009年・2018年），文科省独立行政法人評価委員，大学設置・学校法人審議会委員，日本体育学会副会長，（公社）日本女子体育連盟顧問，（公財）横浜市スポーツ協会評議員，静岡県スポーツ推進審議会委員などを歴任
からだ気づき教育研究会主宰，人間中心の教育を現実化する会副会長

著書論文

『表現運動』（ポプラ社，1987）
『こころとからだの体験学習』（共著，明治図書，1988）
『表現――風の卵がころがったとき』（編著，不昧堂出版，1995）
『体育科教育学の探究』（共著，大修館書店，1997）
『「からだ」を生きる』（共著，創文企画，2001）
『新しい「学びの様式」と教科の役割』（共著，東洋館出版社，2001）
『ゆったりイキイキからだ気づき』（汐文社，2002）
『自己を語る身体表現』（共著，冬弓舎，2007）
『中学校新学習指導要領の展開：保健体育編』（共著，明治図書，2008）
『表現運動系及びダンス指導の手引』（共著，文科省，2013）
『新学習指導要領の展開　保健体育科』（共著,明治図書,2017）
『スポーツの科学と教育』（共著，ベースボール・マガジン社，2018）
『授業が盛り上がる 体育の教材教具 ベスト90』（共著，大修館書店，2022）
ほか多数
E-mail：k-takahashi@ssu.ac.jp　http：//kazuko-ynu.jp

から　だ――気づき学びの人間学――

2004年5月13日　初版第1刷発行　　＊定価はカバーに
2023年4月15日　初版第7刷発行　　表示してあります

著　者　高 橋 和 子©
監修者　からだ気づき教育研究会
発行者　萩 原 淳 平

発行所　株式会社　晃 洋 書 房
〒615-0026　京都市右京区西院北矢掛町7番地
電　話　075(312)0788番(代)
振替口座　01040-6-32280

ISBN978-4-7710-1530-2　印刷・製本　創栄図書印刷(株)

執筆者紹介（執筆順）

高橋和子　奥付参照
栗原知子　お茶の水女子大学大学院修士課程修了・元お茶の水女子大学附属小学校教諭
藤井妙子　東京学芸大学卒業・前横浜市立日下小学校校長
鈴木　学　横浜国立大学大学院教育学研究科修士課程修了・横浜国立大学教育学部附属特別支援学校主幹教諭
足立美和　横浜国立大学大学院教育学研究科修士課程修了・共立女子大学准教授
渡部美恵子　新潟大学卒業・元三条市立鱈田小学校教諭
郡司明子　横浜国立大学大学院教育学研究科修士課程修了・群馬大学准教授
岩田嘉純　横浜国立大学卒業・元横須賀市立明浜小学校長
金子悦子　横浜国立大学卒業・神奈川県立鶴見養護学校総括教諭

執筆分担一覧

3章　栗原知子・高橋和子の共同執筆
5章　藤井妙子・鈴木学・高橋和子の共同執筆
8章　鈴木学・高橋和子の共同執筆
9章　足立美和・高橋和子の共同執筆
11章　渡部美恵子・高橋和子の共同執筆
12章　郡司明子・高橋和子の共同執筆
13章　岩田嘉純・高橋和子の共同執筆
14章　金子悦子・高橋和子の共同執筆
＊その他の章はすべて高橋和子による

人名索引

あ　行

か　行

さ　行

ら　行

わ　行

事項索引

あ 行

さ　行

た　行

な　行

は　行

ま　行

や　行

ら　行

わ　行

からだ気づき実習名索引

あ 行

か 行

さ 行

た　行

な　行

は　行

ま　行

や　行

ら　行

わ　行

写真・図索引

あ 行

か 行

さ 行

た 行

な　行

は　行

ま　行

や　行

ら　行

わ　行

文献索引

さ 行

た　行

な　行

は　行

ま　行

や　行

ら　行

わ　行